이익이란 무엇인가?

일러두기

＊ 책 제목은 《 》, 신문, 잡지, 논문 제목은 〈 〉로 표기했습니다.

＊ 책의 경우 한국어판이 출간된 책은 한국어판 제목만 표기했고, 한국어판이 출간되지 않은 책은 직역하고 원제를 병기했습니다.

THE 경영

헤르만 지몬 · 유필화 지음

이익이란 무엇인가?

쌤앤파커스

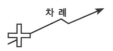

차 례

기업이 살아남기 위한 비용, 이익

이익은 기업이 살아남기 위한 비용이다. 이익을 못 내는 기업은 조만간에 무너지고 만다. 매년 세계 곳곳에서 수천 개의 회사들이 그래서 문을 닫는다. 회사는 언제 파산 신청을 하는가? 만기가 도래한 빚을 갚을 수 없으면 그렇게 해야 한다. 즉 유동성의 부족이 직접적인 계기이다. 그러나 이것이 지급불능의 원인은 아니다. 파산의 실제 원인은 회사가 손실을 내기 때문이다. 손실을 낸다고 함은 회사가 생산하는 가치보다 더 많은 자원을 투입한다는 뜻이다. 어떤 민간기업도 이런 상태가 지속되면 배겨나지 못한다.

회사를 창업하는 것 자체는 그다지 어렵지 않다. 더 크고 힘든 도전은, 이익을 내면서 회사를 오랫동안 이끌어 가는 것이다. 10개의 스타트업 가운데 9곳은 첫 3년 이내에 문을 닫는다. 왜 그럴까? 겉으로만 보면 유동성이 없기 때문이다. 그러나 궁극적인 원인은 회사가 흑자를 낼 전망이 없기 때문이다. 따라서 창업자는 "이익은 반드시 내야 한다."는 철학을 마음속 깊이 새겨야 한다.

오직 이익만이 회사의 지속적인 성공과 생존능력을 판단할 수 있는 기준이다. 한마디로 이익은, '기업을 지탱하는 기둥'이다. 이러한 이익의 중차대함을 생각하면, 이익에 관한 서적이 많을 것이라 기대할 만하다. 그러나 아마존닷컴에 들어가보면, '이익'이라는 테마를 명시적으로 다룬 책은 거의 없다고 해도 지나친 말이 아니다. 오로지 '이익'만을 논의하는 책은 우리나라에서는 이 책이 처음이며, 전 세계적으로도 이 책의 두 저자 가운데 한 사람인 헤르만 지몬이 2020년에 독일에서 출간한 책[1] 이외에는 아직 없다.

이 책은 '이익'이라는 엄청나게 중요한 주제를 여러 가지 측면으로 다룬다. 그것은 바로 이익의 개념, 수익성, 목표, 윤리, 진단 그리고 가격 · 판매량 · 원가라는 3가지 이익동인(profit-driver)이다.

이 책의 내용은 우리 두 사람이 지난 수십 년간 교수로서, 연구자로서 그리고 컨설턴트로서 쌓아온 경험을 고루 반영하고 있다. 아마도 기업의 세계와 학문의 세계를 모두 알아야만 이익의 복잡성을 제대로 이해할 수 있지 않을까 싶다. 수많은 실제 사례와 많은 이들의 발언을 통해 이 책은 이익에 경제적인 측면뿐 아니라 지극히 감정적인 면도 있음을 보여준다. 많은 기업인이 이익동기(profit motive)를 등한시한 결과 끝내 비극적인 종말을 맞이하고 만다. 그래서 하버드 경영대학원의 학장을 역임한 니틴 노리아(Nitin Nohria)는 이렇게 말한다.

"기업 지도자의 첫째 윤리적 책무는 이익을 내는 것이다."

이러한 여러 가지 직·간접 경험을 바탕으로 우리는 "기업인은 이익 지향적으로 회사를 경영해야 한다."는 견해를 단호하게 밝힌다. 또 이익 극대화가 기업의 가장 훌륭한 장기목표일 뿐만 아니라 윤리적으로도 검증된 목표라고 본다. 왜냐하면 이익은 낭비의 정반대이기 때문이다.

이 책을 통해 우리는 모든 기업인과 경영자 그리고 그런 기업 지도자가 되고자 하는 분들께 지속적인 성공을 위한 가장 중요한 요인을 간절하게 권하고자 한다. 이익을 냈다고 해서 망한 회사는 아직 하나도 없기 때문이다.

중요하지만 내용이 결코 간단치 않은 이익이라는 주제를 이렇게 책으로 엮어내는 작업은 매우 어려웠다. 이 길고 긴 과정에서 고려대학교의 기수경 씨와 열심히 경영수업을 받고 있는 박혜원 씨는 자료 수

집, 타이핑, 교정, 편집 등의 작업을 묵묵히 도와주었다. 또한 유필화의 아내 이기향은 공동작업하는 우리를 위해 온갖 정성을 기울여 이 프로젝트가 잘 마무리되도록 최선을 다했다. 이 세 사람에게 이 자리를 빌려 진심으로 깊은 고마움을 전한다.

2022년 봄
독일연방공화국 본에서 헤르만 지몬
대한민국 서울에서 유필화

THE
PROFIT 1

도대체 이익이란 무엇인가?

당신이 만일 우리 사회의 여러 부류의 사람들에게 자진해서 인심을 잃고 자신의 이미지를 스스로 떨어뜨리기로 작정을 했다고 하자. 그러면 아주 효과적인 방법이 하나 있다. 그것은 그들 앞에서 이렇게 말하는 것이다.

"나의 목표는 이익을 극대화하는 것이다."

이 말을 듣는 사람들이 어떤 직업을 갖고 있든지 크게 상관이 없다. 자본주의에 대해 원래부터 비판적인 일부 지식인들은 말할 것도 없고, 청중들이 교사이건 변호사이건 의사이건 또는 공무원이건 대체로 마찬가지이다. 또한 대부분의 회사원들과 노동자들도 '이익 극대화'에 대해서는 반감을 품고 있다. 심지어는 경영자나 기업인들도 모두가 이 말을 적극적으로 옹호하는 분위기는 아니다.

'이익 극대화'만큼 논란을 많이 불러일으키는 자극적인 낱말도 드물다. 이익이라는 말만 들어도 벌컥 화를 내는 사람들이 이 세상에는 적지 않다. 이것보다 더 어감이 안 좋은 말은 기껏해야 '주주가치(shareholder value)'라는 개념 정도다. 기업 바깥에 있는 많은 이들은 "이익 극대화, 주주가치 극대화야말로 모든 경제적 폐해의 뿌리"라고 생각한다. 그래서 비판자들은 이렇게 말한다.

"이익 극대화와 주주가치는 자원 및 인력의 착취 그리고 소득과 자

1 도대체 이익이란 무엇인가?

산의 불공평한 분배에 대한 책임이 있다. 또한 일자리가 임금이 낮은 나라로 옮겨가고 기업의 본사가 조세 피난지(tax haven)로 도피하는 것도, 그 밖의 많은 폐단도 따지고 보면 그 책임이 이익 극대화와 주주 가치에 있다."

그런데 이익 극대화는 그 근본이 바로 '낭비의 반대말'이므로, 우리는 이 말을 '낭비의 극소화'로 표현할 수 있다. 어쨌든 이익 극대화에 대한 이러한 비판에 대해 이론적인 기반을 가진 경영학자들은 대체로 다음과 같이 반박한다.

"시장경제하에서 기업은 이익 극대화를 추구해야 한다. 그렇게 하지 않으면 경쟁에서 밀려 침몰할 위험이 있기 때문이다."

경영학에서는 이익을 "기업 또는 기업인이 경영을 하기 위해 온갖 위험을 짊어지는 것에 대한 보상"으로 본다. 바꿔 말하면 이익이란, "기업이 임직원·공급업자·은행 등의 채권자 그리고 나라에 대해 계약한 대로 주어야 할 것을 다 주고 남은 것"이다. 즉 이익은 오로지 기업의 임자에게만 귀속되는 잔존금액이다. 왜냐하면 기업이 제삼자에게 갚아야 할 모든 것을 변상했다면, 이제는 어느 누구도 해당 기업에 대해 더 이상 아무것도 청구할 수 없기 때문이다.

이렇게 이익의 정의는 간단하고 명백하건만, 이것이 일반적으로 받아들여지고 있는 것은 아니다. 전 프랑스 대통령 니콜라스 사르코지의 다음과 같은 발언은 그러한 실태를 보여주는 좋은 보기다. "기업은 이익을 대체로 3등분해 주주, 투자, 직원들을 위해 각각 1/3씩 써야 한다."[2]

즉 기업의 소유자가 이익을 다 가지면 안 된다는 것이다. 이것은 마치 회사의 임직원들이 그들의 정당한 봉급은 제대로 다 받고, 다른 이해관계자들은 자신들의 봉급에 손을 댈 수 없다는 사실이 부당하다고 말하는 것과 똑같다. 그러나 이렇게 황당하고 인기에 영합하는 발언이 대중들에게 잘 먹히는 것 또한 현실이다.

이익의 여러 정의

그러면 이익이란 도대체 무엇인가? 가장 간단하고 동시에 제일 기억하기 쉬운 것은 방금 앞에서 이야기한 정의이다. 즉 기업이 이행해야 할 모든 의무를 다한 다음에 남는 잔존금액이다. 그러나 실제로는 아쉽게도 이보다 더 복잡하다. 이익의 정의는 여러 개가 있고, 혼란스러울 뿐만 아니라 부분적으로는 그릇된 길로 이끌기조차 한다.

이익에 대해 얘기할 때는 무엇을 말하는지 정확히 알아야 한다. 그렇지 않으면 속아 넘어가기 십상이다. 그래서 우리는 먼저 시중에서 통용되는 이익의 여러 정의에 대해 자세히 알아보기로 한다. 회계 및 재무와 관련된 내용이라 조금은 따분하게 느껴질 수도 있으나, 앞으로 전개될 흥미진진한 이익 이야기를 이해하려면 반드시 명확히 숙지해야 한다. 우리가 이익을 낸다고 하면 다음 방정식이 성립한다.

[수식 1-1]   이익 = 수입-지출

기업에서는 흔히 '영업이익'이라는 말을 쓰는데 그것은 매출액에서 원가를 뺀 금액이다.

[수식 1-2]

$$영업이익 = 매출액 - 원가$$

이 둘 사이의 차이는 [수식 1-1]에는 영업 외 수지(지급이자, 유가증권 매매손익 등) 및 자산매각 · 세금환급 · 기타 비슷한 항목 같은 일회성 거래 등의 재무 관련 부분이 포함되어 있다는 사실이다. 기업의 매출액은 (기업의) 수입의 대종을 이루는데, 이것은 가격과 판매량을 곱한 액수이다.

[수식 1-3]

$$매출액 = 가격 \times 판매량$$

따라서 [수식 1-2]와 [수식 1-3]을 함께 놓고 보면 우리는 영업이익이 가격 · 판매량 · 원가라는 3가지 이익동인에 달려 있음을 알 수 있다. 원가는 고정비와 변동비로 나누어진다. 대체로 매출액은 부가세 또는 부가가치세를 넣지 않은 수치로 표시된다. 통상 기업이 재무제표를 발표할 때는 '매출액'이 맨 위 칸에 나오므로, 그것을 '톱라인(top line)'이라 일컫기도 한다. 반면 맨 아래 칸에는 '세후이익'이 표시되므로 그것은 '바텀라인(bottom line)'이라 부른다.

비용³으로서의 이익

2005년 11월에 세상을 떠난 20세기 최고의 경영학자 피터 드러커는 이익을 비용으로 해석하는, 아주 시사하는 바가 많은 관점을 제시했다.[4] "이익은 (기업이) 살아남기 위한 비용이다(Profit is the cost of survival)." 그의 말에 따르면 이익에는 세 종류의 비용이 반영되어 있다.

- 자본 비용(cost of capital)
- 기업인이 짊어지는 위험이라는 비용
- 일자리와 연금을 확보하기 위한 미래 비용(cost of future)

즉 드러커는 이익을 사업연도 말에 가능하면 음수가 아닌 양수로 표시되는 잔존금액으로 이해하지 말라고 말한다. 그 대신 이익은 기업의 생존을 담보하기 위해 기업이 처음부터 계산에 넣어야 하는 비용으로 보아야 한다는 것이다.

그런데 시중에는 일일이 열거하기 힘들 만큼 이익과 관련된 다양한 개념이 그야말로 난무하고 있다. 예를 들어, 정상이익(normal profit)·경제이익(economic profit)은 자본의 기회비용, 즉 선택하지 않은 대안에서 발생했을 수익을 감안한 개념이다. 회계 분야에서는 장부상이익(accounting profit)이란 말을 쓰고, 명목이익(nominal profit)·인플레 조정된 이익(inflation-adjusted profit) 같은 개념도 있다.

또 이익을 산정할 때 이자·세금·감가상각비 등을 넣기도 하고 **빼**기도 한다. 주당이익(earnings per share, EPS)이란 개념을 쓸 때는 영어의 'earnings'를 '이익'으로 번역한다. 금융계에서 쓰는 여러 가지 이익 관련 수치는 우리가 앞에서 논의한 '잔존금액'이라는 의미의 이익과는 아무런 공통점이 없다.

인론이나 각종 토론회에서 이익이란 말이 나올 때는 그것이 정확히 무엇을 뜻하는지 명확히 말하지 않는 경우가 태반이다. 그래서 일반인들이 이익과 관련된 여러 개념을 이해하고 구분하기 힘든 것이 오히려 당연하다. 어떤 사람들은 이런 현상을 가리켜 대중을 일부러 헷갈리게 하는 술책이라고 비꼬면서, 연막전술(독일어로는 Vernebelungstaktik이고, 영어로는 smoke-screen tactics)이라는 표현을 쓰기도 한다. 이러한 여러 이익 개념 가운데 비교적 많이 통용되는 대표적인 것 몇 가지를 간단히 알아보자.

확장된 이익 개념들

널리 보급되어 시장에서 흔히 쓰이고 있는 이익 개념들은 다음과 같다.

- 세후이익(earnings after tax, EAT) : 이것은 순이익이라고도 하는데, 순이익이야말로 궁극적으로 가장 의미 있는 이익이다. 왜냐하면 이 액수만을 지분 소유자 또는 기업인이 자신(들)의 몫

으로 챙길 수 있기 때문이다.

- 세전이익(earnings before tax, EBT) : 이것은 기업이 나라에 내야 하는 법인 소득세를 포함하고 있는 수치이다. 기업을 소유하고 있는 개인 또는 집단이 보유할 수 있는 이익만이 진짜 이익이므로 이런 뜻에서 세전이익은 참된 이익이 아니다.

- 이자 및 세전이익(earnings before interest and tax, EBIT) : 이것은 흔히 '경상이익'이라고도 부르는데, 실제로는 '경상이익'이라는 개념에 어떤 항목이 들어가고 들어가지 않느냐는 통일되어 있지 않다. 어쨌든 EBIT는 기업이 영업 및 영업 외 활동에서 벌어들인 수입에서 이자를 제외한 각종 비용을 뺀 액수다. 기업이 빚이 많고 그래서 이자를 많이 지불해야 하면, EBIT는 세후이익(EAT)보다 훨씬 더 좋은 인상을 외부에 줄 수 있다. 기업이 사업보고서를 작성할 때 EBIT를 선호하는 까닭은 바로 이 때문이다.

- EBITDA(earnings before interest, taxes, depreciation and amortization) : 이것은 '법인 소득세와 이자 그리고 유·무형 자산의 감가상각비를 빼기 전 이익'으로 번역할 수 있는데, 앞의 EBIT에 건물이나 기계 같은 유형자산에 대한 감가상각비(depreciation) 및 무형자산 상각비(amortization)를 더한 금액이다.

유·무형 자산 상각비는 실제로 돈이 나가는 것이 아니라 장부상에서만 비용으로 계상되는 것이므로 EBITDA는 1년간 회사에 실제로

그림 1-1 4가지 이익개념 사이의 관계

EAT (순이익)
+ 법인소득세
- 소득세 환급금

= EBT (통상적인 기업활동의 결과)
+ 지급이자 및 기타 금융비용
- 수입이자 및 기타 금융수입

= EBIT (경상이익)
+ 유형자산 감가상각비
- 유형자산 가치상승분

= EBITDA
+ 통상적이 아닌 지출
- 통상적이 아닌 수입

= 조정된 EBITDA

들어오는 현금이다. 어떤 이들은 EBITDA를 '경상이익'으로 부르기도 한다. 우리는 방금 앞에서 경상이익이란 개념의 정의가 통일되어 있지 않다고 언급한 바 있는데, 그래서 누군가가 '경상이익'을 언급할 때는 그것이 무엇을 뜻하는지 확실히 할 필요가 있다.

또 EBITDA는 해당 기업에 통상적이 아닌 지출이나 수입이 있었을 때 그것을 감안하여 수치가 조정되기도 한다. 그런 경우에는 '조정된 (EBITDA)'라는 말을 쓸 수도 있다. 위에서 가장 의미 있는 이익이라고 한 세후이익(EAT)과 EBITDA는 사실상 아무 관계가 없다.

또 기업을 사기 위해 해당 기업을 평가할 때는 그것의 값어치를 흔히 EBIT 또는 EBITDA의 배수로 표현한다. 왜냐하면 이 두 개념 모두 기업이 영업활동을 통해 현금을 벌어들일 수 있는 능력을 보여준다고 간주하기 때문이다. 그런데 EBITDA의 배수로 기업의 가치를 산정하고 그것을 바탕으로 기업을 사고팔 때는, 시설물 등에 대한 감가상각비뿐만 아니라 인수되는 회사의 이른바 영업권(goodwill)에 대한 상각비가 종종 큰 비중을 차지한다. [그림 1-1]은 지금까지 논의한 4가지 이익 개념들 사이의 관계를 보여준다.

어떤 개념의 이익을 쓰고 있는지를 정확히 아는 것은 이처럼 중요하다. 여러 이익 개념을 정확하게 구분하지 않으면 상대방에게 속아 넘어가거나 그릇된 길로 빠지기 십상이다. 실제로 현실에서는 이익을 부풀리거나 (이익에) 무엇인가를 덧붙이는 행태가 끝없이 계속되고 있다. 독일의 유명 경제신문 〈한델스블라트Handelsblatt〉의 어느 편집자는 이런 편지를 보내온 바 있다.

나는 정기적으로 연간사업실적보고회에 참석한다. 경영자들은 (아마도) 실적부진을 감추기 위해 갖가지 수치를 늘어놓는다. 예를 들어 그들은 'EBITDAR-마진'이라는 말을 쓰기도 한다. 여기서 R은 '구조조정비용'을 뜻한다고 한다. 많은 경우 그런 개념들은 실적보고를 위해 새로 만들어낸 듯하다. 또 이른바 뉴 이코노미(New Economy) 시대에는 재무담당 최고경영자들이 자랑스럽게 현금소각률(burn rate 또는 cash burn rate)[5]이라는 개념을 들먹이면서 그것이 성공요인인 듯이 이야기한다. 그 결과 나는 헷갈렸고, 사실은 '이익이란 꼭 거두어야 하는 것이 아니라, 있으면 좋은 것'이 아닌가 하는 생각을 하게 되었다.[6]

이 편집자의 발언은 2000년대 초의 '뉴 이코노미' 거품을 두고 한 말이다. 그러나 그로부터 20년 가까이 지난 요즘 또다시 비슷한 현상이 나타나고 있다. 독일의 〈비르츠샤프트보케Wirtschaftswoche〉라는 경제 잡지는 "손실은 다시 매력적이다."라고 공공연하게 선언한 바 있고, 최근에 미국에서 상장된 회사의 80% 이상이 아직 이익을 내지 못하고 있다.

2019년 5월 10일에 상장된 미국의 승차공유 서비스 회사 우버는 2018년에 무려 38억 달러라는 큰 적자를 냈는데도 불구하고, "핵심 플랫폼 공헌이익(Core Platform Contribution Profit) 9억 4,000만 달러를 달성했다."고 발표했다. 공유 사무공간을 제공하는 위워크[7]는 같은 해에 매출액은 18억 달러였는데 적자가 19억 달러였다!

이에 대처하기 위해 위워크는 '커뮤니티 조정된 EBITDA(Community-adjusted EBITDA)'라는 개념을 생각해냈는데, 이것은 예를 들면 마케팅 비용 등을 제외한 수치이다. 할인서비스를 제공하는 미국 소셜 커머스 회사 그루폰은 420억 달러의 적자를 냈을 때 '조정되어 통합 정리된 세분시장 경상수입(Adjusted Consolidated Segment Operating Income)' 6,100만 달러를 거두었다고 말했다. 여기서도 신규고객을 끌어들이는 데 쓴 돈은 제외된다. 그것을 미래에 대한 투자로 보기 때문이다.

유럽의 어느 언론인은 기업들이 형편없는 이익실적을 얼버무리기 위하여 여러 가지 꾀를 내는 현실을 비꼬며 아래와 같이 서술했다.

"실제 이익이라고 할 수 있는 수치가 초라하거나 전혀 만족스럽지 않은 해(year)가 많이 있다. 그러면 기업은 상상력을 한껏 발휘한다. 세금과 이자를 순이익에 더하고 어떤 때는 감가상각비도 보탠다. 그래도 보여줄 만한 숫자가 안 나오면 이른바 '특별한 영향'으로 쓴 돈 또는 일회성 지출도 첨가한다. 경영자는 이렇게 거의 마음대로 수치를 올리는 작업을, 경쟁사들에 비해 손색이 없는 결과가 마침내 나올 때까지 계속한다. 그러나 이 숫자는 기업의 실질적인 이익 상황에 대해서는 더 이상 아무것도 말해주지 않는다."[8]

이 언론인은 그래서 기업들이 흔히 쓰는 EBITDA에 대해서도 다음과 같이 아주 비판적으로 말했다.

"많은 기업이 EBITDA를 의미 있는 수치로 본다. 내가 보기에 그것은 아무짝에도 쓸모없는 숫자다. 어느 회사가 자산이 감가상각 되는 것만큼도 못 벌고 제 살 깎아 먹기를 계속한다면, 그 회사는 반드시 파멸의 구렁텅이에 빠지고 말 것이다."[9]

수익률

우리는 기업, 사업영역, 산업 등등을 서로 비교할 때 수익률(return)이라는 개념을 즐겨 쓴다. 수익률은 (그 정의가 무엇이든) 이익을 분자로 놓고 그것을 분모로 정해진 기준치(reference value)로 나눈 수치다. 이때 앞에서 논의한 여러 이익 개념 가운데 어느 것이든 분자로 쓸 수 있다. 가장 흔히 쓰이는 수익률의 갈래는 다음과 같다.

　　　　　　　　　　　　　1 도대체 이익이란 무엇인가?

[수식 1-4]

$$영업이익률 = \frac{이익}{매출액}$$

이것은 매출액의 얼마만큼이 이익으로 남는가를 알려준다. 업계에서는 '영업이익률'을 'Return on Sales' 또는 줄여서 ROS로 표현하기도 한다. [수식 1-4]에 있는 이익이 '세후이익'이라면 '순영업이익률'이라는 말을 쓴다. 이익은 또 투입된 자본과 관련지을 수도 있다. 여기서 자본이 총자본을 가리키고, (어떻게 정의했든) 이익을 이것으로 나누면 우리는 총자본수익률을 얻는다.

[수식 1-5]

$$총자본수익률 = \frac{이익}{총자본}$$

이것은 이익을 총자본의 백분율로 표시한다. 현실에서는 이자가 포함된 형태가 흔히 쓰이는데, 그 까닭은 총자본에 대한 이자는 이익과 이자를 합친 수치라고 보기 때문이다. 그렇다면 [수식 1-5]는 아래와 같이 바뀐다.

[수식 1-6]

$$총자본수익률 = \frac{(이익+이자)}{총자본}$$

그런데 이자는 비용으로 처리하여 세액공제의 대상이 될 수 있으므로 다음과 같은 변형이 쓰이기도 한다.

[수식 1-7]

$$\text{총자본수익률} = \frac{(\text{이익}+\text{이자}(1-s))}{\text{총자본}}$$

[수식 1-7]에서 s는 법인세율을 가리킨다. 또 어떤 사람들은 EBIT를 분자로 쓰기도 한다. 총자본수익률을 영어로는 ROA(Return on Assets)라고 하고, ROI(Return on Investments)가 비슷한 뜻으로 쓰이고 있다. 이 밖에 투하자본수익률(Return on Capital Employed, ROCE)과 순자산수익률(Return on Net Assets, RONA)이라는 개념도 적지 않게 쓰인다.

ROCE와 RONA를 산정할 때는 총자본에서 거래 회사들에게 주어야 하는 부채 및 고객들로부터 미리 받은 선금을 무이자로 뺀 숫자를 분모로 한다. 한마디로 총자본수익률이라고 말하는 것에는 참으로 여러 형태가 있다. 그리고 현실에서는 총자본수익률 대신 '총자산수익률'이라는 말이 훨씬 더 널리 쓰이므로, 우리는 이 책에서 앞으로 총자본수익률과 같은 뜻인 '총자산수익률'이란 용어만 사용할 것이다. 자기자본수익률은 이익을 자기자본의 백분율로 표현한다.

[수식 1-8]

$$\text{자기자본수익률} = \frac{\text{이익}}{\text{자기자본}}$$

이것은 영어로는 ROE(Return on Equity)라고 하는데, 자기자본은 말

그림 1-2	여러 업종 및 나라의 주요 기업들의 매출액, 총자산, 그리고 자본회전율(2019년 사업연도)				
회사이름	국적	매출액 (단위: 10억 달러)	총자산 (단위: 10억 달러)	자본회전율
월마트	미국	524	236	2.22
폴크스바겐	독일	283	548	0.52
아마존	미국	281	225	1.25
엑손 모빌	미국	265	363	0.73
애플	미국	260	339	0.77
삼성전자	한국	198	305	0.65
AT&T	미국	181	552	0.33
훙하이	대만	173	111	1.56
알파벳	미국	162	276	0.59
JP모건 체이스	미국	142	2687	0.05
중국은행	중국	135	3269	0.04
알리안츠	독일	130	1135	0.11
루크오일	러시아	115	96	1.20
히타치	일본	81	92	0.88
보다폰	영국	50	185	0.27
사노피	프랑스	42	127	0.33

출처: 2020년 8월 10일 자 〈포춘〉

할 것도 없이 총자본에서 타인자본을 뺀 숫자다. 자기자본수익률을 산정할 때도 여러 가지 다른 이익 개념이 분자로 쓰일 수 있다. 수익률을 나타내는 이러한 갖가지 공식 사이에는 아래와 같은 관계가 성립한다.

[수식 1-9]

$$영업이익률 = \frac{총자산수익률}{자본회전율}$$

[수식 1-9]에서는 자본회전율이라는 개념이 큰 몫을 한다. 이것의 정의는 매출액/총자본이며, 1년에 자본이 몇 번 회전되는가를 나타낸다. 총자본은 총자산과 같은 뜻이므로 앞으로는 '총자본' 대신 '총자산'이라는 말을 주로 쓰겠다. 자본회전율은 업계마다 크게 다르다. [그림 1-2]는 여러 업종에 걸쳐 있는 전 세계 주요 대기업들의 자본회전율을 보여주고 있다.

그림에서 알 수 있다시피 업종에 따라 자본회전율의 차이는 매우 크다. 자본회전율이 1보다 낮으면 영업이익률이 총자산수익률보다 높다. [수식 1-9]를 총자산수익률로 풀면 다음과 같은 결과가 나온다.

[수식 1-10]

총자산수익률 = 영업이익률X자본회전율

이 공식에 따르면 총자산수익률은 영업이익률 및 자본회전율에 비례해서 올라간다. 또한 [수식 1-11]에서 보다시피 자기자본수익률과 총자산수익률의 관계에서는 타인자본비율이 중심적인 구실을 하는데, 이것의 정의는 '타인자본/총자산'이다. 타인자본비율은 또 부채비율이라고 부르기도 한다.

[수식 1-11]

$$자기자본수익률 = \frac{총자산수익률}{(1-타인자본비율)}$$

1 도대체 이익이란 무엇인가?

가상의 회사인 S사를 예로 들어 이 관계를 설명해보겠다. S사의 총자본, 즉 총자산은 100억 원이고 타인자본은 50억 원이다. 즉 타인자본비율은 0.5이다. 이자를 지급하기 전의 이익은 10억 원이다(법인세를 제외한 각종 세금은 고려하지 않는다). 타인자본에 대한 이자는 5%이고, 그래서 50억 원의 타인자본에 대해 2억 5,000만 원의 이자가 발생한다. 이자를 지급한 후의 이익은 7억 5,000만 원이므로 [수식 1-5]에 따르면 총자산수익률은 7.5%이다. 그리고 [수식 1-8]에 의하여 자기자본수익률은 15%(=7.5억 원/50억 원)이다. 또 [수식 1-6]을 적용하면, 즉 이익에 이자를 덧붙인 숫자를 분자로 하면 총자산수익률은 (7.5억 원+2.5억 원)/100억 원=0.1, 즉 10%이다. 이제 법인세율을 30%라고 하고 [수식 1-7]을 써서 총자산수익률을 구해보자. 그러면 총자산수익률은 (7억 5,000만 원+2억 5,000만 원×0.7)/100억 원 =0.0925, 즉 9.25%이다.

그런데 만일 타인자본이 50억 원에서 60억 원으로 늘어나면 그래서 자기자본이 40억 원으로 줄어들면, 어떻게 되는가? 매출액, 이자를 지급하기 전의 이익, 총자산은 달라지지 않고 똑같다. 이제 3억 원을 이자로 지급한 후의 이익은 7억 원이 되므로, 이자 지급 후의 총자산수익률은 7.5%에서 7%로 떨어진다. [수식 1-11]을 적용하면 자기자본수익률은 7/(1-0.6)=17.5%다.

여기서 우리는 이른바 '지렛대 효과(leverage effect)'의 작동을 볼 수 있다. 한마디로 이자율이 총자산수익률보다 낮으면 빚을 많이 질수록

그림 1-3	어느 소비재 회사의 이익 관련 여러 수치	
주요 수치	**액수(단위 : 억 원)**	**총자산에 대한 백분율**
총자본(총자산)	1,340	100
자기자본	560	41.8
타인자본(부채)	780	58.2
자본회전율		67.9
매출액	910	(매출액 대비 백분율)
		100
감가상각비	59	6.5
이자	15	1.6
세금	38	4.2
EBITDA	206	22.6
이자 및 세전이익(EBIT)	147	16.2
세전이익(EBT)	132	14.5
세후이익(EAT)	94	10.3
총자산수익률(EBIT 기준)		11.0
총자산수익률(EAT 기준)		7.0
자기자본수익률(ROE)		16.8

자기자본수익률이 올라간다. 그러나 부채가 많아질수록 위험도 더 커지는 것은 말할 것도 없다. 또 이자율이 내부수익률[10]보다 높으면 지렛대 효과는 마이너스가 된다. 즉 오히려 역효과를 일으킨다.

영업이익률 · 총자산수익률 · 자기자본수익률 등의 개념은 이익의 절댓값과 견주어볼 때 큰 이점이 있다. 왜냐하면 이 개념들을 써서 개별 기업의 사업부 · 기업 · 업종 심지어는 각 나라 사이의 차이를 서로 비교할 수 있기 때문이다. 이 개념들은 이익 달성의 여러 다른 면을 측정하는 것인데, 이에 관해서는 뒤에서 이야기할 것이다. 지금까지 논의한 여러 개념을 더 명확히 이해하기 위하여 어느 소비재 회사의 사례를 살펴보자.

[그림 1-3]은 이 회사의 최근 경영성과를 보여주고 있다. 이 회사의 총자본(총자산)은 1,340억 원이고 그해 연간매출액은 910억 원이었다. 따라서 자본회전율은 910/1,340=0.679이다. 순영업이익률은 94/910=0.103 즉 10.3%이고, [수식 1-5]에 의해 총자산수익률은 94/1,340=7%다. 타인자본비율이 58.2%이므로 [수식 1-11]에 따라 자기자본수익률은 7/(1-0.582)=16.8%가 된다. 전체적으로 이 회사는 상당히 양호한 이익 실적을 내고 있고 견실한 재무구조를 갖고 있다.

명목이익과 실질이익

지금까지 회계상의 명목이익을 논의해왔다. 바꿔 말하면, 이익을 나타내는 수치는 현재의 화폐단위로 회계장부에 표시된다. 이 명목이익을 물가상승률을 감안하여 조정하면 실질이익을 알 수 있다. 1994년 이후 지금까지 세계경제는 비교적 인플레이션율이 낮은 편이었다. 이런 경우에는 실질이익과 명목이익의 차이가 그다지 크지 않다. 예를 들어, 미국의 경우 1994년에서 2019년까지 25년 동안 연간 인플레이션율이 3%보다 높았던 해는 5번밖에 없었고, 12년 동안 2%를 밑돌았다. 그러나 1970년대에는 전혀 그렇지 않았다. 1971년부터 1982년 사이에 돈의 가치가 한 해에 6% 이상 떨어진 해가 8번이나 있었다.

　어느 회사의 연간매출액이 100억 원이고 세후이익이 10억 원이라고 가정하자. 이 회사가 50억 원을 들여 구입한 기계류는 5년에 걸쳐 감가상각 되고, 이 기간이 끝나면 한꺼번에 대체된다. 그래서 감가상각비는 매년 10억 원에 달한다. 5년 동안 매출액과 명목이익은 달라지지 않으며, 각각 100억 원 그리고 10억 원이다. 이럴 때 인플레이션율이 5%이고, 그 결과 기계류의 값이 매년 5%씩 오른다고 하자. 그러면 5년 후에 새 기계류로 대체할 때의 원가는 50억 원이 아니라 $50억 \times (1.05)^5 = 63억 8,000만$ 원이다. 이때의 차액 13억 8,000만 원을 우리는 가공이익(fictitious profit 또는 phantom profit)이라고 부른다.

　같은 이야기를 다른 방식으로 표현해보자. 인플레이션으로 말미암아 이 회사의 실질이익은 해마다 5%씩 줄어든다. 그래서 5년이 지나면 명목이익은 그대로 10억 원이지만 실질이익은 7억 8,000만 원에 지나지 않는다. 이 회사가 인플레이션이 없을 때와 똑같은 실질이익, 즉 같은 구매력을 지닌 이익을 거두려면 세금혜택을 받는 감가상각비를 5년에 걸쳐 13억 8,000만 원이나 올려야 한다. 세금은 명목이익에 대해 부과된다.

　따라서 가공이익이 생기면 회사에는 그것에 해당하는 실질적인 가치의 상승이 없는데도 불구하고, 그 가공이익에 대해서는 세금이 매겨진다. 위에서 언급한 기계류 같은 경우, 세금혜택이 주어지는 감가상각은 최초의 구입원가에 대해서만 할 수 있고, 재구매할 때의 소요비용에 대해서는 감가상각을 할 수 없다. 이렇게 물가상승률이 높을 때는 기업이 알찬 실질이익을 내는 데에 더욱더 신경 써야 하고, 허망한 가공이익에 현혹되면 안 된다.

이익과 기회비용

만일 당신이 물려받은 사업의 연간 총자산수익률이 8%라고 하자. 그러면 이 사업을 계속해야 할까? 그래서 8%의 수익률이 기대되는 같은 사업의 새 프로젝트에 투자해야 할까? 이 투자를 해야 하느냐, 하지 말아야 하느냐? 이러한 물음에 대한 절대적인 정답은 없다. 오히려 어떤 대안이 있느냐에 따라 답변이 달라진다.

만일 이 자본을 위험이 비슷한 다른 분야에 투입했을 때 6%밖에 얻지 못한다면, 당연히 기존사업을 계속해야 하고 그래서 그 프로젝트 투자를 승인해야 한다. 반면에 다른 곳에 투자해서 10%의 수익률을 올릴 수 있다면, 두말할 것도 없이 그곳에 투자하는 편이 낫다.

몇몇 이익 개념은 회계장부상의(즉 실제로 발생한) 자본비용이 아닌 '자본의 기회비용'에 초점을 맞춘다. 여기서 말하는 기회비용은 "위험이 비슷한 다른 분야에 투자했을 경우에 얻을 수 있는 수익률"이다. 이른바 정상이익(normal profit)이란 기업의 주인 또는 투자자가 기회비용만큼은 회수할 수 있도록 해주는 이익을 말한다. 어떤 기업이 이것보다 이익을 더 적게 내면, 투자하는 그 기업에서 자본을 **빼서** 더 수익률이 높은 곳에 투자할 것이다. 따라서 경쟁이 치열한 자본시장에서 기업이 장기적으로 충분한 자금을 조달할 수 있으려면 적어도 정상이익은 거두어야 한다.

또 이른바 경제이익(economic profit 또는 excess profit)은 한 회사가 자본의 기회비용보다 얼마나 더 높은 수익률을 올리고 있는가를 측정한다. 즉 경제이익은 총자산수익률과 총자본비용률의 차이를 그 회사에 묶여 있는 총자본(total capital, TC, 업계와 이 책에서 말하는 총자산)을 곱한 수치이다. 이것을 수식으로 표현하면 다음과 같다.

[수식 1-12]
$$EP = TC \times (총자산수익률 - WACC)$$

정상이익과 경제이익을 산정할 때는 투자자가 요구하는 "위험이 반영된(risk-adjusted) 최소수익률"이 중심적인 구실을 한다. 그래서 투자자의 관점에서는 "가중평균 자본비용(weighted average cost of capital, WACC)"이라는 변수가 중요하다. WACC의 정의는 아래와 같다.

[수식 1-13]
$$WACC = e(EC/TC) + f(1-s)(BC/TC)$$

여기서 EC(equity capital), BC(borrowed capital) 그리고 TC는 각각 자기자본 · 타인자본 · 총자본의 (장부가치가 아닌) 시장가격을 가리킨다.

  e = 자기자본을 제공한 투자자가 요구하는 수익률
  f = 타인자본을 제공한 투자자가 요구하는 이자율

s = 법인세율

타인자본비용은 세액공제 대상이므로 [수식 1-13]에서는 f 대신 법인세율을 뺀 f(1–s)가 적용된다. 이 공식에서 자기자본 투자자가 요구하는 수익률, 즉 변수 e는 매우 중요한 위치를 차지하고 있다. 이 변수는 자본자산 가격결정 모델(Capital Asset Pricing Model, CAPM)에 따라 산정되는데, 위험이 없는 곳에 투자했을 경우의 수익률에 '위험 프리미엄(risk premium)'을 더한 수치이다. 즉 e에는 투자자가 이익을 내려고 할 때 떠안아야 하는 각종 위험이 반영되어 있는 것이다. 우리는 인터넷에서 WACC를 쉽게 찾을 수 있다. 2020년 초에 미국·중국·일본의 몇몇 회사의 WACC는 다음과 같았다.

미국 : 애플 8.39% / IBM 7.95% / 엑손 모빌 7.7%
중국 : 알리바바 13.35%
일본 : 소니 5.34% / 토요타 2.12%

대체로 중국 회사들의 WACC가 상대적으로 높고, 일본 회사들은 그것이 한결 낮은 것으로 보인다. 또 WACC는 사업부마다 다를 수 있다. 독일의 대표적인 자동차 회사 다임러는 전통적인 자동차 사업에는 8%를 WACC로 쓰고 있다. 그러나 새로 시작한 파이낸셜 서비스 모빌리티(Financial Services Mobility)란 회사는 위험이 더 크므로 이 회사에 대해서는 WACC 15%를 적용하고 있다. 그리고 나라에 따라

WACC가 다를 수 있음은 말할 것도 없다. 의료계를 위한 소프트웨어를 제공하는 독일 회사 캄푸그룹 메디컬 S. E.(CompuGroup Medical S. E.)가 쓰고 있는 WACC는 나라에 따라 아래와 같이 다르다.

독일 : 6.1%
폴란드 : 7%
터키 : 8.7%

이 수치들은 각 나라의 위험을 반영하고 있다고 봐야 할 것이다. 그러면 간단한 보기를 통해 경제이익을 계산해보자. 어떤 회사의 총자본이 100억 원이고 총자산수익률은 10%, 그리고 WACC는 8%라고 가정하자. 그러면 [수식 1-12]에 따라 이 회사의 경제이익 EP는 100억 원×(0.1-0.08)=2억 원이다. 즉 이 회사는 자본비용보다 2억 원을 더 벌고 있다. 경제이익 개념을 업계에서는 흔히 경제적 부가가치(Economic Value Added, EVA)란 말로 바꿔서 쓰고 있다. 이 말은 컨설팅회사 스턴 스튜어트(Stern Stewart)가 퍼뜨렸는데, 세계의 많은 회사들이 사업영역을 평가하고 관리하기 위해 이 EVA 개념을 쓰고 있다.

이렇게 자본의 기회비용을 비교기준으로 삼아야 한다는 근본사상이 실은 그렇게 새로운 것이 아니고, 이미 1890년에 당시의 대표적인 경제학자 앨프리드 마셜(Alfred Marshall)이 제안한 바 있다.[11] 자본평가 방법의 하나인 현금흐름할인법(Discounted Cash Flow, DCF)도 이 사상에 바탕을 두고 있다.

　　　　　　　　　　　1 도대체 이익이란 무엇인가?

이익과 위험

경제의 근본법칙 중 하나는 '이익과 위험은 플러스의 상관관계가 있다'는 것이다. 바꿔 말하면, 이익이 크게 날 가능성이 높으면 높을수록 위험도 커지기 마련이다. 이 법칙이 시사하는 의사결정의 규칙은 간단하다. 일정한 이익이 주어져 있을 때, 그것을 얻을 수 있는 여러 사업 대안 가운데 가장 위험이 적은 것을 고르면 된다. 또는 거꾸로 일정한 위험이 주어져 있을 때는, 가장 큰 이익을 올릴 방안을 선택해야 한다.

이 주제로 획기적인 논문을 쓴 해리 마코위츠(Harry M. Markowitz)는 그 공로로 1990년에 노벨경제학상을 받았다. 그는 투자를 다각화(diversification)함으로써 한곳에 투자할 때보다 더 나은 '수익/위험 프로파일(Return/Risk Profile)'을 얻을 수 있음을 증명해 보였다.[12] 마코위츠의 이 원리는 나중에 나온 여러 모델에 의해 확장되었다.

이러한 확장 모델들 가운데 가장 잘 알려진 것은 바로 앞에서 언급한, 윌리엄 샤프(William F. Sharpe)가 개발한, 자본자산 가격결정 모델(CAPM)이다.[13] 이 모델은 한 투자대상과 결부되어 있는 전체위험 가운데 어떤 부분이 다각화를 해도 (위험을) 없앨 수 없는가에 집중했다. 이 모델은 또한 위험을 동반하는 여러 투자대안이 자본시장에서 어떻게 평가되는가를 밝혔다.

이익의 산출

　현실에서 재무제표상의 그리고 세금 부과의 대상이 되는 이익을 산출하는 것은 무척 힘들다. 그 까닭은 이익을 결정하는 많은 요인들이 불확실성과 결부되어 있고 또 평가하기가 어렵기 때문이다. 예를 들어, 기업가치에 대한 감가상각은 얼마로 책정해야만 가장 적절한가? 충당금이라는 항목을 통해 이익을 줄이는 방향으로 영향을 미치는 '미래의 위험'은 어떻게 평가하고, 그래서 그 결과 충당금을 얼마나 쌓아야 하는가? 장기간에 걸쳐 진행되는 프로젝트의 경우, 어떤 기준으로 기간을 나누어야만 가장 적합한가?

　이런 것들은 실제로 이익을 산출하려고 할 때 우리가 부딪히는 많은 평가문제들 중 몇몇에 지나지 않는다. 또 이런 평가문제들을 어떻게 다루어야 하는가에 관해 갖가지 회계 및 세무 규정이 정비되어 있다.

　이 책에서 우리는 이런 문제들 그리고 확장된 여러 이익 개념을 깊이 다루지 않고, 그 대신 진정한 이익에 집중한다. 즉, 다른 설명이 없으면, '세후이익'에 초점을 맞춘다.

이익과 부가가치

　기업은 여러 협력회사로부터 원료 · 원자재 · 부자재를 사들이고 컨설팅 · 광고 · 시설 관리 등의 각종 서비스도 구입한다. 이렇게 기업이 외부에서 조달한 물품 및 서비스의 가치를 매출액에서 빼면 기업이 창출한 가치가 나온다. 이 수치는 기업이 생산 및 서비스 과정을 통해 바깥에서 들여온 투입요소에 얼마만큼의 가치를 추가했는가를 나타낸다. 그래서 이 개념은 부가가치(value added)라고 불리는데, 이것은 대체로 다음의 4가지 요소로 이루어져 있다.

임금, 이자, 세금, 이익

많은 나라에서는 이 부가가치를 바탕으로 부가가치세(Value Added Tax, VAT)를 부과한다. 한 나라의 모든 기업이 창출한 부가가치에 투자와 정부지출을 더한 액수가 이른바 국내총생산(Gross Domestic Product, GDP)이다. 가끔 대기업의 매출액을 작은 나라의 국내총생산과 견주는 일이 있는데, 이것은 사과와 배를 비교하는 것처럼 부질없는 짓이다. 왜냐하면 부가가치와 매출액을 비교하기 때문이다. 그러나 어쨌든 이익이 부가가치의 중요한 부분임은 기업 차원에서나 나라 차원에서나 마찬가지다.

이익과 유동성

이익과 유동성은 서로 다른 개념이다. '유동성(liquidity)'은 만기가 도래한 채무를 변제할 수 있는 기업의 능력을 가리킨다. 기업이 이익을 내고 있는데도 파산할 수 있을까? 그 대답은 "그렇다"이다. 빚을 갚아야 하는 날 그렇게 할 유동성이 없으면, 기업은 이익이 얼마나 났느냐에 상관없이 지급불능을 선언할 수밖에 없다.

거꾸로 어떤 회사가 유동성이 있다고 해도, 그것이 반드시 그 회사가 이익을 내고 있음을 뜻하지는 않는다. 1994년에 사업을 시작한 미국의 아마존은 20년 이상 줄곧 적자를 내거나 이익이 나도 그 액수가 미미했다. 1999년에 설립된 세일즈포스닷컴도 사정은 비슷하다. 이 회사는 18년 동안 3억 3,900만 달러의 누적적자를 냈다. 그럼에도 불구하고, 또 엄청난 투자를 계속하는데도 이 두 회사 모두 유동성 문제에 시달린 적이 한 번도 없다.

또 혁신적 배송 시스템으로 급성장하여 '한국의 아마존'으로 불리는 쿠팡은 김범석 이사회 의장이 2010년에 설립한 이후 2020년까지 쌓인 적자가 41억 1,800만 달러에 달한다. 이 회사는 2020년에 약 13조 원의 매출을 올렸지만, 순손실이 무려 5,247억 원(4억 7,490만 달러)이었다. 쿠팡의 2013년 매출액은 478억 원이었으므로, 이 회사의 매출은 7년 만에 275배가 늘어난 것이다. 이런 상황에서 쿠팡에 30억 달러를 투자한 소프트뱅크의 손정의 회장이 투자금을 회수하겠다는 뜻을 밝혔기 때문에 급히 자금을 조달해야 하는 쿠팡은 미국 뉴욕증권거래소(NYSE)에 상장하여 유동성 문제를 해결하려고 했다.[14]

이렇게 적자가 계속 쌓이면 현금흐름(cash flow)으로 부채를 갚을 수

　　　　　　　　　　　　1 도대체 이익이란 무엇인가?

없으므로, 기업은 대출금·증자 등의 형태로 끊임없이 밖에서 돈을 끌어와야 한다. 어떤 때는 모회사가 유동성을 공급해주기도 한다. 예를 들어, 제너럴 모터스(General Motors, 이하 GM)는 1999년부터 2016년까지 누적적자 190억 달러를 낸 독일 회사 오펠(Opel)을 살리기 위해 계속해서 돈을 투입한 바 있다. 그러다 더 이상 견딜 수 없게 된 GM은 2017년에 오펠을 프랑스 자동차 회사 PSA에 넘기고 만다. 은행·주주 또는 모회사가 해당 회사에 재무자원을 공급해줄 용의가 있는 한, 이익 상황이 나빠도 유동성 문제는 생기지 않는다.

그 반대의 경우, 즉 회사가 경영을 잘해서 이익을 내는데도 유동성 문제가 생기는 상황이 일어날 수 있다. 그러나 이런 경우가 상대적으로 더 드문 것은 두말할 나위도 없다. 고객이 기업으로부터 무엇인가를 사고 기업이 계산서를 발행하면, 그것은 장부상에 매출액으로 잡히고, 그래서 이익에 긍정적인 영향을 미치는 수치로 기록된다. 그러나 고객이 실제로 대금을 지불하지 않는 한, 장부상의 이익이 있음에도 불구하고 유동성은 나아지지 않는다.

하지만 장기적으로 보았을 때 이익과 유동성 부족이 함께 있을 확률은 매우 낮다. 돈이 들어오고 나가는 것은 모두 기업의 유동성에 영향을 주지만, 그것들의 상당수는 이익과 상관이 없다. 예를 들어, 회사가 차입금을 갚으면, 돈이 회사 바깥으로 나가기는 하지만 이익을 건드리지는 않는다. 다만 대차대조표의 차변에서 갚은 돈만큼 현금이 줄고, 대변에서도 그만큼 부채가 줄어들 뿐이다. 회사에 대부금이 들어와도 그 자체는 처음에는 이익에 아무런 영향을 주지 않는다. 단지

대변에서 차입금이 늘어나고, 차변에서는 그 액수만큼 현금자산이 더 많아진다. 그러나 회사가 이 차입금에 대해 최초로 이자를 지급해야 하는 날이 오기까지는 이 대부금으로 말미암아 이익이 달라지지는 않는다. 또 우리 회사가 제공한 상품·서비스에 대한 미수금을 고객이 지급했다고 해서 이익이 영향을 받지는 않는다. 차변에서 미수금이 줄고 (그 액수만큼) 현금이 늘어나는 것뿐이다.

반면에 어떤 사건은 이익에 영향을 주지만 돈의 흐름이나 유동성과는 상관이 없다. 대표적인 것이 감가상각이다. 회사가 산업재를 사들일 때는 그것의 구입 시점에 대금을 지급하지만, 그 돈은 나중에 장기간에 걸쳐 이익을 떨어뜨리는 비용으로 계상된다. 반면에 회사가 미래에 지출해야 할 가능성에 대비하여 쌓아놓은 충당금이 소진되지 않으면, 남는 액수만큼 이익이 올라간다. 그러나 그렇다고 해서 이 경우에 돈이 회사에 흘러들어와서 유동성이 늘어나는 것은 아니다.

유동성은 이따금 숨 쉴 때 필요한 공기에 비유된다. 꼭 맞는 비유라고 생각한다. 공기를 공급받지 못하면 사람은 금방 죽는다. 유동성이 바로 그렇다. 기업이 주어야 할 돈을 주지 못하는 날은 그 기업의 마지막 날이 될 수 있다. 반면에 이익은 오히려 영양보충제에 가깝다. 상황에 따라서는 영양보충제를 먹지 않아도 몇 년 정도는 버틸 수 있다. 그러나 언젠가는 영양부족이 치명적인 위험으로 다가오기 마련이다.

현금흐름

　유동성을 표시하기 위해 업계에서 가장 통상적으로 쓰는 수치는 현금흐름(cash flow)이다. 이 말의 가장 간단한 정의는 "한 기간 동안에 들어온 돈과 나간 돈의 차액"이다. 현금흐름은 플러스일 수도 있고 마이너스일 수도 있다. 현금흐름을 산출하는 간접적인 방법은 순이익 (net profit)에 현금의 지출을 수반하지 않은 비용을 더하는 것이다. 이럴 때의 가장 중요한 항목은 감가상각이다. 그래서 현금흐름을 단순히 '순이익＋감가상각'으로 정의하기도 한다. 반면 앞에서 언급한 대로 돈이 실제로 회사에 들어오지 않는데도 이익을 늘어나게 하는 사건도 있을 수 있다. 상품의 외상매출이 그 전형적인 예다. 이런 사건은 현금흐름을 높이지 않는다.

　이렇게 현금흐름을 동반하지 않는 사건 또는 거래가 꽤 있고, 또 현금흐름이 때로는 경영의 의미 있는 지표이기 때문에 '현금흐름마진'이라는 개념이 쓰이기도 한다. 이것의 정의는 '현금흐름을 매출액으로 나눈 것'(현금흐름/매출액)이다.

　투자제안을 평가할 때 쓰이는 주요 기법 가운데 하나는 순현재가치법(Net Present Value method, NPV method)인데, 이것은 해당 투자로 말미암아 발생하는 현금흐름을 할인율(discount rate)로 할인하여 그것의 현재가치를 계산하는 것이다. 이때 적용하는 할인율은 적절한 다른 대체투자의 수익률이다. 여기에 담긴 사상은 앞에서 논의한 경제이익 개념을 낳은 아이디어와 비슷하다. 순현재가치가 플러스이면 해당 투자의 수익률이 대체투자의 수익률보다 더 높다는 뜻이다. 만일 여기서 WACC를 할인율로 쓰면 경제이익이 산출된다.

잉여현금흐름

그런데 현실에서는 현금흐름 개념의 여러 변형된 형태가 통용되고 있다. 그래서 이익을 얘기할 때와 마찬가지로 늘 현재 상대방이 쓰고 있는 현금흐름이라는 말의 정확한 정의를 물어보는 것이 좋다. 자본시장을 상대로(은행, 주주, 투자회사, 애널리스트 등) 보고할 때 또는 투자자들에게 큰 의미를 갖는 개념이 이른바 잉여현금흐름(Free Cash Flow, FCF)이다. 이것은 한마디로 기업이 자유롭게 쓸 수 있는 현금흐름이다.

FCF는 회사 운영에서 나오는 현금흐름과 투자활동에서 나오는 현금흐름을 합친 수치인데, 회사가 주주 또는 출자자에게 배당금을 주거나 만기가 다가오는 채권을 상환하기 위해 자유롭게 쓸 수 있는 돈의 액수를 가리킨다. 이것은 자본을 대는 투자자의 관점에서는 해당 기업의 자금조달능력을 보여주는 주요 지표다. 고속성장 등으로 회사의 자금조달능력에 문제가 생길 때는 FCF 개념이 아주 크게 주목받는다. 아마존의 창업자 제프 베조스는 이 점을 다음과 같이 날카롭게 표현한 바 있다.

"마진율은 우리가 최적화하려고 하는 것들의 하나가 아니다. 당신이 극대화하고 싶어 하는 것은 주당(per share) FCF의 절대액이다. 그리고 만일 당신이 마진을 낮춤으로써 그렇게 할 수 있다면, 우리는 그렇게 하겠다. FCF를 우선시함으로써 당신은 실험을 하고 더 빨리 혁신할 수 있다."[15]

　　이런 뜻에서 보면 잉여현금흐름은 기업의 '재무적인 운신의 폭'을 반영한다고 볼 수 있는데, 이것은 특히 초기 단계에서는 엄청나게 중요한 요인이다. 두 부류의 인터넷 회사의 FCF 역사는 시사하는 바가 아주 크다.[16] 첫 번째 집단은 구글·애플·페이스북·아마존 같은 옛날 회사들이다. 구글은 FCF가 마이너스였던 적이 한 번도 없다.

　　애플도 비슷하다. 페이스북은 2007년과 2008년에만 FCF가 마이너스였다. 아마존의 경우 1999년부터 2001년까지 FCF의 합계가 8억 1,300만 달러에 달했는데, 이것은 아마존의 매출액에 비하면 미미한 숫자다. 이 4개 회사가 초기에 달성한 FCF는 다 합쳐서 약 −10억 달러이다.

　　두 번째 집단, 즉 테슬라·우버·리프트(Lyft)·스냅(Snap) 같은 젊은 회사들은 사정이 전혀 다르다. 이들 이른바 '현금 버너들(cash burners)'은 2019년까지 벌써 현금 239억 달러를 태워버렸다. 이 회사들이 이렇게 FCF 적자를 낸 해를 모두 합치면 무려 22년이다. 2019년에 새로 상장한 회사들의 84%가 이익이 없었다.[17]

　　"투자금과 자본비용을 모두 회수할 수 있는 정도의 이익을 언젠가 투자자들이 가져갈 수 있을까?" 하는 질문은 당연히 진지하게 제기되어야 한다. 그런 회사들에 돈이 계속 흘러 들어가고(그것도 여러 해 동안), 또 많은 경우 어마어마한 액수가 투입되고 있는 현상은 아무래도 '투자자들의 희망'이라고밖에 설명할 수 없다. 어떤 때는 천재적으로 자신의 사업 개념을 파는 사람이 투자자와 고객들의 열광적인 인기를 얻기도 하는데, 위워크의 창업자 애덤 노이만(Adam Neumann)은 그 대표적인 본보기다.

또 잉여현금흐름은 주주가치(시가총액)에도 큰 영향을 미친다. 잉여현금흐름이라는 지표의 큰 장점은 회계장부를 교활하게 손질해도 이 수치를 실질적으로 조작할 수 없다는 점이다. 현금흐름 또는 잉여현금흐름 모두 해당 회사의 이익에 관해 직접적으로 말해주는 것은 아무것도 없다.

이익은 그저 이익일 뿐

이제까지 여러 가지 이익 개념을 논의했다. 이것이 독자들을 더 헷갈리게 하지 않았기를 바랄 뿐이다. 이익과 관련된 이야기를 할 때는, 정확히 어떤 뜻으로 이 말을 쓰고 있는지 반드시 알아야 한다. 예를 들어, EBITDA나 EBIT 같은 수치들은 이번 장 첫머리에서 정의한 뜻의 이익, 즉 "기업이 계약상의 의무를 모두 수행하고 나서 보유할 수 있는 금액"이 아니다. 이익이라는 개념을 아무리 정교하게 다듬어도 이익의 이 근본 정의가 달라지지는 않는다.

이익은 어디까지나 그저 앞에서 이야기한 뜻의 이익일 뿐이다. 그래서 이익의 개념을 갖가지로 변형시킨 형태들도 어차피 궁극적으로는 같은 방향을 가리키기 마련이다. 통계학 용어로 표현하자면, 그것들은 서로 상관관계가 높다. 높은 세후이익을 거두는 회사는, 다른 조건이 다 똑같으면, 경제이익도 달성한다. 회계상의 이익(회계이익)은 이익이 0보다 크면 플러스이다. 경제이익이 플러스가 되도록 하려면, 회사는 최소한 가중평균 자본비용(WACC)만큼의 수익률을 올려야 한다. 회계이익의 경우에는 그 잣대가 0이고, 경제이익을 이야기할 때는 그것이 WACC이다. 어떤 잣대를 쓰든 이익이 더 많은 쪽을 선호해야 함은 말할 것도 없다.

간추림

이번 장의 목표는 여러 가지 이익의 개념과 그와 관련 있는 몇몇 개념들을 간단히 살펴보는 것이었다. 복잡한 회계, 재무 문제들을 다루는 것은 이 책의 관심사가 아니다. 우리는 이익의 경제적 측면에 초점을 맞추었다.

이익은 기업경영의 주체가 지불할 의무가 있는 모든 것을 다 지불한 다음에 스스로 가져갈 수 있는 돈이다. 그래서 이익의 정의는 '수입과 지출의 차액'이고, 회사의 본연의 일인 영업에 중점을 두고 이야기할 때는 '매출액과 원가의 차액'인 '영업이익'이란 말을 많이 쓴다.

피터 드러커를 비롯한 많은 학자들이 이익을 '생존의 비용'으로 해석한다. 확장된 여러 이익 개념이 시중에서 인기를 끌고 있지만, 그것들은 진정한 의미의 이익에 속하지 않는 요소들을 포함하고 있다. 그래서 우리는 이러한 풍조를 경계하라고 권한다.

이익은 절대액으로 나타낼 수도 있고, 또는 수익률의 형태로 측정하기도 한다. 흔히 쓰이는 수익률은 영업이익률, 총자산수익률, 자기자본수익률 등이다. 또 정상이익·경제이익 또는 경제적 부가가치 등의 이익 개념도 있는데, 이것들은 실제 자본비용이 아닌 자본의 기회비용과 관련된 개념들이다. 한 회사가 이러한 의미의 자본비용을 벌지 못하면, 이 회사는 회계상의 이익을 낼지는 몰라도 경제이익을 거두지는 못한다.

이익은 부가가치의 중요한 구성요소다. 회사가 이익을 내도 유동성이 부족하여 지급불능 상태에 빠질 수 있다. 또 반대의 경우도 있을 수 있다. 즉 회사가 손실을 내고 있음에도 불구하고 유동성 문제는 없는 사례도 꽤 있다. 현금흐름 그리고 유동성과 관련된 각종 수치는 실제 현실에서 큰 구실을 한다. 그러나 이런 수치들은 해당 회사의 이익 상황에 관해 아무것도 직접적으로 말해주지 않는다. 그렇지만 장기적으로 보면 이익과 유동성은 같은 방향으로 나아간다.

THE
PROFIT

2

이익을 찾아서

프랑스 작가 마르셀 프루스트는 대표작 《잃어버린 시간을 찾아서》로 세계적인 명성을 얻었다. 2장에서 우리는 이익을 찾아 떠나고자 한다. 먼저 일반인들이 이익에 대해 어떻게 생각하는가를 알아본다. 이어서 다양한 규모의 나라별·업종별·기업별로 이익을 견주어볼 것이다. 그러면 나라·업종·기업에 따라 수익률이 아주 크게 차이가 난다는 것을 알 수 있다. 기업들만 놓고 보면, 한편에서는 엄청난 이익을 내는 극소수의 회사들이 전체 이익의 상당 부분을 챙겨가고 있다. 그러나 또 다른 편에서는 매우 많은 회사들이 지속적으로 낮은 수익률을 보이며, 이들은 자본비용(WACC)도 벌지 못한다. 2장에서 우리가 말하는 이익은 '세후이익'을 가리킨다.

이익은 왜 과대평가되나?

보통 사람들은 이익에 대해 어떻게 생각하고 있을까? 이 물음에 대한 답변을 얻기 위한 설문조사가 해외에서는 여러 차례 행해진 바 있다. 여기서는 미국과 독일 등지에서 얻은 결과를 소개하겠다. 한국에도 많은 시사점을 주는 결과다.

그림 2-1 대중의 기대와 큰 차이가 나는 독일 기업의 순영업이익률

	설문 대답	실제 순영업이익률
1차	15.75%	2.6%
2차	24.15%	2.02%
3차	20%	2%
전체평균	20%	2.21%

먼저 미국 사람들은 이익에 대해 어떻게 생각하는지 살펴보자. 2013년 5월 미국에서 대표성이 있는 표본집단에게 던진 질문은 다음과 같다. "어느 평균적인 회사가 1달러의 매출을 올리면, 세금을 내고 나서 남는 이익이 몇 %나 될까요? 대충 짐작만 해보세요."[1]

응답자들이 말한 수치의 평균은 36%이었다! 이 숫자는 그 이전에 조사했던 설문의 결과와 매우 비슷했다. 1971년부터 1987년까지 미국에서는 이런 설문조사가 9번 시행되었는데, 대답은 28%에서 37%에 걸쳐 있었고 평균은 31.6%이었다. 그런데 실제 미국 기업들의 세후순이익률의 장기적인 평균은 약 5%에 그친다. 즉 미국인들은 기업이 벌어들이는 이익을 6배나 과대평가하고 있는 것이다. 독일에서는 1991년에서 1999년에 걸쳐 비슷한 설문조사가 3번 실시되었는데, 그 결과와 당시의 독일 기업들의 실제 순이익률은 위와 같다.

오스트리아에서 비슷한 조사를 했더니 그 결과는 17%였다.[2] 그 외의 국가에서는 비슷한 조사결과를 찾을 수 없었다. 또 공저자인 헤르만 지몬은 길거리 등에서 만난 사람들, 즉 편의추출(convenience sampling)로 뽑은 사람들에게 최근에 똑같은 질문을 해보았다. 그는 100명에게 물어보았는데, 그들이 말한 순영업이익률의 평균은

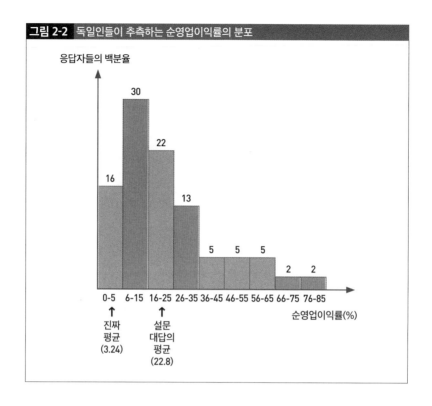

그림 2-2 독일인들이 추측하는 순영업이익률의 분포

응답자들의 백분율

순영업이익률(%)

진짜
평균
(3.24)

설문
대답의
평균
(22.8)

22.8%, 그리고 중앙값(median)은 19%였다. 즉 표본집단이 작음에도 불구하고 대규모 설문조사에서 얻은 결과와 아주 비슷했던 것이다. 이들의 답변을 막대그래프로 그려보면 [그림 2-2]과 같다. 더욱 놀라운 결과는, 응답자들의 답변이 0에서 80%에 걸쳐 있다는 사실이다. 관찰값이 평균에서 얼마나 떨어져 있는지를 보여주는 표준편차가 19%로 대단히 높다. 이렇게 답변이 널리 분산되어 있다는 것은 그만큼 응답자들이 기업의 영업이익률에 관해 잘 모르거나 또 스스로가 한 답변에 대해 자신이 없음을 나타낸다고 볼 수 있다.

2 이익을 찾아서

그림에서 보다시피 14년 동안의 독일 기업들의 실제 평균 순영업이익률은 3.24%이다. 즉 독일인들은 자국 기업들의 이익을 7배 정도 과대평가하고 있었다. 재미있는 것은 미국인들이나 독일인들이나 모두 기업들이 실제보다 6~7배가량 이익을 더 거둔다고 생각한다는 점이다. 이렇게 세계 최고의 두 선진국에서조차 대중들은 기업의 이익 규모에 대해 잘 모르고, 이이에 관한 그들의 지각(perception)과 현실 사이에는 큰 틈이 있다. 그러면 실제 이익 상황을 좀 더 자세히 알아보자.

나라별 이익상황

먼저 나라별로 기업들이 얼마나 벌고 있나 알아보자. 사실 나라별로 비교할 수 있도록 정리된 이런 자료들을 찾기는 결코 쉽지 않았다. 그래서 우리는 우리가 구할 수 있었던 가장 나은 자료를 소개하기로 했다. [그림 2-3]은 주요 OECD[3] 회원국의 산업기업들[4]의 8년간의 순영업이익률(net profit margins, after tax return on sales)[5]을 보여준다.

각 나라의 경제력은 서로 크게 다르므로, 우리는 각국의 국내총생산(Gross Domestic Product, GDP)을 감안한 가중평균값을 제시한다. 그림에서 보다시피 그것은 5.71%이다. 나라에 따라 기업들의 순영업이익률은 차이가 크게 나는데, 러시아 회사들은 같은 기간 동안 일본 회사들보다 수익률이 5배나 더 높았다. 미국은 4.9%로 평균보다 조

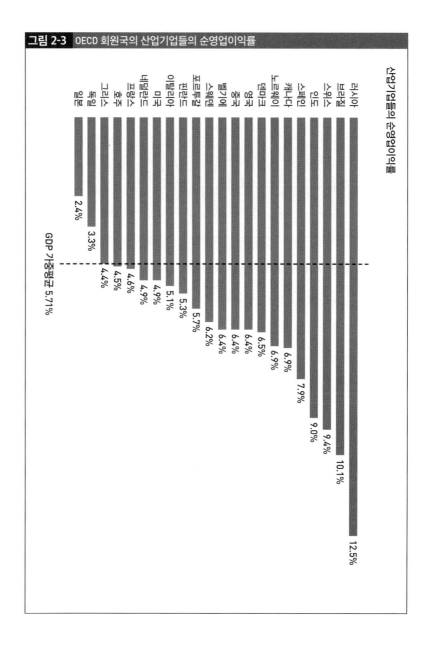

그림 2-3 OECD 회원국의 산업기업들의 순영업이익률

산업기업들의 순영업이익률

러시아	12.5%
브라질	10.1%
스위스	9.4%
인도	9.0%
스페인	7.9%
캐나다	6.9%
노르웨이	6.9%
덴마크	6.5%
영국	6.4%
중국	6.4%
벨기에	6.4%
스웨덴	6.2%
포르투갈	5.7%
핀란드	5.3%
이탈리아	5.1%
미국	4.9%
네덜란드	4.9%
프랑스	4.6%
호주	4.5%
그리스	4.4%
독일	3.3%
일본	2.4%

GDP 기중평균 5.71%

2 이익을 찾아서

금 낮고, 일본과 독일의 회사들이 가장 성적이 나쁘다.

경제규모가 작을수록 더 높은 마진

　기업의 수익률은 국가의 경제규모와 관계가 있을까? 이것을 알아
보기 위해 우리는 순영업이익률과 GDP 순위를 비교해보았다. 오른
쪽의 [그림 2-4]는 그 결과를 보여주고 있는데, 국가 경제규모와 기
업의 수익률은 마이너스의 상관관계에 있는 듯이 보인다. 실제로 둘
의 상관관계는 통계적으로 유의하다.[6]

　대체로 기업의 순영업이익률은 GDP가 큰 나라에서는 낮은 경향이
있고, 경제규모가 작은 나라에서는 높은 듯하다. 이것은 규모의 경제
(economy of scale)라는 관점에서 보면 정반대의 결과다. 아마도 GDP
가 큰 나라에서는 그만큼 경쟁이 더 치열하고, 그래서 수익률이 떨어
지는 것이 아닌가 하는 생각이 든다. 만일 이 가설이 맞다면, 경쟁은
규모의 경제보다 기업의 수익률에 더 큰 영향을 미친다는 말이 된다.

　또 이 자료를 보면 국가위험(country risk)과 수익률 사이에 상관관계
가 있는 듯이 보인다. 즉 국가위험이 높다고 생각되는 러시아·브라
질·인도의 기업들이 높은 수익률을 달성하고 있다. 그렇다면 이것은
일반적으로 말하는 수익률과 위험의 관계(high-risk high-return, low-
risk low-return)와 부합한다. 여기서 스위스는 물론 예외다.

　[그림 2-4]에서 또 눈에 띄는 것은 유럽연합(European Union, 이하

그림 2-4 순영업이익률과 국내총생산 순위

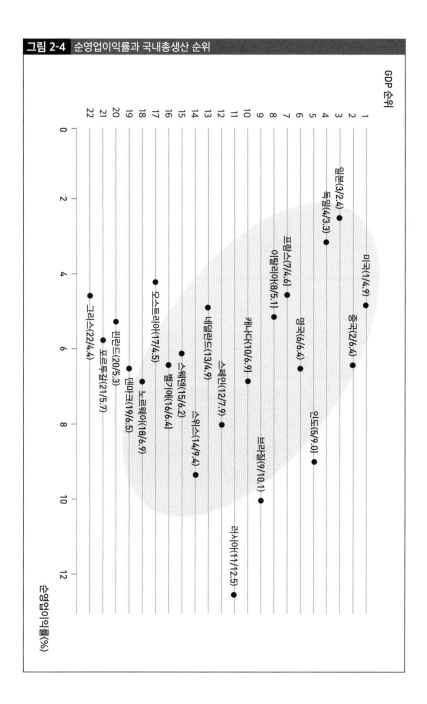

GDP 순위

미국(1/4.9)
중국(2/6.4)
일본(3/2.4)
독일(4/3.3)
인도(5/9.0)
프랑스(7/4.6)
영국(6/6.4)
이탈리아(8/5.1)
브라질(9/10.1)
캐나다(10/6.9)
러시아(11/12.5)
스페인(12/7.9)
네덜란드(13/4.9)
스위스(14/9.4)
스웨덴(15/6.2)
벨기에(16/6.4)
오스트리아(17/4.5)
노르웨이(18/6.9)
덴마크(19/6.5)
핀란드(20/5.3)
포르투갈(21/5.7)
그리스(22/4.4)

순영업이익률(%)

2 이익을 찾아서

EU) 회원국들에 속하는 기업들의 수익률이 낮은 듯하다는 사실이다.
그래서 EU 가입 여부를 회귀방정식에 넣었더니 실제로 더 나은 결과
가 나왔다.[7] 해당 국가가 EU의 회원국이면 순영업이익률이 2.4% 내
려간다. 따라서 우리는 EU 회원국의 기업들은 상대적으로 이익을 덜
내고 있다고 말할 수 있다. EU 역내에서는 비교적 세율이 높으므로
높은 조세 부담이 그 원인 중의 하나일 것이다.

이익 동태

이익률이 관찰기간 8년 동안에 어떻게 달라졌는가를 살펴보는 것도
재미있다. [그림 2-5]는 우리가 본 이익의 동태(動態, Dynamics)를 보
여주고 있다. 8년 동안의 평균이익률은 6.05%인데, 해마다 꽤 차이
가 있다. 가장 좋았던 2007년의 순영업이익률은 인터넷 거품이 터진
여파가 지속되어 최악의 성적을 기록했던 2003년 실적의 갑절이다.
2008년 가을에 세계 금융위기가 오면서 2008년과 2009년에는 기업
의 수익률이 떨어졌지만, 그것의 악영향은 상대적으로 크지 않았다.

업종별 수익률

기업의 수익률이 나라에 따라 그리고 해마다 크게 다르듯이, 업종

그림 2-5 OECD 회원국 기업들의 8년에 걸친 이익의 동태적 변화

세후 영업이익률(%)
(2003~2005년 19개국, 2006년 21개국, 2007~2010년 22개국)

평균 6.05%

3.9% | 5.5% | 6.6% | 7.4% | 8.1% | 5.3% | 5.0% | 6.6%

2003 | 2004 | 2005 | 2006 | 2007 | 2008 | 2009 | 2010

출처 : Institute of German Economy

별로도 수익률의 차이가 크다. 각 산업 분야의 영업이익률은 경쟁의 강도, 자본회전율, 연구개발 투자의 정도, 부가가치 자체생산비율(독일어로는 Wertschöpfungstiefe, 영어로는 extent of value creation이다)[8] 등을 반영한다.

그뿐 아니라 업종에 따라 수익률이 급변하는 경우가 있다. 예를 들어, 인쇄매체 분야는 2007년만 해도 10.4%라는 상당히 높은 수익률을 누렸으나, 인터넷과 스마트폰의 확산으로 인해 2019년에는 −1.6%로 떨어졌다. 또 석유나 가스처럼 경기주기(business cycle)가 있는 산업에서는 가격의 변동이 이익에 큰 영향을 미칠 수 있다. 반면에 제약산업 같은 몇몇 업종은 지속적으로 높은 수익률을 달성하고 있다.

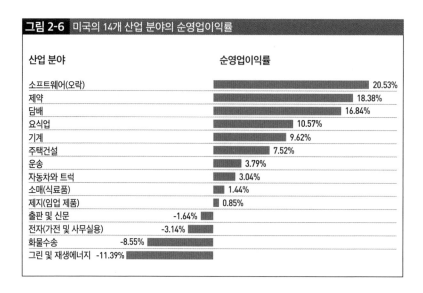

그림 2-6 미국의 14개 산업 분야의 순영업이익률

산업 분야	순영업이익률
소프트웨어(오락)	20.53%
제약	18.38%
담배	16.84%
요식업	10.57%
기계	9.62%
주택건설	7.52%
운송	3.79%
자동차와 트럭	3.04%
소매(식료품)	1.44%
제지(임업 제품)	0.85%
출판 및 신문	-1.64%
전자(가전 및 사무실용)	-3.14%
화물수송	-8.55%
그린 및 재생에너지	-11.39%

업종별 수익률을 비교할 수 있는 자료가 흔하지는 않다. 여기서는 미국 뉴욕 대학교의 자료를 활용했다.[9] 이 자료는 93개 업종의 미국 회사 7,053개를 조사한 것인데, [그림 2-6]은 그 가운데 14개 업종의 순영업이익률을 보여준다. 93개 업종의 순영업이익률의 중앙값은 5.9%이므로, 우리가 앞에서 본 수치들과 크게 다르지 않다. 이 그림에 포함된 업종 중 소프트웨어업계의 수익률이 20.53%로 가장 높고, 녹색·재생에너지 산업은 -11.39%로 꼴찌다.

세계적인 대형 회계법인 언스트 앤 영(Ernst & Young, 이하 EY)은 2019년에 연구개발 활동을 활발히 하는 전 세계 500개 상장회사들의 업종별 영업이익률을 발표한 바 있다.[10] 그런데 여기서 그들이 말하는 영업이익률은 순영업이익률이 아니라 이자 및 세전이익률, 즉 EBIT를 뜻한

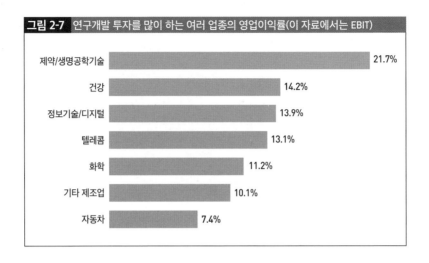

그림 2-7 연구개발 투자를 많이 하는 여러 업종의 영업이익률(이 자료에서는 EBIT)

업종	영업이익률
제약/생명공학기술	21.7%
건강	14.2%
정보기술/디지털	13.9%
텔레콤	13.1%
화학	11.2%
기타 제조업	10.1%
자동차	7.4%

다. [그림 2-7]은 그들이 발표한 내용을 보여주고 있다. 이 그림에서도 업종 간의 수익률 차이는 상당하다. 제약·생명공학기술 업종은 자동차 산업보다 거의 3배 가까운 수익률을 보인다. 그 주요 요인은 연구개발 투자가 크기 때문이다. 제약·생명공학 회사들은 매출액의 평균 17.1%를 연구개발에 쓰고, 자동차 회사들은 4%에 그친다.

지금까지 보았다시피 수익률은 업종에 따라 크게 다르다. 대체로 연구개발에 투자를 많이 하는 업종은 수익률이 높고, 기업의 크기와 수익률이 마이너스의 상관관계를 보인다는 조사결과도 있었다. 그러나 업종이 다른 회사들의 영업이익률을 서로 견주는 것은 많은 경우 큰 의미가 없다. 반면에 같은 업종에 속하는 개별 기업들의 이익성과를 비교하면 중요한 시사점을 얻을 수 있다.

또 '업종이 주는 한계'라는 개념을 생각해볼 수 있다. 즉 개별 기업이 경영을 잘하여 산업 평균보다 더 좋은 성과를 올릴 수는 있지만, 해당 업종의 영향에서 완전히 벗어날 수는 없다. 그래서 업종 평균 수익률은 기업이 전략을 세우고 경영계획을 세울 때 기준으로 삼아야 하는 중요한 지표라고 생각한다.

유통업의 수익률

유통업은 매출액은 높지만 영업이익률은 낮은 경향이 있다. 그럼에도 불구하고 수익률은 분야에 따라 들쑥날쑥하다. 식품소매업은 마진율이 보통 3% 이하이며, 1% 미만인 경우도 흔하다. 월마트는 세계 최대의 소매기업으로, 특히 매출액 면에서는 세계에서 가장 큰 회사다. 220만 명을 고용하고 있는 이 회사의 2019년 매출액은 5,240억 달러였고 순영업이익률은 2.84%이었다. 독일 최대의 식품 소매회사 레베(Rewe)는 매출액이 494억 유로이고, 순이익이 3억 3,800만 유로, 순영업이익률이 0.68%이다. 무려 34만 5,434명이 레베에서 일하고 있다. 9만 7,606명을 고용하고 있는 독일 굴지의 소매기업 메트로(Metro)는 매출액이 414억 달러인데 손실이 1억 4,210만 달러이다. 우리나라의 이마트, 롯데마트, 홈플러스의 2019년도 매출액, 영업이익, 영업이익률은 오른쪽 [그림 2-8]과 같다.

신선식품의 빠른 배송으로 유명한 마켓컬리는 2019년에 4,289억 원의 매출을 올렸는데 무려 986억 원의 손실을 냈다. 즉 영업이익률

그림 2-8	한국 주요 유통업체의 매출액, 영업이익, 영업이익률		
회사이름	**매출액**	**영업이익**	**영업이익률**
이마트	19조 628억 원	1,506억 원	0.8%
롯데쇼핑	9조 6,953억 원	2,710억 원	2.8%
홈플러스	7조 3,000억 원	1,601억 원	2.2%

이 -23%이다.

식품소매업 이외의 유통업에서는 수익률이 높은 회사들이 많다. 20만 8,000명을 고용하고 있는 스웨덴의 가구회사 이케아(IKEA)는 2017년에 363억 유로의 매출액, 24억 7,000만 유로의 순영업이익을 올렸다. 즉, 순영업이익률이 소매업에서는 상당히 높은 6.8%이다. 그러나 이른바 패스트 패션(fast fashion) 회사들은 더 좋은 실적을 자랑한다. 자라(Zara)를 운영하는 인디텍스(Inditex)는 순영업이익률이 13.7%다.[11] 이어서 프리마르크(Primark)가 12.4%, 에이치앤앰(H&M)이 11.3%, 그리고 유니클로가 10.4%의 순영업이익률을 각각 올리면서 자라의 뒤를 바짝 뒤따르고 있다. 이 세 회사는 모두 저가 의류회사이며, 재고자산회전율(inventory turnover)이 높고 원가경쟁력이 아주 강하다. 우리나라에서는 백화점이 소매업에서 아직도 큰 비중을 차지하고 있는데, 신세계·롯데·현대의 2019년도 실적은 다음 페이지와 같다.

[그림 2-9]에서 보다시피 신세계와 현대백화점의 수익률은 국제기준에 비추어보아도 상당히 양호하다고 할 수 있다. 그런데 최근 들어서 백화점의 위상이 상대적으로 떨어지고 그 대신 편의점이 유

그림 2-9	한국 주요 백화점의 매출액, 영업이익, 영업이익률		
회사이름	매출액	영업이익	영업이익률
신세계	6조 3,942억 원	4,677억 원	7.3%
롯데	8조 8,562억 원	1,749억 원	2%
현대백화점	2조 1,989억 원	2,922억 원	13.3%

통업계의 판도를 뒤흔들고 있다. [그림 2-10]은 지난 3년간 마트·편의점·백화점의 매출액 변화를 보여주고 있다. 이미 BGF리테일 (CU)·GS리테일(GS25)·코리아세븐(세븐일레븐) 등 상위 세 회사의 매출액이 전체 오프라인 매장 판매 비율의 31%로 롯데·신세계·현대백화점의 매출액 비율 28.4%를 제친 것이다. 편의점은 매출액 비율 면에서 곧 마트까지 제칠 기세다. 2021년 3월 국내 유통시장에서의 편의점의 매출액 비율은 14.9%로 대형마트(15.2%)를 거의 따라잡았다.[12]

편의점이 깔끔한 동네 잡화점의 이미지를 훌쩍 뛰어넘어 장보기와 가전 구매, 택배, 보험 신청까지 '못하는 게 없는' 매장 유통의 중추로 성장했다. 2020년 말 기준 우리나라의 편의점 숫자는 4만 7,884개, '편의점 종주국' 일본의 5만 5,924개보다는 적지만, 인구대비로 따지면 한국이 1,082명당 1개로 2,253명당 1개인 일본보다 편의점 유통망이 갑절은 더 촘촘하다. [그림 2-11]은 이 업계의 대표적인 두 회사 BGF리테일과 GS리테일의 최근 3년 실적을 보여주고 있다.

이와 같이 유통업계 내부에서도 회사에 따라 영업이익률은 크게 다를 수 있으며, (영업이익률이) 높은 회사보다는 낮은 회사가 더 많은 듯하다.

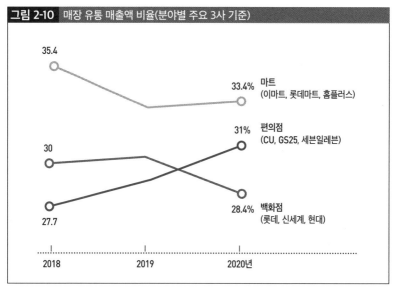

그림 2-10 매장 유통 매출액 비율(분야별 주요 3사 기준)

35.4

33.4% 마트
(이마트, 롯데마트, 홈플러스)

31% 편의점
(CU, GS25, 세븐일레븐)

30

28.4% 백화점
(롯데, 신세계, 현대)

27.7

2018　　　　　2019　　　　　2020년

출처 : 산업통상자원부

그림 2-11 편의점 업계 두 강자의 실적

		2018	2019	2020
BGF리테일	매출액	5조 7,758억 원	5조 9,460억 원	6조 1,812억 원
	영업이익	1,895억 원	1,966억 원	1,622억 원
	영업이익률	3.3%	3.3%	2.6%
GS리테일	매출액	8조 6,916억 원	9조 69억 원	8조 8,623억 원
	영업이익	1,802억 원	2,388억 원	2,525억 원
	영업이익률	2.1%	2.7%	2.8%

대기업의 이익

　그러면 이번에는 세계적인 대기업들의 이익 상황을 알아보자.
2020년 8월 10일 자 〈포춘〉에는 2019년도의 매출액 기준 세계 500대 기업에 관한 자료가 실렸는데, 이 회사들의 국적을 살펴보면 총 32개국이었다. 그중 중국(124개), 미국(121개), 일본(53개)의 회사들이 60%를 차지한다.

이들 세계 500대 기업은 전 세계에서 6,990만 명을 고용하고 있으며, 세계 경제의 척도이기도 하다. 이 회사들의 순이익은 2조 610억 달러, 매출액은 33조 2,940억 달러로 순이익률은 6.19%이다. 평균 매출액은 665억 9,000만 달러, 평균이익은 41억 2,000만 달러이다.

그러나 이 평균이익은 몇몇 회사의 어마어마하게 많은 이익의 영향을 크게 받은 수치이기 때문에 실제의 이익상황을 왜곡한다고 볼 수 있다. 예를 들어, 880억 달러의 이익을 낸 사우디 아람코(Saudi Aramco)는 혼자 1억 7,600만 달러를 전체 평균이익에 기여했다. 그래서 이러한 극단적인 회사들의 영향을 배제한다는 면에서 중앙값, 즉 가장 중앙에 위치하는 값이 더 의미가 있다. 세계 500대 기업의 순이익의 중앙값은 20억 3,000만 달러이며, 순이익률의 중앙값은 3.68%이다. 중앙값은 이 대기업들의 평균적인 이익실적을 산술평균보다 훨씬 더 잘 나타낸다.

산술평균과 중앙값은 많은 양의 자료를 한 숫자로 압축한 것이다. 따라서 이러한 압축과정에서 많은 정보가 소실되기 마련이다. 세계적인 대기업들의 이익에 관한 더 많은 정보를 얻는 방법의 하나는 '포춘 500대 기업'의 순이익률 분포를 살펴보는 것이다. [그림 2-12]가 바로 그것이다. 이 그림에서 가장 눈에 띄는 점은 순이익률이 넓게 분포되어 있다는 사실이다. −30.8%를 기록한 슐름베르거(Schlumberger)부

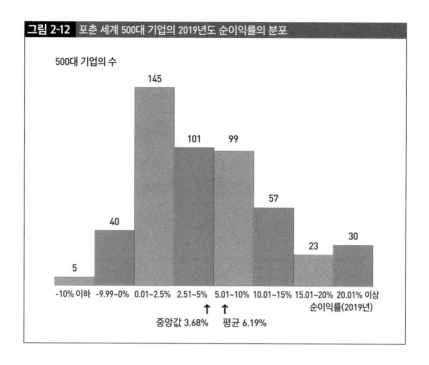

그림 2-12 포춘 세계 500대 기업의 2019년도 순이익률의 분포

즉 이 분포도는 우리가 산술평균과 중앙값만 볼 때보다 훨씬 더 차별화된 이익률 분포의 모습을 보여준다. 2019년에는 세계 500대 기업의 9%에 해당하는 45개 회사가 적자를 냈다. 이 회사들의 평균 손실액은 22억 5,500만 달러였고, 손실액의 총합계는 1,010억 달러에 달했다. 그뿐 아니라 적자를 내지는 않았지만 순이익률이 2.5%도안 되는 회사의 비율도 매우 높다. 거의 1/3에 가까운 29%가 이 범주에 속한다. 그리고 다섯 회사 가운데 하나는(정확히는 20.2%) 순이익률

터 33.1%의 순이익률을 올린 대만의 TSMC까지 대기업들의 이익 실적은 무척 다양하다.

이 2.51~5%다. 적자를 낸 회사와 이 두 범주에 속하는 순이익률이 낮은 회사를 합하면 전체의 58.2%인 291개이다. 포춘 500대 기업의 절반 이상이 WACC[13]로 표현되는 자본비용을 벌지 못하고 따라서 경제이익을 올리지 못한 것이다. 이것은 심각한 상황이라고 말하지 않을 수 없다. 이 회사들은 모두 이익 극대화의 방향으로 더욱더 힘차게 나아가야 한다.

세계 500대 기업의 이익 동태

지난 2010년부터 2019년에 이르는 10년 동안 세계 500대 기업의 순이익률은 [그림 2-13]에서 보다시피 상당히 안정적이었다. 10년 내내 평균 5%를 웃돌았으며(10년간 평균 순이익률은 5.65%였다), 2018년에는 그중 최고 실적을 달성했다. 우리는 앞의 [그림 2-5]에서 OECD 국가들의 순영업이익률의 동태적 변화를 살펴본 바 있는데, 세계적인 대기업들의 이익마진은 국가별 마진보다 변동이 덜 심하다. 이것은 아마도 대기업들이 전 세계를 무대로 사업을 전개하기 때문이 아닐까 싶다.

세계화는 위험을 분산하는 구실을 하고, 그 결과 이익률의 변동폭이 작아진다. 그런데 [그림 2-5]와 [그림 2-13]의 관찰기간이 서로 다르다는 점에 유의할 필요가 있다. 얼핏 보아서는 그 차이가 별것 아닌 것처럼 보이겠지만, 사실 세계 경제는 21세기의 첫 10년보다 2010년대에 더 고르게 성장했다.

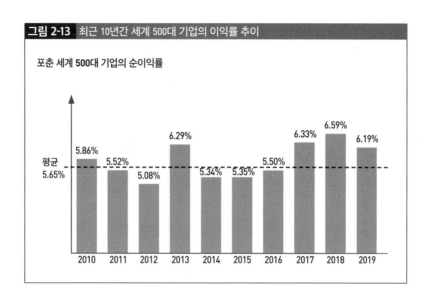

그림 2-13 최근 10년간 세계 500대 기업의 이익률 추이

포춘 세계 **500**대 기업의 순이익률

평균
5.65%

5.86% 5.52% 5.08% 6.29% 5.34% 5.35% 5.50% 6.33% 6.59% 6.19%

2010 2011 2012 2013 2014 2015 2016 2017 2018 2019

이익 스타기업들

대중들은 엄청난 이익을 올리는 회사들에 강한 관심을 갖는 경향이 있다. [그림 2-14]는 세계 500대 기업 가운데 가장 많은 이익을 내는 회사 25개를 보여주고 있다. 우리는 이들을 '이익 스타기업'이라고 부른다.

연간이익의 절대 액수는 감을 잡기 힘들기 때문에 우리는 이 회사들이 하루에 이익을 얼마나 버는가도 그림에 표시해 놓았다. 그림에 있는 수치들은 우리를 그야말로 숨 막히게 한다. 이 스타기업들은 전체 500개 회사 중 5%에 지나지 않지만, 이 회사들의 총이익은 무려 7,640억 달러다. 이것은 세계 500대 기업이 올린 총이익의 1/3이 넘는 37.1%이다. 2018년에는 이것이 33.1%이었으므로 이익집중 현상

그림 2-14 포춘 500대 기업에 속하는 이익 스타기업들

회사	2019년도 이익(단위 : 100만 달러)	하루에 번 이익(2019년, 단위 : 100만 달러)
사우디 아람크	88,211	242
버크셔 해서웨이	81,417	223
애플	55,256	151
중국공상은행	45,195	124
마이크로소프트	39,240	108
중국건설은행	38,610	106
JP모건 체이스	36,431	100
알파벳	34,343	94
중국농업은행	30,701	84
뱅크 오브 아메리카	27,430	75
중국은행	27,127	74
핑안보험	21,627	59
월마트	21,450	59
인텔	21,048	58
웰스파르고	19,549	54
시티그룹	19,549	53
버라이즌커뮤니케이션스	19,401	53
토요타자동차	19,265	52
가스프롬	19,096	51
페이스북	18,593	51
삼성전자	18,485	51
화이자	18,453	51
로열더치셸	16,273	45
폭스바겐	15,842	43
존슨앤드존슨	15,542	43
조슨앤드존슨	15,119	41

70

그림 2-15	한국의 10대 이익 스타기업	
순위	회사이름	순이익
1	삼성전자	21조 7,389억 원
2	신한지주	3조 6,424억 원
3	KB금융	3조 3,132억 원
4	현대자동차	3조 1,856억 원
5	하나금융지주	2조 4,256억 원
6	현대모비스	2조 2,943억 원
7	우리금융지주	2조 376억 원
8	SK 하이닉스	2조 91억 원
9	포스코	1조 9,826억 원
10	기아자동차	1조 8,267억 원

은 더 심해지고 있는 듯하다.

이 25개 이익 스타기업들의 면면을 보면, 몇 가지 특이한 점이 눈에 들어온다. 우선 이 회사들의 국적을 보면 여덟 나라뿐이다. 그뿐아니라 그중 13개는 미국 회사이고 6개는 중국 회사다. 나머지 여섯 나라(사우디아라비아, 일본, 러시아, 한국, 네덜란드, 독일)는 스타기업을 하나씩만 갖고 있다.

25개 가운데 8개가 은행인데, 미국은행이 4개, 중국은행이 4개다. 그다음으로 큰 집단은 하이테크 회사들인데, 애플·삼성전자·마이크로소프트·알파벳·인텔·버라이즌·페이스북 등이다. 바꿔 말하면 스타기업들의 2/3가 은행 및 기술·텔레콤이라는 두 업종에 속한다. 여기에도 이익집중 현상이 나타난다. 그러면 우리나라의 이익 스타기업들은 어떤 회사들인가? [그림 2-15]는 우리나라의 2020년도

10대 이익 스타기업을 보여준다.

가장 먼저 눈에 띄는 것은 삼성전자의 이익이 다른 스타기업들의 이익을 완전히 압도한다는 사실이다. 우리나라가 삼성전자라는 세계적인 초우량회사를 갖고 있음은 무척 자랑스럽지만, 한국경제의 삼성전자 의존도가 지나치게 높은 것은 결코 바람직하지 않다. 게다가 현대자동차 계열의 회사가 셋이나 있다(현대자동차, 현대모비스, 기아자동차). 우리 경제가 삼성·현대에 얼마나 많이 의존하고 있는가를 보여준다. 스타기업 10개 가운데 4개가 금융지주회사인 것은 세계의 이익 스타기업 25개 중 8개가 은행이라는 사실과 궤를 같이한다. 앞으로도 금융과 기술이 경제의 큰 두 축을 이루지 않을까 생각한다.

마진 스타기업들

이익의 절대액을 기준으로 본 이익 스타기업들과 순이익률이 높은 마진 스타기업들의 목록은 정확히 일치하지는 않지만, 상당히 많이 겹친다. [그림 2-16]은 세계 500대 기업 가운데 순이익률이 20%가 넘는 회사 30개를 보여주고 있다. 여기서도 우리는 집중현상을 또다시 목격한다. 30개 가운데 은행권에 10개, 하이테크 분야에 9개, 그리고 제약업계에 5개가 있다. 이 세 업종이 전체의 80%를 차지한다.

앞에서 이익 스타기업들을 논의할 때 언급되지 않았던 제약업계가 마진 스타기업을 5개나 보유하고 있는 것이다. 코로나 사태를 맞아

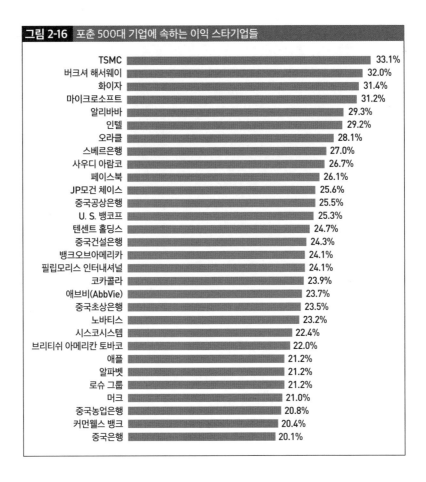

그림 2-16 포춘 500대 기업에 속하는 이익 스타기업들

기업	값
TSMC	33.1%
버크셔 해서웨이	32.0%
화이자	31.4%
마이크로소프트	31.2%
알리바바	29.3%
인텔	29.2%
오라클	28.1%
스베르은행	27.0%
사우디 아람코	26.7%
페이스북	26.1%
JP모건 체이스	25.6%
중국공상은행	25.5%
U. S. 뱅코프	25.3%
텐센트 홀딩스	24.7%
중국건설은행	24.3%
뱅크오브아메리카	24.1%
필립모리스 인터내셔널	24.1%
코카콜라	23.9%
애브비(AbbVie)	23.7%
중국초상은행	23.5%
노바티스	23.2%
시스코시스템	22.4%
브리티쉬 아메리칸 토바코	22.0%
애플	21.2%
알파벳	21.2%
로슈 그룹	21.2%
머크	21.0%
중국농업은행	20.8%
커먼웰스 뱅크	20.4%
중국은행	20.1%

위력을 유감없이 발휘한 화이자는 이 전염병이 돌기 이전에 이미 순이익률 면에서 세계 3위의 자리에 올랐던 초우량회사이다. 지역별 분포를 보면 미국(16개)과 중국(7개)이 압도적이다. 유럽 회사는 4개밖에 없으며, 유럽연합(EU)은 마진 스타기업이 단 하나도 없다.

그러면 우리나라에서는 어떤 회사들을 마진 스타회사로 부를 수 있

그림 2-17	한국의 10대 마진 스타기업	
순위	회사이름	순이익률(%)
1	삼성전자	9
2	우리금융지주	9
3	신한지주	8
4	SK하이닉스	7
5	KB금융	7
6	하나금융지주	6
7	현대모비스	6
8	기아자동차	3
9	포스코	3
10	현대자동차	3

을까? [그림 2-17]은 우리나라의 대기업들 가운데 2020년의 순이익률이 가장 높은 10개를 보여주고 있다.

[그림 2-15]와 [그림 2-17]을 보면 우선 우리나라에서는, 적어도 2020년에는, 10대 이익 스타기업이 곧 10대 마진 스타기업이다. 비록 순위는 조금 달라지지만, 두 집단의 명단이 완벽하게 겹친다. 그렇다면 이 회사들을 한국의 대표적인 초우량기업이라고 불러도 좋을 것이다. 그러나 이 회사들의 순이익률이 모두 10% 미만이므로 우리는 순이익률이 20%가 넘는 세계적인 마진 스타기업을 여러 개 배출해야 하는 과제를 안고 있다.

세계 500대 기업들이 올리고 있는 이익의 절대액과 그것들의 순이익률을 분석해본 결과 우리가 도달하는 결론은, 미국의 헤지펀드 브리지워터(Bridgewater)가 내놓은 아래의 발표문에 잘 요약되어 있다.

"미국 슈퍼스타 현상: 우리가 세계를 둘러보면, 미국은 슈퍼스타 기업 점유율이 불균형하게(disproportionately) 높은 나라로 우뚝 서 있다. 아주 강한 시장지위를 갖고 있고, 이익률이 높고 상당한 이익을 내는 대기업들, 즉 슈퍼스타 기업들이 유독 미국에 많이 몰려 있다."[14]

세계 전체를 놓고 보면 소수의 나라, 소수의 기업, 소수의 업종에 이익이 집중되고 있는 현상이 날로 더 뚜렷해지고 있음을 알 수 있다. 이것은 소득불균형 · 사회의 양극화 · 불공정 경쟁 등의 문제를 일으키거나 더 악화시킬 수 있다. 세계의 기업 지도자 · 정책 입안자들은 이러한 이익집중 현상에 더 관심을 기울이고 대책을 강구해야 할 것이다.

세계의 슈퍼스타들

이제까지 세계 500대 기업의 상황을 알아보았다. 그런데 다른 한 연구는 세계 500대 기업을 훌쩍 뛰어넘어 연간 매출액이 최소 10억 달러가 넘는 전 세계 5,750개 회사의 이익을 분석했다.[15]

연구범위가 훨씬 넓으므로 이 연구의 결과는 전 세계 기업들의 이익상황을 더 잘 반영한다고 볼 수 있다. 연구자들이 기업의 순위를 정하기 위해 쓴 기준은 경제이익(economic profit), 즉 기업이 자본비용(WACC)을 넘어 그 이상 벌어들인 이익이다. 이 경제이익 면에서 상위

2 이익을 찾아서

10%에 속하는 575개 회사는 '슈퍼스타'라고 불린다. 이 연구를 통해 밝혀진 내용은, 뜻밖이면서도 아주 재미있다.

- 경제이익의 분포는 전혀 고르지 않다. 상위 10% 회사들이 전체 경제이익의 80%를 벌고 있다. 이 상황은 애플이 몇 년째 스마트폰 시장에서 벌어들이는 이익을 생각나게 한다. 판매 대수로 보면 애플의 시장점유율은 '겨우' 15%에 지나지 않지만, 이 회사는 스마트폰 시장 전체 이익의 80%를 그야말로 빨아들이고 있다.
- 전체 5,750개 회사가 버는 모든 경제이익의 36%를 상위 1%에 속하는 57개 회사가 벌었다.
- 전체 회사들의 중간에 있는 60%는 경제이익이 거의 0에 가까웠다. 즉 이들은 기껏해야 자본비용(WACC) 정도밖에 못 벌었다.
- 하위 10%에 속하는 회사들은 경제이익이 마이너스이고, 이들은 전체적으로 슈퍼스타들이 생산하는 만큼의 가치를 까먹고 있다. 그럼에도 불구하고 이들 가운데 많은 회사들이 나라의 도움으로 명맥을 이어가고 있다. 이런 회사들은 이 연구에서 좀비기업(zombie companies)으로 불린다.
- 슈퍼스타와 중앙에 있는 회사들 사이의 간극은 시간이 지나면서 더 커지고 있다. 우리는 똑같은 말을 하위 10%의 회사들에 대해서도 할 수 있다. 바꿔 말하면, 경제이익에 관한 한 '빈익빈 부익부'의 경향이 나날이 더 짙어지고 있다. 오늘날 슈퍼스

타들과 슈퍼패자들(super losers)은 20년 전보다 훨씬 더 멀리 떨어져 있다.

- 슈퍼스타들의 세계는 매우 동태적이다. 이들의 절반 가까이가 10년 이내에 더 이상 상위 10%에 속하지 않는다. 그뿐 아니라 이렇게 슈퍼스타의 자리를 내놓는 회사들의 40%가, 즉 슈퍼스타 전체의 20%가 하위 10% 구간으로 떨어진다. 증권가에서는 흔히 이런 말을 한다. "추락하는 주식은 절대 사지 말아라."[16] 적어도 슈퍼스타들의 세계에서는 증권가의 이 말이 맞는 듯하다.

- 슈퍼스타는 소수의 특정 업종에만 몰려 있지 않다. 오히려 업종은 더 다양해졌다. 금융, 전문 서비스, 부동산, 제약 · 의료 기술(medical technology), 인터넷 · 미디어 · 소프트웨어 업종들은 최근에 그 중요성이 한결 더 커졌다.

- 슈퍼스타들의 지역적 다양성은 더 커졌다. 이들은 더 여러 지역으로 퍼져 나가는 과정에서 이른바 거대도시(megacity)에 더욱 집중되는 경향이 있다. 이 연구는 '슈퍼스타 도시' 50개를 열거하고 있는데, 이런 도시들의 1인당 소득은 주변 지역에 비해 45%나 더 높다.

이 슈퍼스타 연구는 우리가 포춘 500대 기업을 분석하여 알게 된 것을 재확인시켜주었다. 그뿐 아니라 훨씬 더 광범위한 자료를 바탕으로 한 연구이기 때문에 여기에서 도출된 지식은 그 토대가 더 탄탄하다고 볼 수 있다. 소수의 슈퍼스타는 각자가 속해 있는 시장이 거두는 전체 이익의 매우 큰 부분을 독차지하고 있다. 그리고 대기업의 절반 이상이 고작해야 자본비용 정도를 벌거나 또는 경제이익이 아닌 경제손실(economic loss)을 내고 있다.

이익으로 승부가 결정되는 슈퍼스타들의 세계는 날이 갈수록 더욱 동태적이고 변화무쌍한 모습을 보인다. 그처럼 활발한 변화를 일으키는 주요 요인을 크게 3가지로 나누면, 전 세계적인 디지털화, 개발도상국 출신 새 경쟁사들의 약진, 더 높아지는 연구개발 집약도 등이다.

대다수의 기업은 평범하다

일반 대중과 자본시장이 엄청난 이익을 올리는 회사들에게 크게 주목하는 것은 지극히 당연하다. 우리는 이 장의 첫머리에서 이익이 과대평가되고 있는 현상을 논의했는데, 대중과 시장의 이런 치우친 관심이 아마 그 원인의 일부일 것이다. 그러나 대다수 기업들이 거두는 이익은 이보다 훨씬 더 소박하다. [그림 2-12]에서 보았다시피, 포춘 500대 기업 가운데 절반에 가까운 246개 회사의 순이익률이 0에서 5% 사이이다. 또 방금 소개한 슈퍼스타 연구결과도 이와 비슷하다. 조사대상이었던 5,750개 회사의 60%가 경제이익을 벌지 못한다. 20%가 넘는 순이익률을 자랑하는 이익 스타기업 또는 슈퍼스타보다는, 실은 이런 회사들이 세계 기업계의 이익 상황을 훨씬 더 잘 보여준다.

그러면 세계 500대 기업에 속하는 이들 평범한 246개 기업들의 이익 현실은 어떠한가? 이들의 평균 매출액은 700억 달러이고, 이것은 전체 평균인 666억 달러보다 약간 높다. 이 회사들 매출액의 중앙값은 463억 달러이고, 전체 중앙값인 471억 달러와 거의 같다. 그래서 매출액에 관한 한 이들은 이익 스타기업들과 같은 등급이다.

그러나 이들의 이익마진은 지극히 소박하다. 평균 순이익률은 2.3%이고, (순이익률의) 중앙값은 2.1%밖에 안 된다. 이 범주에 속하는 회사들의 대부분이 자본비용(WACC)을 벌지 못한다. 매우 안 좋은 상황인 것이다.

이들 '평범한 대기업들'이 어느 나라 회사들인가를 보면 재미있다. [그림 2-18]은 이들의 국적을 보여준다. 246개 대기업 가운데 84개는 중국 회사이며, 이들의 순이익률은 5% 미만이다. 세계 500대 기업 가운데 중국 회사는 124개이므로, 세계적인 중국 대기업의 68%가 수익률에 관한 한 평범한 회사들인 것이다. 이 비율이 50% 이상인 주요 국가는 다음과 같다.

- 대한민국 62.5%[17]
- 일본 58%
- 독일 52%

나머지 주요 국가들의 이 비율은 다음과 같다.

2 이익을 찾아서

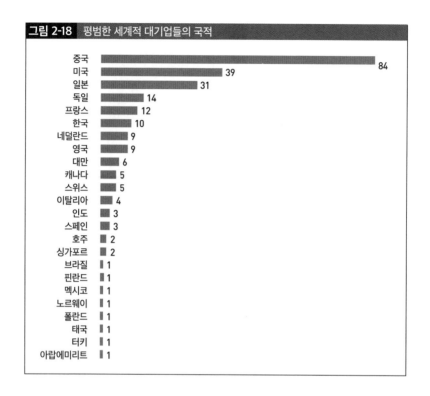

그림 2-18 평범한 세계적 대기업들의 국적

국가	수
중국	84
미국	39
일본	31
독일	14
프랑스	12
한국	10
네덜란드	9
영국	9
대만	6
캐나다	5
스위스	5
이탈리아	4
인도	3
스페인	3
호주	2
싱가포르	2
브라질	1
핀란드	1
멕시코	1
노르웨이	1
폴란드	1
태국	1
터키	1
아랍에미리트	1

- 미국 32%

- 영국 41%

- 프랑스 39%

- 캐나다 38%

- 스위스 36%

순이익률이 5%도 안 되는 이들 평범한 대기업들은 이익 중심 경영에 더욱 박차를 가해야 할 것이다.

손실이 나는 대기업들

순이익률이 낮은 평범한 회사들보다 더 못한 회사들이 바로 손실이
난 45개 회사들이다. [그림 2-19]는 2019년에 가장 손실을 많이 낸 세
계의 대기업들을 손실률이 높은 순서대로 보여준다. 아쉽게도 우리나
라의 한국전력도 그중 하나다. 유럽의 적자 대기업은 9개인데, 그중
7개는 EU에 속한다. 이렇게 유럽에는 적자기업이 많은데, 반면에 이
익 스타기업은 별로 없다. 일본에도 큰 적자를 내는 대기업이 7개가
있고, 미국은 5개의 대형 적자기업을 가졌다. 놀랍게도 세계의 25개
적자 대기업 가운데 중국 회사는 하나도 없다.

포춘 500대 기업은 세계 경제의 중요한 거울이다. 그렇지만 물론
이것이 (세계 경제의) 유일한 거울은 아니다. 이들의 이익마진은 최근
몇 년 동안 상대적으로 큰 변동이 없이 안정되었고, 2018년에는 기록
적인 실적을 올렸다. 그럼에도 2019년도에 이들의 순이익마진의 중
앙값은 3.71%에 지나지 않았다. 이것은 이들 대기업 가운데 많은 회
사가 자본비용을 못 벌고, 따라서 경제이익을 벌지 못하고 있음을 뜻
한다.

앞에서 논의한 슈퍼스타 연구도 같은 결론을 내리고 있다. 세계의
많은 대기업 가운데 소수의 슈퍼스타들만 언론과 대중의 화려한 조명
을 받으며 세계 경제의 전체 경제이익 중 1/3 이상을 거둬들인다. 이
익 순위는 대단히 동태적이므로 한 해의 결과만 놓고 분석한 내용은

회사	매출액	이익	국적	순이익률
슐룸베르거	32,917	-10,137	미국	-30.80%
퍼멕스	72,820	-18,039	멕시코	-24.77%
도이치은행	41,780	-6,033	독일	-14.44%
미국 우정청	71,154	-8,813	미국	-12.39%
소프트뱅크	87,440	-8,844	일본	-10.11%
렙솔	47,544	-4,271	스페인	-8.98%
닛폰철강	54,465	-3,969	일본	-7.29%
닛산자동차	90,863	-6,174	일본	-6.79%
JFE 홀딩스	34,305	-1,819	일본	-5.30%
GE	95,214	-4,979	미국	-5.23%
타타자동차	37,242	-1,703	인도	-4.57%
센트리카	28,934	-1,305	영국	-4.51%
발리(Vale)	37,570	-1,683	브라질	-4.48%
한국전력공사	50,257	-2,013	한국	-4.00%
아르셀로미탈	70,615	-2,454	룩셈부르크	-3.48%
도시바	31,179	-1,054	일본	-3.38%
다우	42,951	-1,359	미국	-3.16%
번지(Bunge)	41,140	-1,280	미국	-3.11%
오샹 홀딩스(Auchan)	54,672	-1,638	프랑스	-3.00%
마루베니	62,799	-1,816	일본	-2.89%
콘티넨탈	49,783	-1,371	독일	-2.75%
SNCF 그룹	39,308	-897	프랑스	-2.28%
ENEOS 홀딩스	75,897	-1,729	일본	-2.28%
보다폰	49,960	-1,022	영국	-2.05%
에어버스	78,883	-1,524	네덜란드	-1.93%

그림 2-19 포춘 500대 기업 가운데 손실률이 가장 높은 25개 회사(단위 : 100만 달러)

한때의 스냅 사진에 불과하다. 미국은 이익 스타기업을 많이 가졌고, 중국과 일본에는 상대적으로 평범한 대기업이 많다. 적자를 내는 대

기업이 상당수 몰려 있는 유럽은 슈퍼스타가 거의 없다.

더 분발해야 할 아시아 기업들

지난 수십 년간 아시아는 지속적으로 성장하는 지역이었으므로, 아시아 기업들의 이익 상황을 살펴볼 필요가 있다. 세계의 5,000대 기업을 조사한 어느 연구에 따르면, 2005년에서 2017년 사이에 있었던 신규 투자의 절반 이상이 아시아 기업으로 흘러 들어갔다고 한다.[18]

그러나 결과는 만족스럽지 않았다. 투자이익이 평균 이하였기 때문이다. 북미 지역의 회사들에 했던 투자는 2,450억 달러의 경제이익을 올렸는데, 아시아로 향했던 투자는 무려 2,060억 달러라는 엄청난 경제손실을 냈다. 최고의 이익을 올리는 최상위 집단에는 상대적으로 아시아 회사들이 적고, 반면에 적자를 내는 집단에는 아시아 회사들이 비교적 많은 편이다. 왜 아시아 기업들은 이처럼 상대적으로 부진한 실적을 냈을까? 이 프로젝트를 수행한 연구자들은 그 원인을 이렇게 분석했다.

첫째, 아시아는 여전히 개발 면에서 뒤지고 있다. 높은 부가가치, 고도의 기술, 강력한 상표 등으로 특징지어지는 시장에서는 특히 그렇다. 미국 회사들은 바로 이런 시장에서 이익을 많이 올리고 있다. 이익 차이의 2/3는, 아시아 회사들이 이렇게 크게 두각을 나타내지 못하는 업종들이 세계 경제를 주름잡고 있는 현실로 설명할 수 있다고 한다.

둘째, 국영기업 또는 상장되지 않은 회사가 매우 많다는 사실도 아시아 기업들의 저조한 이익실적의 원인이다. 세계 어디에서나 대체로 상장회사가 더 많은 이익을 내는 경향이 있다. 그래서 이 연구를 주도한 컨설팅회사 맥킨지는 다음과 같은 진단을 내렸다. "아시아는 어려움을 겪고 있는 회사들을 건전한 방향으로 정비하기만 해도 수십억 달러의 경제이익을 건질 수 있을 것이다." 이 말은 아마 유럽 회사들에게도 적용되지 않을까 한다.

자본수익률

지금까지 여러 회사의 순이익률(순영업이익률)을 비교해보았다. 그런데 이런 비교가 과연 적절한가 하는 의문이 들 수 있다. 어떤 의미에서는 오히려 당연한 일이다. 왜냐하면 "자기자본을 굴려 얼마나 수익을 올리느냐?"가 기업의 궁극적인 관심사일 수도 있기 때문이다. 회사의 소유자(들), 즉 주주(들)는 영업이익률보다는 자기자본수익률에 더 큰 관심을 가지지 않을까?

1장에서 이미 언급했듯이, 특히 여러 업종을 놓고 수익성을 견주어볼 때는 확실히 자기자본수익률이란 개념에 무게가 더 많이 실린다. 투자자 관점에서 보면 여러 업종의 자기자본수익률을 서로 비교하는 것은 대단히 의미 있는 일이기 때문이다. 영업이익률, 총자산수익률(Return on Assets), 자기자본수익률(Return on Equity)은 서로 연관되어 있

다. 1장의 [수식 1-9]를 총자산수익률로 풀면 아래의 [수식 2-1]이
된다.

[수식 2-1] 총자산수익률 = 영업이익률 × 자본회전율

따라서 자본회전율이 1이면[19] 총자산수익률은 영업이익률과 같다.
자본회전율이 1보다 크면 그만큼 총자산수익률이 더 높아진다. 월
마트는 연간 자본회전율이 2.22이고 영업이익률이 2.84%이므로,
이 회사의 총자산수익률은 2.84×2.22=6.30%이다. 반면에 AT&T
는 매출액에 비해 총자산이 무척 많은 편이다. 자본회전율은 매출
액/총자산이다. 그래서 AT&T의 자본회전율은 0.33밖에 안 되고,
이 회사의 영업이익률은 7.67%이다. 따라서 AT&T의 총자산수익
률은 7.67×0.33=2.53%이다. 애플은 자본회전율이 0.77이고 영
업이익률은 21.2%이다. 따라서 이 회사의 총자산수익률은 21.2×
0.77=16.3%이다. 이 세 회사는 각각 서로 매우 다른 매출액구조 및
자본구조를 가졌다.

그러나 투자자 입장에서는 총자산수익률보다 자기자본수익률이 더
중요하다. 왜냐하면 바로 이것이 자신이 투입한 자본에 대한 이자를
결정하기 때문이다. [수식 1-11]에서 우리는 아래의 [수식 2-2]를
도출할 수 있다.[20]

그림 2-20	미국 주요 기업의 부채비율과 자기자본수익률	
회사이름	부채비율	자기자본수익률
월마트	1.75	17.33%
AT&T	1.73	6.91%
애플	1.12	34.56%

[수식 2-2]
자기자본수익률=(영업이익률×자본회전율)×(1+부채비율)

[수식 2-2]를 보면 영업이익률과 자기자본수익률의 관계에서는 부채비율이 중심적인 구실을 한다. 만일 자본회전율과 부채비율이 모두 1이면, 자기자본수익률은 영업이익률의 갑절이다. 부채비율이 2이고 자본회전율이 1이면, 자기자본수익률은 영업이익률의 3배다. 드문 경우이긴 하지만 만일 회사가 부채가 없고 자본회전율이 1이면, 영업이익률과 자기자본수익률이 같다. 영업이익률이 주어져 있을 때, 부채비율이 높을수록 자기자본수익률은 더 올라간다. 이 관계를 앞에서 든 세 회사에 적용하면 위와 같다.[21]

이 세 사례에서 보다시피 자기자본수익률은 회사마다 크게 다르다. 미국 기업들의 평균 자기자본수익률은 16.9%, 그리고 유럽 기업들은 12.9%이다.[22] 한국거래소 자료에 따르면 우리나라 상장사들의 자기자본수익률은 2018년에 9.52%, 2019년에는 4.93%이었다. 즉 우리 기업들의 자기자본수익률은 국제기준에 비추어보면 상당히 낮은 편이다.

[수식 2-2]에서 보다시피 기업이 자기자본수익률을 높이려면, 영

업이익률 · 자본회전율 · 부채비율 가운데 하나 이상을 높여야 한다. 그러나 부채비율을 높이는 것은 또한 위험도 커짐을 뜻한다. 그래서 기업이 부채비율을 높여 자기자본수익률을 높이는 행위는 "더 큰 위험을 떠안음으로써 자기자본수익률을 사는 것"이다.

기업이 지속적인 혁신과 뛰어난 품질 그리고 높은 가격을 통해 영업이익률을 높이고, 동시에 끊임없이 원가를 내리려는 노력을 계속함으로써 수익성을 향상시키는 길이 더 나은 대안이다. 그렇게 하여 충분한 이익이 나면 기업은 자기자본을 더 쌓을 수 있으며, 따라서 부채의 필요성이 줄어들고 그 덕분에 위험도 줄어든다. 이러한 자기자본수익률 상승의 선순환이 훨씬 더 바람직하다.

간추림

이번 장의 제목처럼 '이익을 찾아서' 떠나보니 뜻밖의 일을 많이 겪었다. 일반 대중은 기업이 실제로 얼마만큼의 이익을 올리는가에 관해 크게 잘못 알고 있다. 거리에서 마주치는 평범한 시민들은 기업의 순이익률을 500% 이상 과대평가하고 있다. 미국과 유럽 등의 선진 지역에는 이러한 현상이 널리 퍼져 있는 듯하다. 가장 주목할 만한 측면은 나라에 따라, 산업에 따라, 개별 회사에 따라 이익이 크게 다르다는 사실이다. 국가별 순이익률은,

- 나라가 작을수록,

- 세율이 낮을수록,

- 유럽 바깥에 있을수록,

- 국가의 위험도가 클수록, 더 높은 경향이 있었다.

또 업종에 따라서도 순이익률이 서로 크게 다르다. 대체로 연구개발 투자를 많이 하는 업종이 높은 이익률을 보이고, 유통업은 예외가 좀 있기는 하지만 전반적으로 이익률이 낮다. 세계적인 대기업들을 살펴보면 소수의 이익 스타기업들이 전체 이익의 큰 부분을 독차지한다. 이렇게 이익이 불균등하게 분포되어 있기 때문에 포춘 500대 기업의 평균 순이익률(6.19%)은 (순이익률의) 중앙값(3.68%)과 크게 다르다.

조금 더 범위를 넓혀 매출액이 10억 달러가 넘는 전 세계 대기업들을 놓고 보면, 이 집단의 상위 1%가 전체 경제이익의 1/3가량을 거둬들인다. 한편 이러한 이익 스타기업 또는 슈퍼스타들은 자신들의 그런 화려한 자리를 지키기가 쉽지 않다. 이들이 몇 년 안에 이익의 맨 밑바닥 구간으로 떨어지는 일이 결코 드물지 않다. 대부분의 기업은 평균 순이익률이 2%밖에 안 되는 평범한 집단에 속한다. 이들은 자본비용(WACC)을 벌지 못하므로, 따라서 경제이익이 없다.

이익분포의 이러한 불균형은 더 심해지고 있다. 즉 몇몇 나라, 몇몇 산업 그리고 몇몇 기업에 나날이 더 많은 이익이 흘러 들어간다. 미국은 이익 스타기업들을 가장 많이 보유하고 있으며, 우리나라 · 중국·일본·독일의 대기업들 가운데 절반 이상이 '평범한 기업들'에 속한다. 적자를 내는 대기업은 유럽에 가장 많다.

투자자나 금융기관의 관점에서 보면, 영업이익률보다는 총자산수익률(ROA) 또는 자기자본수익률(ROE)이 더 의미 있는 수치일 것이다. 영업이익률은 총자산수익률 또는 자기자본수익률을 계산하기 위한 기초이며, 추가로 자본회전율과 자기자본비율을 알면 우리는 이 둘(ROA와 ROE)을 계산할 수 있다. 순이익률 대신 총자산수익률 또는 자기자본수익률을 기준으로 하면 기업들의 이익 순위가 달라질 수 있다. 그러나 그 과정에서 우리는 위험이라는 요소도 늘 고려해야 한다. 부채비율이 높아지면 자기자본수익률이 올라가지만, 동시에 회사는 더 큰 위험을 떠안게 된다.

결론적으로 국가별·산업별·기업별로 이익의 격차가 점점 더 벌어지고 있다. 5장에서 이런 현상의 원인을 상세히 설명하고 그에 대한 전략적 해법을 깊이 논의할 것이다.

THE PROFIT 3

목표

이번 장에서는 이익 달성 및 이익지향 (profit-orientation)이 경영의 측면에서 정확히 무엇인지, 어떤 의미인지 알아본다. 이익에 관한 윤리적인 문제들은 4장에서 논의할 것이다.

경영 활동의 주체는 언제나 목표가 있어야 한다. 16세기에 스페인의 식민통치에 맞서서 네덜란드 독립운동을 이끌었던 빌헬름 폰 오라니엔(Wilhelm von Oranien)은 이렇게 말한 바 있다. "어느 방향으로 항해해야 할지 모르는 사람에게 순풍(順風)은 없다."

이 말은 경영에도 꼭 들어맞는다. 기업경영에서 이익이 왜 가장 의미 있는 목표인가? 이 질문에 대한 대답은 2가지다. 제일 간단하고 이해하기 쉬운 답변으로는 다음과 같다.

첫 번째는, 오로지 이익만이 경영활동의 모든 결과를, 즉 판매 측면과 원가 측면을 고르게 포괄하기 때문이다. 판매량·매출액·시장점유율·고용유지 등의 다른 모든 경영목표는 늘 기업경영의 일부 측면만 고려하므로 목표로서는 한계가 있다. 이런 목표들은 기껏해야 일시적으로 또는 부분적으로만 활용해야 하는데, 그 경우에도 이익은 부수 조건의 형태로, 예컨대 최소이익으로, 반드시 고려되어야 한다.

두 번째 답변은 경제학 이론에 바탕을 둔다. 경제학에서는 소비자와 기업이 어떻게 행동할 것이라는 가정을 하는데, 합리성·완전한 정보·소비자의 효용 극대화 등이 그것이다. 고전 경제학에서는 이러한 가정 체계로부터 '기업의 목표는 이익 극대화'라는 결론이 자연스럽게 도출된다. 이익 극대화는 시장경제의 주요 구성요소인 것이다. 그러나 목표로서 이익이 중요한 이유는, 이러한 측면들을 넘어서 '살아남아야 한다'는 기업의 더 높은 목표와 맞닿아 있기 때문이다. 1장에서도 언급한 피터 드러커는 이러한 '이익의 중차대함'을 다음과 같이 표현했다.

"이익은 생존의 조건이다. 그것은 미래 비용이고, 기업경영을 계속하기 위한 비용이다."[1]

피터 드러커의 말처럼 이익은 '생존을 위한 비용'으로 해석할 수 있다. 경영자가 기업을 존속시키고 장래를 확보하고자 하면, 다른 모든 비용과 마찬가지로 이 생존비용을 마련해야 한다는 말이다. 따라서 경영자가 경영계획을 세우고 회사를 운영할 때, 그는 이익을 절대로 '희망컨대 양수 값을 가진 잔존가치' 또는 '있으면 좋은 것(nice to have)'으로 보면 안 된다. 이익을 반드시 회수해야 하는 비용으로 간주하고 처음부터 그것을 계산에 넣어야 한다. 그렇게 되면 우리는 이익을 '한 기업의 생존능력의 대리변수(proxy variable)'로 볼 수 있다.

그러나 경제학 모델과 이론에서 쓰이는 '이익 극대화'라는 명확한 목적함수와 현실 사이에는 어쩔 수 없이 커다란 간극이 있다. 현실에서 기업이 추구하는 목표는 순수하게 이론적으로 거론되는 것보다 더 복잡하고 더 다양하다. 대체로 기업은 실제로는 여러 개의 목표를 갖고 있다. 학자들은 이렇게 기업이 복수의 목표를, 부분적으로는 서로 충돌하기조차 하는 여러 목표를 설정하는 현상을 연구해왔다.[2]

그러나 이렇게 기업이 복수의 목표를 추구하는 현실이 기업경영 자체에는 그다지 큰 영향을 주지 못했다. 적어도 우리가 관심을 갖는 기업전략의 차원에서는 큰 영향이 없었다. 로버트 카플란(Robert S. Kaplan)과 데이비드 노튼(David P. Norton)이 개발한 균형성과표(Balanced Score Card, BSC)도 기업의 여러 목표를 통합적으로 다루려는 시도이다.[3] 그러나 BSC는 실패한 모델이라는 것이 중평이고, 많은 기업에서 이것은 수포로 돌아갔다. 많은 전문가가 BSC 실패의 주된 원인으로 그 시도 자체가 지나치게 복잡했던 것을 꼽는다.

단기이익과 장기이익을 구분하는 것은 한편으로는 매우 의미 있는 일인 동시에 또 한편으로는 무척 어렵다. 먼저 떠오르는 질문은 도대체 단기 및 장기가 구체적으로 무슨 뜻이냐 하는 것이다. 단기라고 함은 한 달인가, 한 분기(quarter)인가, 아니면 1년인가? 그리고 장기는 5년을 가리키는가, 아니면 10년을 일컫는가? 아니면 케인즈의 말대로 "우리가 모두 세상을 떠난 시간(in the long run we are all dead)"을 가리키는가? 모든 것이 바쁘게 돌아가는 소매업에서 단기는 '하루'를 뜻하는 듯한 인상을 준다. 소매업 경영자들은 아무리 바빠도 그 전날 실적을 꼭 확인해야만 직성이 풀린다.

한편 상장회사들은 분기별로 경영성과를 보고해야 한다. 그래서 그런 기업들은 분기별 단기 실적에 신경을 쓸 수밖에 없다. 1981년 4월부터 2001년 9월까지 제너럴 일렉트릭(General Electric, 이하 GE)의 최고 경영자였던 잭 웰치는 자신의 임기 내내 분기마다 매출액 및 이윤이 늘어났다고 보고한 바 있다. "어느 정도의 분식회계 없이 과연 이렇게 오랫동안 지속적인 성장을 할 수 있었을까." 하는 의문이 들 수밖에 없다.

또 다른 극단적인 경우는 아주 긴 기간 동안 이익을 전혀 못 내면서 매출액은 계속 올라가는 회사들이다. 가장 잘 알려진 사례는 1994년에 설립된 아마존이다. 이 회사는 창업 후 7년이 지난 2001년 4분기에 처음으로 간신히 이익을 조금 냈다. 그리고 나서 13년이 지나서야 누적손실과 누적이익을 합친 액수가 플러스로 돌아섰다. 2019년에 아마존은 116억 달러라는 꽤 괜찮은 순이익을 올렸지만, 이 회사가 2019년까지 달성한 누적이익은 약 340억 달러에 지나지 않는다. 반면에 아마존보다 2년 늦게 설립된 구글(지금의 이름은 알파벳)은 누적이익이 1,900억 달러이다. 그럼에도 불구하고 아마존의 전략은 매우 성공적이다. 2020년 초 아마존의 시가총액은 1조 달러 경계선을 넘었고, 2021년 2월 25일의 이 회사 시가총액은 무려 1조 5,900억 달러에 달했다.

1999년에 설립된 소프트웨어 회사 세일즈포스닷컴은 2020년 회계연도에 그 전해보다 29% 늘어난 171억 달러의 매출액을 기록했다. 그러나 창업 후 20년 동안의 이 회사의 누적손실은 2억 7,600만 달러이다. 2021년 2월에 세일즈포스닷컴의 시가총액은 약 2,207억 달러에 달했으니, 이것은 매출액보다 10배 이상 높은 수치이다.

공유 사무공간 회사 위워크는 2010년 설립되었는데, 이 회사의 2018년 매출액은 18억 달러, 그리고 손실은 19억 달러였다. 위워크는 아직 이익을 낸 적이 없다. 그래도 이 회사가 버티는 이유는 투자자들이 계속 돈을 쏟아붓기 때문인데, 일본의 소프트뱅크도 위워크에 100억 달러를 투입한 바 있다. 2019년 초에 위워크의 가치는 470억 달러로 평가되었는데, 그해 11월에 소프트뱅크는 이 회사에 투자한 돈 가운데 46억 달러를 감가상각으로 처리할 수밖에 없었다고 발표했다.

이상의 사례에서 알 수 있다시피 한 기업의 목표는 그것의 수명주기(life cycle)에 의해 크게 좌우될 수 있다. 단기적인 손실은(여기서 '단기'는 수년이 될 수도 있다) '장기적 이익 극대화'라는 목표와 얼마든지 양립할 수 있다. 이런 경우 회사의 유동성을 언제든지 보장해주는 투자자 또는 은행이 있다는 전제조건이 충족되어야 함은 두말할 나위도 없다. 궁극적으로는 '장기이익'이 기업의 목표로서 지배적인 위치를 차지해야 한다. 장기적인 이익지향성은 우리가 이 장의 후반부에서 깊이 논의할 '주주가치 개념'과 기본적으로 같은 말이다.

기업이 실제로 채택하고 있는 목표들

전략 수립의 출발점은 기업의 목표다. 거기에서부터 기업이 쓸 수 있는 모든 자원과 도구를 써서 달성해야 하는 구체적인 여러 목표가 도출된다. 기업을 전문적으로, 제대로 경영하고자 한다면 명확한 목표와 지침은 필수불가결한 전제조건이다. 쉬운 말처럼 들리겠지만, 실제로 명확한 전략적 목표를 세우는 일은 무척 어려울 수 있다. 목표가 항상 분명하게 설정되는 것은 아니다. 그래서 때로는 명시적으로 표시된 방침보다 암묵적인 목표가 더 큰 힘을 발휘하기도 한다. 기업이 추구하고 있는 목표들은 대체로 다음과 같다.

수익성 목표(이익, 영업이익률, 투자수익률, 주주가치)

대부분의 회사들은 수익성 목표를 세우는데, 그것이 얼마나 명확한 형태를 띠고 있는가는 회사마다 다르다.

매출·성장 목표(판매량, 시장점유율, 매출액 또는 매출액 신장률)

매출·성장 목표는 대개 장기적인 이익 극대화 또는 주주가치의 제고(提高)를 위한 대체 목표다. 폴크스바겐은 오랫동안 "토요타보다 자동차를 더 많이 팔겠다."는 목표를 세워왔다. 즉 판매량 목표를 추구했다. 2000년 전후, 이른바 뉴 이코노미 시절에는 이러한 물량 위주 목표가 대종을 이루었다. 최근 들어서는 스타트업을 중심으로 판매량 목표 및 고객기반확대 목표가 다시 힘을 얻고 있는 추세다.

재무 목표(유동성, 신용등급, 부채비율)

이러한 목표는 특히 자본력이 충분치 않은 신생기업이나 위기에 빠진 기업에서는 큰 의미를 갖는다.

권력 목표(시장선도, 시장지배, 사회적 또는 정치적 영향력 등)

세계 시장을 석권하고 있는 초일류 중소기업들, 즉 히든챔피언들의 상당수는 시장선도(market leadership)가 회사의 목표이다. 또 "구글은 자사(自社)가 들어가는 시장은 모두 지배하려고 한다."고 많은 이들이 말한다. 성공한 투자가 피터 틸(Peter Thiel)은 그의 베스트셀러《제로 투 원》에서 "지배할 수 있는 틈새를 찾으라."고 기업들에게 강력히 권장하고 있다. 그는 이렇게 말한다. "먼저 어떤 특정 틈새시장을 석권하고, 이어서 그 주변 시장으로 나아가는 것이 중요하다."[4]

독일의 장거리 버스회사 플릭스버스(FlixBus)는 자유화된 장거리 버스 시장을 지배하겠다는 목표를 처음부터 추구해왔다. 경영자들 사이에서는 경쟁사와 싸워서 이긴다는 목표가 널리 퍼져 있다. 특히 한국과 미국에서는 이런 경향이 매우 강한 듯하다. 가전 시장에서의 삼성과 LG의 싸움, 배터리 시장에서의 LG화학과 SK이노베이션 그리고 삼성 SDI의 경쟁, 신한금융과 KB금융의 격돌 등이 대표적인 사례다. 미국의 사우스웨스트항공(Southwest Airline, 이하 SWA)은 설립 당시부터 운항구간에서 수위(首位)를 차지하는 것에 중점을 두었다.

사회적 목표(일자리의 창출·유지, 고용보장, 직원 만족, 사회적 여망에 부응, 지속가능, 환경 등)

고용유지라는 사회적 기대에 어긋나지 않기 위해 기업은 때때로 원가를 밑도는 가격에 주문을 받아준다. 2008~2009년의 세계 금융위기 때 많은 회사들이, 특히 중소기업들이 그렇게 한 바 있다. 이런 행동이 단기이익 극대화에 지장을 주는 것은 사실이지만, 길게 보면 장기이익 및 주주가치의 극대화에 이바지할 수도 있다. 예를 들어, 어려운 시기임에도 불구하고 역량이 있는 근로자들을 내보내지 않았기 때문에 위기가 지나간 후에 더 빨리 회복할 수 있었던 회사가 많았다.

　기업은 어떤 제품이나 서비스를 구매하기 어려운 고객 집단을 위해 그들에게 사실상의 보조금을 줄 수 있다. 학생이나 노인들에게 값을 깎아주는 것이 그 예다. 많은 제약회사들은 선진국에서 팔 때보다 훨씬 싼 값으로 의약품을 개발도상국가들에게 공급한다. 등산화·배낭 등 야외 활동을 위한 제품들을 판매하는 파타고니아는 '생태적 지속가능(ecological sustainability)'을 회사 사명(mission)의 중심적인 요소로 내세우고 있다. 이 회사는 전 세계의 여러 환경단체에 시간과 노동력을 제공하며, 매출액의 적어도 1%를 그들에게 기부한다. 네덜란드에 본부가 있는 잉그카 재단(INGKA Foundation)은 세계적인 가구회사 이케아를 소유하고 있는데, 이 재단은 모든 수입을 이케아에 투자하거나 또는 자선활동을 위해서만 쓸 수 있다.

　이처럼 목표는 기업이 쓰는 갖가지 도구에 영향을 준다. 성장목표를 추구하면 기업은 혁신이나 공격적인 가격에 중점을 둘 수 있다. 이익이나 재무 관련 목표를 설정하면 원가를 내리거나 값을 올려서 그것을 달성할 수 있을 것이다. 권력 목표를 위해서는 가격전쟁을 일으키거나 유통경로의 장악을 꾀할 수 있다.

목표의 충돌

현실에서는 기업들이 대개 여러 개의 목표를 추구한다. 그런 과정에서 개별목표들 그리고 목표달성에 책임이 있는 부서들 사이에 갈등이 생기기 십상이다. 우리는 특히 이익목표와 매출액·판매량·시장점유율 목표의 충돌을 흔히 목격한다. 목표의 충돌은 기업이 매일 부딪히고 있는 현실의 한 부분이다. 어느 가전 회사의 고위경영자는 언젠가 이런 고민을 털어놓았다.

"이미 우리 회사 제품 판매의 무게중심은 고급 모델로 옮겨갔다. 그래서 이익을 올리는 데는 좋은데, 고용을 유지하는 데는 좋지 않다. 왜냐하면 판매 대수가 줄어드니까. 현재 우리 회사에서는 가동률 목표와 이익목표가 서로 궁합이 맞지 않는다."

이러한 상황이 실제로 기업의 일상이다. 그러므로 경영자는 끊임없이 이익목표와 매출액·판매량·시장점유율 목표를 놓고 양쪽을 저울질해야 한다. [그림 3-1]은 경영자가 부딪히는 전형적인 딜레마를 보여준다. 가로축은 매출 성장을, 세로축은 이익 성장을 나타내며, 두 축이 만나는 지점은 현재의 상태를 가리킨다. 1사분면은 '경영자의 꿈'이다. 즉 이익과 판매량이 모두 늘어나고 있다. 시장이 성장하고 있지 않을 때, 이러한 상황은 오로지 기존의 가격이 너무 높았던 경우에만 일어날 수 있다. 이 경우에는 가격이 떨어짐으로써 일어나는 판매량의 증가가 마진의 축소를 메우고도 남는다. 따라서 결과적으로 이익이 더 늘어난다. 당연히 성장하고 있는 시장에서는 상대적

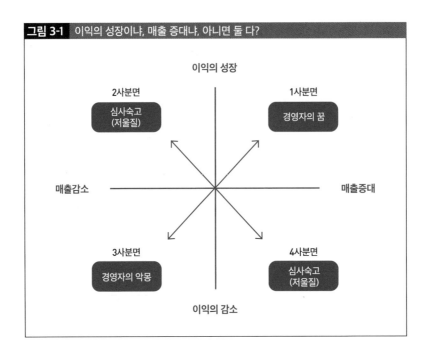

그림 3-1 이익의 성장이냐, 매출 증대냐, 아니면 둘 다?

이익의 성장

2사분면
심사숙고
(저울질)

1사분면
경영자의 꿈

매출감소   매출증대

3사분면
경영자의 악몽

4사분면
심사숙고
(저울질)

이익의 감소

으로 '경영자의 꿈'을 달성하기가 더 용이하다. 그밖에 기업이 1사분면에 도달하는 가장 빠른 길은 신제품을 내놓는 것이다.

2사분면과 4사분면이 현실에서 경영자가 만나는 전형적인 상황이다. 즉 그는 매출 증대와 이익의 성장 가운데 하나를 골라야 한다. 둘다 가질 수는 없다. 2사분면에서는 이익이 올라가고 판매량이 떨어진다. 여기서는 지금까지의 가격이 최적 가격보다 낮았다. 그래서 값을 올리면 매출이 떨어지기는 하지만, 상대적으로 공헌 마진이 비례 이상으로 커지기 때문에 이익이 상승한다. 반면 4사분면에서는 이익이 줄어들고 판매량이 올라간다. 이런 상황은 가격이 최적 수준이거나

그보다 낮을 때, 값을 내리면 발생한다. 2사분면과 4사분면의 경우에는 이익과 매출이 반대 방향으로 전개되므로 경영자는 이 사실을 꼭 염두에 두고 의사결정해야 한다.

한편 3사분면은 '경영자의 악몽'으로 반드시 피해야 한다. 가뜩이나 값이 너무 비싼데 그것을 더 올리면, 판매량과 이익이 모두 줄어든다. 예를 들어, 이런 상황은 기업이 깊이 생각하지 않고 무작정 제품의 원가에 일정률의 마진을 더해 값을 정하면 일어난다. [그림 3-1]의 원점, 즉 현재의 위치에서 '경영자의 꿈'인 1사분면으로 가는 것은 실제로 무척 힘들다. 앞에서 잠깐 언급한 대로 성장하는 시장에 몸담고 있거나 판매가 늘어날수록 원가가 떨어지는 신제품을 내놓아야만 이익과 판매량이 동시에 올라갈 가능성이 높다.

판매량·시장점유율 목표

현실에서 이익을 가장 중요한 목표로 내세우는 경영자는 매우 드문 듯하다. 우리가 기업들로부터 받은 인상은 마진, 수익률, 이익의 절대 액수 등이 시장점유율이나 판매량보다 덜 중시되는 것 같다는 것이다. 심지어 어느 유명 자동차 회사의 고위경영자는 아래와 같이 말한 적도 있다. "우리 회사에서는 시장점유율이 0.1%만 떨어져도 간부들이 줄줄이 옷을 벗는다. 그러나 이익은 20%가 줄어도 아무 일도 일어나지 않는다."

물론 이 말은 조금 과장된 표현이기는 하다. 그러나 한편으로는 매출·시장점유율 목표 위주의 사고방식이 업계에 널리 퍼져 있다는 것을 잘 보여주는 말이기도 하다. 그렇다면 매출 목표와 시장점유율 목표는 왜 이렇게 현실 경영에서 중요하고 지배적인 목표가 된 것일까?

그 이유는 여러 가지가 있지만, 아무래도 가장 중요한 것은 그 유명한 PIMS(Profit Impact of Marketing Strategy) 프로젝트의 연구결과인 듯하다. [그림 3-2]는 그것의 핵심내용을 보여준다. 그림에서 보다시피 시장점유율과 수익률 사이의 상관계수는 매우 높다. 점유율이 가장 높은 회사의 투자수익률은 5위 회사의 수익률보다 약 3배나 높다. 이러한 결과의 전략적 시사점은 아주 간단하다.

"시장점유율을 최고로 높여라."

두 번째로 언급해야 할 것은 '경험곡선효과(experience curve effect)' 개념의 영향이다. 이 개념에 따르면 기업의 원가경쟁력은 '상대적 시장점유율'에 달려 있다. 상대적 시장점유율(relative market share)이란, 자사의 점유율을 가장 강한 경쟁사의 점유율로 나눈 숫자를 말한다. 상대적 시장점유율이 높을수록 경험곡선효과에 의하여 해당 기업의 단위원가가 낮아진다. 따라서 시장선도기업은 원가가 가장 낮으며, 그래서 값이 같다면 수익률이 제일 높다.

또 경험곡선효과는 유명한 BCG도표(BCG Matrix)의 바탕이다. 알다시피, BCG도표는 '시장성장률'과 '상대적 시장점유율'이라는 두 차원으로 이루어져 있다. 기업의 이른바 '전략적 사업단위(Strategic Business Unit, 이하 SBU)'는 이 두 차원으로 이루어진 도표의 어디에 위치하느냐에 따라 다음의 4가지 중 하나로 분류된다.

물음표(question mark), 스타(star), 돈줄(cash cow), 골칫거리(dog)

그리고 이 4가지 중 어디에 속하느냐에 따라 각 사업부에 가장 잘 맞는, 이상적인 전략이 도출된다. 그 전략의 중심에 있는 것이 다름 아닌 '시장점유율의 관리'이다. 여기서도 전략의 기본방향은 명확하다.

"기업은 될 수 있는 대로 높은 시장점유율을 얻기 위해 노력해야 한다."

'경험곡선효과'와 PIMS 연구는 모든 시장점유율 위주 철학의 원조이다. GE의 회장이었던 잭 웰치는 그러한 철학의 대표적인 옹호자였다. 그는 1980년대 초에 다음과 같이 선언했다.

"GE는 시장에서 1위 또는 2위 자리를 차지할 수 없는 모든 사업분야에서 철수할 것이다."

그러나 최근 연구에 따르면, 시장점유율과 수익률의 관계는 PIMS 연구자들이 주장했던 것보다 훨씬 약할 뿐만 아니라 둘 사이에 인과관계가 있는지도 확실치 않다. 최신 분석기법을 동원해 연구자들이 얻은 결과는, 한마디로 "시장점유율이 수익성에 미치는 영향은 매우

그림 3-2 PIMS 프로젝트의 연구결과

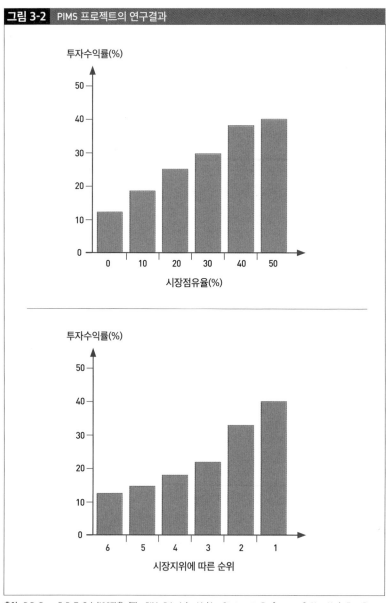

출처 : R.D. Buzzell, B. T. Gale(1987년), 《The PIMs Principles Linking Strategy to Performance》, New York, Free Press, p. 94.

적다."라는 것이다.[5]

다음의 인용구는 이 문제에 관한 마케팅 학계의 현재의 생각을 잘 요약하고 있다.

"높은 시장점유율 그 자체는 수익률을 증가시키지 않는다. 그러나 시장점유율이 높은 회사는 (점유율이 낮은 회사는 할 수 없는) 이익을 올리는 행동을 취할 수 있는 것이다."[6]

예를 들어, 시장점유율이 높은 회사는 작은 회사가 접근할 수 없는 중요한 유통경로를 통제할 수 있을 것이다. 또 다른 연구에 따르면, 기업의 절대 크기는 (기업의) 수익성의 50% 이상을 설명하지 못하고 아마도 다른 요인들이 투자수익률에 결정적인 영향을 주는 듯하다고 한다. 그 연구의 최종 결론은 아래와 같다.

"전형적인 회사의 절대 크기는 그 회사의 이익경험(profit experience)에 중요한 영향을 주기는 하지만, 아마도 다른 요인들이 더 중요할 것이다."[7]

시장점유율과 이익의 관계에 관한 가장 포괄적인 메타분석(meta-analysis), 즉 기존 문헌의 분석을 한 에들링과 힘므는 635개 사업부의 '시장점유율-이익-탄력성'을 계산한 바 있다.[8] 여기서 '탄력성'은 시장점유율이 1% 올라갈 때 이익이 몇 % 달라지는가를 나타낸다. 평균 '시장점유율-이익-탄력성'은 0.159이므로 매우 낮지만, 그래도 통계적으로는 유의했다.

이 탄력성은 무엇을 말해주고 있는가? 만일 어떤 회사의 시장점유율이 50%이고 이익률은 10%라고 하자. 이 회사의 시장점유율이 1%

늘어나서 50.5%가 되면, 이익률은 10.0159%로 올라간다. 시장점유율이 10% 올라가서 55%가 되면, 이익률은 10.159%로 늘어난다. 다른 연구에서 에들링이 방법론으로 말미암은 왜곡 효과를 제거하였더니 '시장점유율-이익-탄력성'이 −0.052이었다.[9] 비록 이 수치가 통계적으로 유의하지는 않았지만, 시장점유율이 이익에 부정적인 영향을 줄 수도 있다는 이야기다. 어쨌든 이러한 모든 연구결과는 "시장점유율이 최고다."라는 기존 철학의 보편타당성에 아주 강한 의문을 제기하고 있다.

디지털화는 이익을 높이나?

"디지털화가 시장점유율과 이익의 관계에 어떤 영향을 주는가."

오늘날 우리의 매우 중요한 관심사 중 하나다. 이 문제에는 여러 요인이 제각기 구실을 한다. 네트워크 효과는 큰 회사에 유리하게 작용한다. 규모의 경제(economy of scale)와 경험곡선효과(experience-curve effect)는 한계비용(marginal cost)이 떨어짐으로써 그 중요성을 잃는다. 디지털화로 고객에 관한 정보는 더 풍부해지고, 경쟁사를 의식하여 목표를 세우고 의사결정을 하는 경향은 더 강해진다. 이른바 '긴 꼬리(Long Tail)'라고 불리는 틈새시장은 인터넷으로 더 쉽게 다가갈 수 있다.

그리고 디지털화는 상품 또는 서비스를 각 개인에게 맞추는 개인화

(personalization)를 가능하게 하고, 유통비용이 줄어든다. 경제학에서 말하는 슈퍼스타 이론(superstar theory)을 적용하면 이익은 몇몇 소수의 기업에만 집중될 것처럼 보인다. 디지털화의 이러한 갖가지 영향은 서로 반대방향으로 작용하기 때문에 그것의 전체적인 효과는 가늠하기 어렵다.

이에 관한 최근의 한 포괄적인 연구는 중대한 시사점을 주고 있다.[10] 연구자들은 S&P지수(Standard & Poor's Index)에서 뽑은 91개의 '강하게 디지털화된 회사'와 116개의 '약하게 디지털화된 회사'에서 시장점유율이 재무성과에 어떤 영향을 미쳤는가를 분석해보았다. 연구대상 기간은 1998년에서 2017년까지이고 관측하고 입력한 수치는 2,497개로, 꽤 규모가 큰 실증연구이다. 연구결과는 상당히 뜻밖이었다.

"디지털화된 업종에서는 시장점유율이 오래된 전통산업에서보다 재무성과에 영향을 덜 끼칠 뿐만 아니라, 시장점유율의 이익탄력성은 비록 통계적으로 유의하지는 않지만 약하게 '마이너스'이기조차 하다. 시장집중도가 중간 또는 그 이상인 디지털 업종에서는 (시장점유율의) 이익탄력성이 통계적으로 유의할 정도로 확실히 마이너스이다."

그래서 연구자들은 이렇게 결론을 내린다.

"디지털화되고 시장집중도가 높은 산업에서는 시장점유율에 강하게 초점을 맞추는 것이 회사의 성과에 부정적인 영향을 미칠 수 있다. 따라서 경영자는 시장점유율 같은 시장 지향적인 목표를 갖기보다는 직접 이익에 집중하는 편이 더 낫다."

경쟁사 지향

경쟁사를 꺾는다든가 시장을 지배한다든가 하는 등의 경쟁사 지향 목표와 이익은 어떤 관계일까? 그동안 많은 연구자들이 이 문제에 매달렸지만, 결과는 거의 비슷비슷했으며 아래와 같이 요약할 수 있다.[11]

"경쟁사를 해치기 위한 목표 또는 시장점유율·판매량 위주의 목표는, 특히 쟁탈전이 심하거나 포화된 시장에서는 문제가 있으며 기업이 잠재이익을 모두 실현할 수 없게 할 가능성이 있다."

실은 시장점유율 그 자체가 아니라 그것을 어떻게 달성하느냐가 중요하다. 시장점유율과 이익의 관계가 이렇게 부정적으로 나타나는 까닭은 대체로 높은 시장점유율이 낮은 가격으로, 즉 마진을 희생해서 얻어지기 때문이다. 이런 경우 공격적으로 매긴 낮은 가격이 그에 걸맞은 낮은 원가로 뒷받침되지 않으면 기업의 이익은 줄어들기 마련이다. 이와 관련하여, 하버드대 세스페데스(Frank V. Cespedes) 교수는 경제이익은 마이너스인데 시장점유율이 올라갈 때의 위험을 다음과 같이 강하게 지적한 바 있다.[12] "(시장점유율을 높이기 위한) 추가적인 투자는 가치를 더 빨리 파괴할 뿐이다."

반면에 기업이 혁신과 품질 그리고 적절한 가격으로 시장점유율을 높이면, 판매량과 이익이 모두 올라간다. 게다가 이익이 늘어나면 기업은 기술 혁신과 품질 향상에 더 투자할 힘이 생긴다. 시장점유율과 이익의 관계에 관한 최근 연구들도 이러한 전략이 성공할 수 있음을 증명해주고 있으며, 다음과 같이 요약할 수 있다.

"기업은 새로운 서비스상품이나 기술을 개발해서 이익률을 올릴 수 있을 뿐만 아니라, (그를 바탕으로) 인수합병의 형태를 띤 시장점유율의 향상을 꾀해도 이익률을 올릴 수 있다."[13]

당면 목표의 단기적 효과와 장기적 효과를 저울질하는 일은 결코 쉽지 않다. 시장점유율을 높이기 위한 기업의 공격적인 행동은 단기적으로 이익을 떨어뜨릴 수 있으나, 그렇게 함으로써 시장이 정리되고 결과적으로 더 높은 장기이익이 실현될 수도 있다. 앞에서 언급한 독일의 장거리 버스회사 플릭스버스 사례는 이러한 전략의 좋은 본보기이다.

이익을 늘리는 것과 판매량을 올리는 일은 반드시 저울질해봐야 한다. 대체로 시장 또는 수명주기의 초기 단계에서는 판매량·매출액·시장점유율 목표에 중점을 두는 편이 낫고, 어떤 때는 꼭 그렇게 해야 한다. 그러나 시장 및 수명주기의 후기 단계에서는 단연 이익목표가 선두에 서야 한다. 제품수명주기의 쇠퇴기에는 단기 이익목표가 특히 더 강조될 수 있다. 쇠퇴기에도 계속 높은 가격을 유지하여 이렇게 단기이익의 극대화를 꾀하는 전략을 '수확전략(harvesting strategy)'이라고 부른다.

이익목표

　이익은 절대액 또는 수익률로 표현할 수 있다. 1장에서 논의한 바와 같이 수익률을 나타내는 수치에도 자기자본수익률·총자산수익률·영업이익률 등 여러 가지가 있다. 이익을 나타내는 여러 지표 가운데 어느 것이 목표치로 적합한가는 회사 안팎의 상황에 따라 다르다. 그리고 '어떤 지표를 목표로 삼을 것인가'는 회사가 '어떤 의사결정을 해야 하는가'와 직접적으로 연관된다.

　주어진 제약조건 아래에서 일정 기간 안에 이익을 극대화해야 하는 처지라면, '이익의 절대치'를 목표로 삼아야 한다. 이러한 상황은, 예를 들어 투자·자본구조 등에 관한 의사결정이 이미 내려진 경우다. 이때 경영자는 오직 '이익 극대화'에 집중해 가격·생산량·판매량 등의 변수들을 정하고 그에 맞춰 원가를 관리하면 된다.

　한편 경영자가 '수익률'을 목표치로 할 때는 분자인 '이익'뿐만 아니라 분모에도 신경을 써야 한다. 예를 들어, 경영자가 '영업이익률 극대화'를 꾀하면 그가 최대이익을 달성하려고 할 때와는 다른 결과가 나올 수 있다. 즉 경영자는 매출액 1만 원당 가장 이익이 많이 나는 프로젝트를 하려고 할 것이다. 매출액이 늘어날수록, 즉 분모가 커질수록 영업이익률은 떨어진다. 그래서 '영업이익률 극대화'라는 목표에 집착하는 경영자는 이익을 낼 것으로 예상되는 많은 프로젝트를 포기할 수 있다.

　이미 1920년대에 자기자본수익률의 극대화를 목표로 해야 한다는 제안이 있었다.[14] 투자가 문제의 핵심일 때는 자기자본수익률을 목표치로 하는 것이 적합하다. 이 말은 일반투자자와 기업 모두에게 들어맞는다. 투자자는 자신이 생각하기에 위험의 정도가 같은 여러 투자 대안 가운데 투자액 대비 이익이 가장 큰 유가증권에 투자할 것이다. 기업도 이와 똑같은 방식으로 행동할 것이다. 즉 기업은 한정된 자본을 자기자본수익률이 가장 높을 것으로 예상되는 프로젝트에 투자한다.

예를 들어, 은행은 자기자본수익률이 가장 중요한 이익지표다. 은행의 자기자본비율은 보통 10% 정도다. 만일 A라는 은행이 총자산 대비 2%의 이익마진을 실현하고 있다면, 즉 총자산수익률이 2%라면 이것은 자기자본수익률이 20%라는 뜻이다. 여기서도 물론 분모가 중요하다. 총자산수익률이 주어져 있을 때, 자기자본수익률은 부채비율 즉 자기자본비율에 달려 있기 때문이다. 그런데 A은행이 자기자본비율을 10%에서 8%로 낮추면, 같은 조건에서는 자기자본수익률이 20%에서 25%로 올라간다. 거꾸로 이 은행이 자기자본비율을 12%로 올리고 다른 조건이 다 똑같다면, 자기자본수익률은 16.7%로 떨어진다.

이처럼 자기자본비율 또는 타인자본비율이 오르고 내림에 따라, 1장에서 이야기한 대로, 위험의 정도도 달라짐은 말할 것도 없다. 그래서 경영자가 만일 자기자본수익률을 목표치로 쓴다면, 그는 이익을 어떻게 최적화(optimization)할 것인가 뿐만 아니라 어떤 재무구조 또는 위험구조를 만들어갈 것인가 하는 의사결정도 함께 해야 한다.

장기이익의 극대화

기업이 장기이익을 극대화하려고 할 때의 궁극적인 문제는 '더 높은 장기이익을 달성하기 위해 단기이익을 얼마만큼 포기할 것이냐'다. 이것을 단순히 재무적 관점에서만 보면 해법은 간단하다. 현금흐름 할인법(discounted cash flow method)을 써서 계산하면 된다. 그러나 실질적인 어려움은 미래의 판매량, 가격, 그리고 원가를 예측하는 것이다. 또 하나의 도전은 장기간에 걸쳐 일어날 사건들을 어떻게 미리 알아내고 또 그것들을 계량화할 것이냐 하는 문제다. 예를 들어 기업이 오늘 금전적인 혜택을 주어 고객들을 끌어온다면, 그들은 앞으로 3년 또는 5년 동안 얼마만큼의 이익을 가져다줄까? 장기이익의 극대화는 그 성격상 언제나 예측에 의존할 수밖에 없는데, 미래가 현재의 시점에서 멀어질수록 예측의 불확실성은 커지기 마련이다.

스키밍전략(skimming strategy)이나 침투전략(penetration strategy) 같은 가격전략은 이러한 딜레마를 잘 보여준다. 회사가 높은 가격으로 신제품을 시장에 내놓는 스키밍전략은 가능하면 많은 단기이익을 실현하려는 데 그 주목적이 있다. 반면에 낮은 가격으로 시장에 들어가서 빨리 교두보를 확보하려고 하는 침투전략은 단기이익을 조금 희생하더라도 장기적으로 더 많은 이익을 내는 데 주안점을 둔다. 이러한 희망이 실제로 이루어지느냐 여부는 제품수명주기의 초기에는 매우 불확실하다. 그동안의 경험을 바탕으로 우리는 다음과 같은 결론을 내렸다.

"기업이 정말로 장기이익의 극대화를 꾀하려고 할 때 참고할 수 있는 명확한 행동지침은 없는 것이나 마찬가지다. 경영자의 주관적인 판단이 가장 큰 구실을 하며 또 그래야 한다."

주주가치

장기이익의 극대화는 기본적으로 1986년에 미국의 경제학자 앨프리드 래퍼포트(Alfred Rappaport)가 제안한 '주주가치'와 같은 개념이다.[15] 한 회사의 주주가 얻는 가치는 배당금과 해당 주식의 가치상승으로 이루어진다. 주주가치 개념이란 무엇인가? 그것은 주주들을 장기적으로 부유하게 만드는 것이 기업경영의 성공을 가늠하는 잣대이자 목표가 되어야 한다는 말이다. 사실상 장기이익의 극대화와 같은 의미다. 이 개념은 1990년대에는 기업의 이사회 및 CEO들 그리고 자본시장 전문가들 사이에서 매우 인기가 높았다.

이익과 매출액의 성장 그리고 잉여현금흐름(free cash flow, FCF), 판매량 또는 고객수요의 증가 등은 주주가치를 높이는 중요한 동인(動因)이다. 기업은 초기에는 대체로 성장을 더 중시한다. 중국의 커피전문점 루이싱커피(Luckin)의 전략담당 수석임원 얀 페이(Yan Fei)가 했다고 알려진 다음의 말은, 그러한 태도를 전형적으로 보여주고 있다.

"우리가 현재 원하는 것은 크기와 속도다. (이 시점에서) 이익에 대해 말하는 것은 의미가 없다."[16]

2019년 루이싱커피는 '1년에 2,500개의 새 가게를 열겠다'고 발표했고, 중국의 스타벅스를 1위 자리에서 밀어내고자 했다. 유튜브의 최고경영자 수잔 워치츠키(Susan Wojcicki)도 "이익이 우선인가?"라는 질문에 비슷하게 대답한 적이 있다. 그녀는 짧고 단호하게 이렇게 말한다. "성장이 우선이다."[17]

기업이 이렇게 오로지 고객·판매량·매출액의 성장에만 힘을 기울이는 까닭은 그러한 성장의 결과로 나중에 큰 이익이 날 것으로 기대하기 때문이다. 이런 현상이 실은 처음이 아니다. 2000년 전후 뉴이코노미 시대에는 이익을 희생하고 성장을 꾀하려는 경향이 황당할 정도로 지나쳤다. 당시의 많은 스타트업들은 판매량도 아니고 고객수 효를 늘리는 데만 집중했다. '이익'이라는 말 자체가 사실상 금기어였다. 왜냐하면 이익을 언급하는 순간 기업의 전망에 악영향이 온다고 보았기 때문이다.

그러나 이러한 광풍의 결과는 참담했다. 미국의 나스닥 종합지수는 2000년 3월 10일 정점에 달했을 때 5,048포인트였다. 그러나 그것은 2002년 10월까지 73%나 떨어져 1,380포인트가 되었다. 텔레커뮤니케이션 장비회사 시스코(Cisco)의 주가는 이보다 더 많이, 무려 86%나 떨어졌다.

더 극단적인 일은 독일에서 일어났다. 독일에서 나스닥을 흉내 내어 1997년에 개장한 노이에 마르크트(Neue Markt, '새로운 시장'이라는 뜻)의 지수 NEMAX는 1997년 12월 31일 1,000포인트였는데, 이것이

2001년 3월 10일에는 9,666포인트까지 올랐다. 그러나 그 직후 95% 이상 추락하여 2002년 10월 9일에는 318포인트가 된다. NEMAX는 결국 2003년 6월 5일에 문을 닫았으며, 이 사태로 약 2,000억 유로의 주주가치가 사라졌다.

현재에도 이와 비슷한 일이 미국과 중국의 시장에서 벌어질 기미를 보이고 있다. 많은 사람이 단기이익을 무시하고 극단적인 성장을 하라고 주창한다. 그들이 그렇게 말하는 근거는 낮은 자본비용이다. 그래서 미래의 이익은 이자율이 높을 때보다 더 낮은 할인율로 할인된다. 그들은 이자율이 낮을 때는 다음의 말이 적용된다고 본다.

"이익보다 성장을 추구했을 때 얻게 될 미래의 더 많은 달러는, 현재의 추가적인 달러 몇 푼의 가치를 능가한다."[18]

최근에 상장한 많은 회사는 엄청난 적자를 내고 있다. 이익을 내려면 아직 한참 멀었음에도 불구하고 그들은 시장에서 아주 높이 평가되었다. 그 대표적인 본보기가 2019년 5월에 상장한 우버이다. 우버는 한 분기에 무려 11억 달러나 적자를 냈지만, 주식시장에서는 이 회사의 가치를 750억 달러로 평가했다.

또 다른 사례는 중국의 공유 자전거 시장 이야기로, 성장에 대한 기대가 극단적으로 높아서 일어난 사례다. 약 40개 회사가 이 시장에 뛰어들어 중국의 여러 대도시에 수억 대의 자전거를 깔아놓았다. 어마어마한 자본을 투입한 셈이다. 자전거를 빌리는 값은 원화로 환산하면 시간당 80~150원이었다. 그런데 이 회사들은 많은 경우 대여료를 완전히 면제해주었고, 어떤 때는 자전거를 빌리면 이용자에게 돈을 주기까지 했다.[19] 오로지 고객의 수를 늘리는 데만 힘을 기울였기 때문이다. 40개의 회사 중 어떤 회사도 이익을 못 낸 것은 두말할 나위 없고, 현재는 대부분 파산한 상태다. 남은 것은 중국 전역에 널려 있는 거대한 '자전거 공동묘지'뿐이다. '이 시장에서 과연 지속적으로 이익을 낼 수 있을까?'는 완전히 미지수다. 그리고 이런 일이 중국에서만 일어나는 것은 아니다.

오늘날 나라 안팎에서 주주가치 개념에 대해 말이 많다. 간혹 주주가치에 대한 대안으로 '이해관계자 가치(stakeholder value)'라는 개념이 제시되기도 한다. 이것은 직원, 금융기관, 고객, 공급회사, 지역사회, 국가 등 주주 외의 기업 이해관계자의 이해관계도 적절히 반영되어야 한다는 뜻을 담은 개념이다.

우리 역시 이 개념 자체에 대해서는 아무런 이의가 없다. 그러나 '이해관계자 가치'는 그것을 의미 있고, 측정 가능한 척도로 바꾸기가 거의 불가능하다. 주주가치 개념, 즉 단기이익이 아닌 장기이익의 극대화를 지향해야 한다는 사상의 우월성은 이미 학술적으로 검증되었다고 보아도 좋다. 예컨대 컬럼비아 대학의 미칙(Natalie Mizik)과 제이콥슨(Robert Jacobson)에 따르면, 기업이 단기이익을 극대화하려고 하면 기업가치를 상당히, 즉 20%가량 떨어뜨린다고 한다. 그들은 이렇게 말한다.

"이익을 부풀리기 위하여 단기적인 조정을 한 것으로 보이는 회사들은 장기적으로 이익을 잃었고, (자기들의) 시장가치를 수년간 20%

이상 떨어뜨렸다."[20]

주주가치를 둘러싼 논란에 대해서는 '이익의 윤리'를 다루는 다음 장에서 깊이 논의할 것이다.

이익과 인센티브

기업인 또는 소유주가 직접 경영을 할 때는, 그는 자신이 추구할 목표를 스스로 정한다. 이때 그를 움직이는 경제적 인센티브는 이익 또는 주주가치다. 그에게 다른 인센티브는 필요 없다. 그런데 소유주 쪽에서 인센티브가 차별화되어 있는 것 또한 사실이다. 예를 들어, 보통주와 우선주는 의결을 위한 투표 및 배당금 지급에서 행사할 수 있는 권리가 서로 다르다.

반면에 전문경영인이 기업을 경영하게 되면 이야기가 완전히 달라진다. 그러면 소유주의 목표와 경영자의 목표가 일치하거나 양립할 수 있도록 인센티브를 설계해야 한다. 이것은 전혀 새로운 문제가 아니다. 이미 1868년에 아르베드 에밍하우스(Arwed Emminghaus)는 "경영자는 자신이 이끄는 기업의 이익 및 손실에 참여해야 한다."고 역설한 바 있다.[21]

오늘날 전 세계의 거의 모든 대기업들은 (어떤 경우에는 지극히 복잡한) 인센티브 시스템을 갖고 있다. 많은 경우 이 시스템에는 스톡옵션이 포함되어 있는데, 이것은 큰 문제다. 왜냐하면 스톡옵션은 거의 대부분 주가를 올리는 데만 초점이 맞추어져 있기 때문이다. 그러면 거꾸로 주가가 떨어지면 어떻게 되는가? 경영진은 전혀 영향을 받지 않는다. 그들이 부담하는 위험은 기껏해야 주식매수 청구권을 행사하지 못할 가능성뿐이다. 즉 그들에게는 위쪽 기회(upside chance)만 있고 아래쪽 위험(downside risk)은 없다.

반면에 주주들에게는 위쪽 기회와 아래쪽 위험이 모두 있다. 그래서 스톡옵션을 경영진에게 주면 그들의 목표와 주주들의 목표가 불일치할 확률이 꽤 높다. 실제로 회사와 경영진의 목표를 일치시키는 것은 무척 어렵고, 그래서 바람직하지 않은 부작용이 자주 일어난다. 그러나 이것은 경영진에 한정된 문제가 아니다. 회사의 임직원들이 실적에 따라 차별적으로 보상을 받는 분야에서는 어디서나 똑같은 문제가 있다. 예를 들어, 투자은행가(investment banker)는 투자유치가 성사되면 터무니없이 많은 보너스를 받는다. 또 대부분의 영업사원들은 (마진이 아닌) 매출액에 비례해 판매수수료를 받는다. 이러한 모든 경우에 인센티브가 이익이 아닌 다른 목표치를 높이는 방향으로 작용할 위험성이 있다.

간추림

이익은 가장 중요하고 궁극적으로는 유일하게 의미 있는 목표치다. 왜냐하면 이익만이 기업활동의 모든 결과를, 즉 판매와 원가 측면을 모두 반영하기 때문이다. 기업은 현재 주어진 상황에서 '이익의 절댓값'을 목표치로 삼아야 한다. 빠듯한 자본을 투입해야 하는 경우에는 수익률과 관련된 수치들도 도움이 된다. 이런 수치들은 분자와 분모로 이루어져 있는데, 분자는 어떻게 정의되었든 간에 확정된 이익이다. 따라서 경영자가 수익률 수치를 최적화하려고 할 때는 분모도 큰 구실을 하는데, 그 결과 그는 이익의 최적화뿐만 아니라 회사의 자본구조 및 위험을 모두 감안한 의사결정을 하게 된다.

현실에서는 대다수의 기업들이 여러 개의 목표를 내세운다. 이익목표 외에 기업들이 많이 채택하는 목표는 판매량·매출액·시장점유율 등이다. 경영계획을 세우거나 영업부서를 독려할 때 그리고 상장을 할 때는 이러한 목표들이 큰 의미를 갖는다. 이것들은 흔히 장기이익 극대화의 대체목표(proxy variable, 대리변수)로 쓰이기도 한다. 그러나 이러한 목표치들과 이익과의 관계는 사실 의심스럽다. PIMS, 경험곡선 등의 개념은 오늘날 그 영향력을 많이 잃었다. 심지어 2019년에 출간된 어느 연구논문은 널리 보급된 '규모의 경제' 개념의 타당성조차 의문시하고 있다.[22] 결국 '주주가치' 개념에 부합하는 '장기이익 극대화'가 기업경영 관점에서는 가장 의미 있는 목표인 것으로 보인다.

기업의 소유자, 고용된 전문경영인, 실적에 따라 보상을 달리 받는 임직원의 목표가 가능한 일치하도록 인센티브를 설계하는 것은 무척 어렵다. 그러나 그렇게 하는 것은 기업 안팎의 모든 이해관계자들을 궁극적으로 행복하게 해주기 위해 꼭 필요한 일이다.

THE PROFIT 4

이익의 윤리

우리는 이번 장의 제목을 '이익과 시장경제'라고 붙일까 하는 생각도 했다. 왜냐하면 이번 장에서는 윤리, 도덕, 철학의 일반적인 문제들보다는 경제적인 의미 그리고 더 좁은 의미에서 이익과 관련된 측면에 집중할 것이기 때문이다.

'기업이 이익을 내는 것'은 시장경제의 주요 특징 가운데 하나이며, 그것을 위한 활동은 주어진 법적 테두리 안에서 전개된다. 그런데 이익의 분배를 시장에만 맡기면 여러 가지 부작용이 생길 수 있기 때문에, 많은 나라들이 조세와 사회정책을 통해 그러한 시장경제의 부조리를 시정하려고 애쓴다.

민간경제에서 기업이나 개인이 혁신, 스타트업 창업, 효율 향상, 성장, 일자리 창출 등을 위해 노력하게 만드는 가장 중요한 인센티브가 무엇일까? 비록 유일한 유인(誘因)은 아니지만, 이익에 대한 전망일 것이다. 앞에서 여러 번 강조한 것처럼, 이익은 기업이 지속적으로 생존하기 위한 전제조건이다. 이익이 없으면 장기적으로 유동성도 없다. 오랫동안 적자를 낸 기업은 언젠가는 파산하기 마련이다. 그러면 일자리가 없어지고, 세수가 줄어들며, 신용부도(credit default)가 발생한다.

자본주의의 우월성

라이너 지텔만(Rainer Zitelmann)은 저서 《자본주의의 힘(The Power of Capitalism)》에서 포괄적으로 그리고 설득력 있게 자본주의의 우월성을 역설했다.[1] 그는 이론적으로만 그렇게 설파한 것이 아니라, 사회주의 체제와 자본주의 체제가 낳은 결과를 비교하면서 실증적·역사적 증거를 바탕으로 자신의 주장을 펼쳤다. 예를 들어, 그는 칠레와 베네수엘라, 남한과 북한, 옛날 서독과 동독을 비교·분석한다.

한쪽에 치우친 생각을 갖지 않고 역사를 보는 사람이면 그 누구도 시장경제의 우수성을 진지하게 반박할 수 없을 것이다. 왜냐하면 시장경제는 복지를 향상시키기 위한 아주 효율적인 체제라는 사실이 줄곧 입증되어 왔기 때문이다. 코로나19 같은 지구 규모의 전염병, 기후변화, 인구증가, 경제성장 등의 미래의 문제들을 해결하는 데도 자본주의의 저력이 발휘될 것으로 믿는다. 어느 경제사학자는 이와 관련하여 이렇게 말했다.

"앞으로는 성장이 아닌 억제(자제)에 힘을 기울이자고 호소하는 것은, 좋은 뜻으로 말하는 개인적인 제안이거나 아니면 깊이 생각하지 않고 내놓는 사회정책적인 (망상은 아닐지라도) 비전에 지나지 않는다. 왜냐하면 '그것이 가능할지 그리고 사정에 따라서는 이루어질지'에 관해 전혀 모르는 그 무엇인가를 경제가 왜 포기해야 하는가? 인구가 늘어나고 기술이 변하면서 생기는 문제들로 말미암은 압력이 지속되는 한, 자본주의적인 경제생활 방식은 그 핵심요소들이 정치적으로 안정되기만 하면 지속될 것이다. 그 까닭은 바로 자본주의가 가장 높은 '문제해결 탄력성'을 보이기 때문이다. 진짜 위험요인은 자본주의 그 자체가 아니라, 시대에 따라 잠정적으로만 해결할 수 있는 곳에도 원칙에 매달려서 궁극적인 해결책을 밀어붙이려는 정치다."[2]

여기서 근본적인 체제 논쟁을 벌일 생각은 전혀 없다. 그리고 시장경제를 결사코 반대하는 분들을 설득할 수 있다고 생각하지도 않는다. 그분들의 확신은 대체로 감정에 바탕을 두고 있고, 그러한 감정은 통상 합리적인 논리 전개보다 강하다. 그러한 논리 전개가 탄탄한 역사적 증거에 의해 뒷받침된다고 하더라도 말이다. 하지만 시장경제 및 자본주의에 대한 우리의 태도 역시 아마 감정의 영향을 받고 있을 것이다. 우리는 감정적으로도 확신을 갖고 있는 '시장경제주의자들'이다.

그러면 자본주의 또는 시장경제가 왜 그토록 훌륭하고 효율적인 체제인가? 불가피하게도 그 대답은 이익동기, 아니 이익 극대화의 원리에서 찾을 수밖에 없다. 왜냐하면 이 원리에 따르면 "최소한의 자원을 투입하여, 즉 낭비나 헛수고를 가능한 한 하지 않으면서, 일정한 성과를 올려야' 하기 때문이다. 우리는 이 원리를 반대 방향에서 아래와 같이 표현할 수도 있다.

"주어진 자원을 갖고 최대한의 실적을 내야 한다."

실제로는 이 두 효과가 서로 결합되어 있다. 이익을 극대화하는 조건은 다름 아닌 '한계수입=한계비용'이다. 이익의 극대화는 낭비의 최소화이고, 따라서 자원을 낭비하지 않고 소중히 다루면서 동시에 최적의 복지 성과(welfare performance)에 다다르는 것이 최대이익 달성을 위한 접근 방법이다. 궁극적으로는 오로지 생산된 복지만이 분배될 수 있다.

자본주의 체제에서 행해지는 복지의 분배가 늘 공정하지는 않고, 또한 모든 사람이 공정하다고 느끼지는 않는다는 것은 의심의 여지가 없다. 그래서 기의 모든 나라의 정부가 이를 시정하기 위해 시장경제에 깊이 관여한다. 독일에서는 이러한 경제질서를 '사회적 시장경제(soziale Marktwirtschaft)'라고 부른다. 소득의 불평등 정도를 나타내는 지니계수(Gini coefficient)가 시장소득 수준에서는 독일이 0.51이므로 미국과 비슷하게 높다. 그러나 소득세, 사회보장 분담금, 사회적 소득이전 등을 모두 포함하면 국가의 개입에 의해 독일의 이 불평등지수는 약 43% 줄어든다.

소득재분배가 이루어진 후의 순수입 지니계수가 우리나라는 0.34(2019년 통계청 자료), 독일은 0.29, 미국은 0.39, OECD 평균은 0.315이다. 따라서 '사회적 시장경제'를 표방하는 독일이 국제기준으로 보았을 때 상대적으로 소득이 균형 있게 분배되는 것으로 보인다. 복지성과와 복지분배라는 두 효과를 우리는 사상적으로 분리해야 한다. 이익동기의 추구는 최대한의 복지를 창출하는 데 이바지하지만, 그것이 사회적으로 바람직한 복지의 분배에 무조건적으로 기여한다고 말할 수는 없다.

정치의 관심사는 복지가 한층 더 공평하게 분배되도록 관여하는 것이다. 그러나 이러한 시정조치가 지나치면 이익동기가 타격을 받는다. 그래서 분배될 수 있는 복지성과가 줄어든다. 사회주의 체제는 한결같이 이러한 관계에 대한 실증 증거를 제공해준다. 복지의 분배는 정치의 세계에서 영원히 논란을 불러일으키는 주제다.

어느 신문은 "공정을 요구하는 외침은 사회를 갈라놓는다."고 쓴 바 있다.[3] 사회적 공정은 이 책에서 논의할 대상이 아니지만, 그럼에도 '사회적 시장경제'의 사상적 선구자로 추앙받는 알프레드 뮐러-아르막(Alfred Müller-Armack)의 사상을 여기서 잠깐 언급하는 것은 의미 있다고 생각한다. 뮐러-아르막은 1947년에 출간한 한 저서에서 개인의 자유를 열렬하게 옹호했다. 그러나 그는 동시에 사회적인 관심사를 실현하라고 사회에 요구한다. 그가 순수하게 경제적인 근거에 바탕을 두고 이렇게 주장하는 것은 아니다. 그의 말을 직접 들어보자.

"자유라는 관점에서 보면 설사 시장경제의 성과가 계획경제의 성과보다 못하다고 하더라도 시장경제가 더 나을 것이다. 실은 경제 관점에서도 시장경제가 더 우수하다. 그렇지만 어떤 경제질서를 선택할 때 최종적인 기준은 경제적인 이유뿐만 아니라 정신적인 가치에도 바탕을 두어야 한다고 지적할 필요가 있다."[4]

그의 말을 받아들인다면, '이익지향'의 뿌리 역시 단순히 경제적인 것 이상으로 더 깊다고 말할 수 있다. 지금까지의 이야기를 종합하면, 이익지향이야말로 자본주의적 시장경제체제가 높은 성과를 올리도록 한 결정적인 요인이다. 기업의 이익이 없었다면 오늘날 우리가 누리고 있는 수준 높은 복지도 없었을 것이다. 한국에 삼성전자·현대자동차 · 포스코 · SK하이닉스 · LG전자 · CJ제일제당 등 우량기업들이 그동안 창출한 막대한 이익이 없었다면 어떻게 되었을까? 한국인의 경제적 · 사회적 삶은 어떤 처지였을까?

이익과 자유

이익이 도덕 · 윤리에 미치는 유쾌한 영향은 그것이 자유를 가져다준다는 사실이다. 이익을 내는 기업인은 그 덕분에 은행 · 고객 · 협력회사에 대한 의존도가 줄어든다. 그는 자신이 벌어들인 이익을 자유롭게 처분할 수 있다. 그는 이익을 배당금으로 받을 수도 있고, 기존사업에 재투자할 수도 있으며, 새로운 사업을 위해 쓸 수도 있으며, 또는 공익적인 목적을 위해 기부할 수도 있다. 이익은 자유를 준다.

그 반대 역시 성립한다. 기업인이 적자를 내면 그는 자유와 자율을 잃는다. 돈줄을 쥐고 있는 은행은 그의 행동에 제약을 가하며, 회사는 주문이 들어오기만 하면 무조건 받아야 한다. 직원들은 일자리를 잃을까 걱정하게 되므로 자연히 기업문화가 나빠진다. 기업이 지급불능 상태에 이르면 기업인과 그 기업은 자유를 완전히 잃는다. 왜냐하면 법원이 임명한 법정관리인에게 경영권이 넘어가기 때문이다. 이런 상황에 부딪힌 많은 기업인들이 좌절한 나머지 더 나쁜 상태로 떨어지곤 한다.

기업 내부에서도 이익은 경영자들에게 자유를 준다. 프랑스 자동차 회사 PSA의 최고경영자 카를로스 타바레스(Carlos Tavares)는 GM의 오펠을 인수하면서 "이익이 더 많을수록, 자유가 더 많다."[5]고 했다.

독일의 대표적인 히든챔피언의 하나인 조립제품(assembly products) 회사 뷔르트(Würth)를 창업한 라인홀트 뷔르트(Reinhold Würth)도 비슷한 말을 했다. "성공이 클수록 '자유의 등급(Freiheitsgrade, 영어로는 grades of freedom)'도 더 높기 마련이다."

또 기업이 좋은 시절에 벌어 놓은 이익은 힘든 시간에 대비할 수 있게 해주기 때문에 덕분에 자유의 등급은 더 올라간다. 이러한 미래에 대한 대비는 경기주기가 있는 업종에서는 생존을 위해 꼭 필요하다. 그래서 그런 업종에 있는 회사는 1년 단위로 이익을 판단하는 것이 문제가 있다. 그런 회사의 이익 상황은 수년이 될 수도 있는 경기주기의 맥락 속에서 보아야만 제대로 판단할 수 있다.

비영리단체는 이런 면에서 불리하다. 왜냐하면 비영리단체는 이익을 내면 안 되므로 좋은 시절에도 추울 때를 대비해 쿠션을 만들어놓을 수 없기 때문이다. 재단의 경우에는 자본을 보존하기 위해 적립금을 쌓을 수 있기는 하다. 그러나 이것의 취지는 경기주기 전체에 걸쳐 이익의 액수를 달리하여 균형을 유지하기 위한 것이 아니라, 글자 그대로 본래의 자본을 보존하기 위함이다. 즉 인플레로부터 (자본을) 보호하는 것이다.

이익, 윤리, 품위

시장경제에서는 기업이 이익을 내야 할 책임이 있다. 1976년에 노벨경제학상을 받은 밀턴 프리드먼(Milton Friedman)은 이 말을 아래와 같이 표현한 바 있다. "기업의 사회적 책임은 이익을 내는 것이다."[6] 또 앞에서 언급했던 니틴 노리아의 말 "기업 지도자의 첫 번째 윤리적 책무는 이익을 내는 것이다."도 다시 상기해보자. 니틴 노리아는 2010년 1월부터 2020년 말까지 하버드 경영대학원 학장을 역임했다. 그에 따르면, 기업이 이익을 내지 못하면 (기업이) 자원은 쓰지만 추가적인 가치는 창출하지 못한다는 말이다. 그래서 손해는 가치파괴와 같은 뜻이라고 그는 말한다. 피터 드러커도 비슷하게 이야기했다.

"이익과 사회적 책임 사이에는 아무런 갈등이 없다. 진정한 자본비용·미래의 각종 위험·미래의 근로자 및 연금생활자들의 필요 등을 모두 감당할 수 있을 만큼 이익을 충분히 벌고 있는 회사가 사회를 등쳐먹는 것은 아니다. 그렇게 하지 못하는 회사야말로 사회를 등쳐먹는 원흉이다."[7]

예수회 소속 수도자 오스발트 폰 넬-브로이닝(Oswald von Nell-Breuning)은 가톨릭 사회이론의 대가로 손꼽히는 인물이다. 그는 자본주의에 대해 대단히 비판적이었는데, 그런 넬-브로이닝조차 이렇게 말했다. "오직 경제적 번영과 이익만이 임금노동자들의 안전을 보장해준다."[8]

이 책의 공저자인 우리는 2019년 봄에 당시 한국의 경제 상황을 논의한 바 있다. 그때 유필화는 이런 이야기를 했다.

"이익에 충분히 주의를 기울이지 않은 사회적 대가는 날이 갈수록 더 커지고 있다. 한국의 조선업과 해운업은 한때 빛나는 효자산업이었다. 오늘날 이 두 산업의 위상은 초라하다. 그 주요 요인의 하나는 그들이 이익을 희생하더라도 시장점유율을 올리겠다는 물량 위주 경영을 했기 때문이다."

독일 슈투트가르트에 있는 뒤르(Dürr)는 세계적인 자동차 페인트 시스템 회사다. 이 회사의 최대 주주 하인츠 뒤르(Heinz Dürr)도 똑같은 생각을 이렇게 표현한다. "어느 회사가 이익을 내면 그 회사는 사회적이다."[9] 이 말을 뒤집어보면, 손실을 내는 회사는 비사회적으로 행동한다는 뜻이 된다. 즉 이익은 사회적이고 손실은 비사회적이다.

우리가 기업들에게 윤리적 규범을 강요할 수 있을까? 자본시장 윤리 및 기업지배구조 전문가 테오도르 바움(Theodor Baum) 교수는 이렇게 말한다. "법은 지켜야 하지만 그 이상을 요구하는 것은 어렵다. 임마누엘 칸트의 '정언적(定言的) 명령' 개념을 기업의 행동에 적용하는 것은 무리다. 왜냐하면 기업은 무엇인가 독특한 일을 해야 하는데, 그것은 기업인들에게 그들이 지켜야 하는 규정으로 제시하거나 또는 그들에게 흉내 내라고 권장할 수 없는 것이기 때문이다."[10]

      4 이익의 윤리

기업의 사회적 책임

그럼에도 불구하고 기업은 왜 사회적 책임(corporate social responsibility, CSR)을 다하기 위한 일을 하는가? 기업은 왜 정당을 후원하고, 개발프로젝트를 지원하고, 회사의 인적 구성을 다양하게 하고, 환경보호 활동을 하고, 임직원에게 이량을 베푸는 등의 일을 하는가? 이 물음에 대한 대답은 다음과 같다.

첫째, 시장경제하에서 기업이 그런 일을 하든 말든 그것은 기업인 각자의 자유이다. 그는 법률이 허용하는 범위 내에서 자신의 기업활동의 일환으로 그런 일들을 할 수 있다. 또는 오로지 자기에게 귀속되고 그 자신만이 처분할 수 있는 이익의 일부를 사회적 책임을 위한 목적으로 쓸 수 있다. 후자의 방법은 경영목적과 자선목적이 뒤섞이지 않으므로 우리는 기업인이 이 방안을 따르는 편이 더 낫다고 생각한다. 3장에서 이미 언급한 이케아는 그 좋은 본보기다. 이케아를 소유하고 있는 잉그카 재단은 재단에 흘러 들어오는 이익을 이케아에 재투자하거나 정관에 규정된 공익 목적을 위해서만 쓸 수 있다.

두 번째 답변은 다음과 같다. "기업이 위에서 언급한 활동을 하는 까닭은 그런 일들이 기업에 도움이 되고, 단기이익 극대화에는 반드시 부합하지 않을지언정 장기이익 극대화라는 목표와는 조화를 이룬다."고 (기업이) 생각하기 때문이라는 것이다.

기업인이 사회적 책임을 다하기 위한 조치들을 취함으로써 입사 지원자들에게 더 매력적으로 보이고, 임직원의 충성심을 높이고, 병가가 줄고, 상표 이미지를 높이고, 사회 전반적으로 회사에 대한 호감도가 올라가면, 그런 활동에 쓰이는 돈이 단기적으로는 회사의 이익을 떨어뜨리지만, 장기적으로는 이익의 증대에 이바지할 수 있다.

기업이 자금을 조달하려고 할 때, 이른바 ESG(Environment, Social and Governance) 평가는 더욱 중요해지고 있다. 세계 최대의 자산운영 회사인 미국의 블랙록(BlackRock)을 비롯한 대형 투자회사들은 투자결정을 할 때 ESG 평점에 점차 더 많은 비중을 두고 있다. 이 점수가 낮은 회사는 더 불리한 조건으로 투자를 받거나 필요한 자금을 확보하는 데 어려움을 겪는다.

오늘날 기업이 사회적 책임 · 환경보호 · 종업원 복지에 성의를 보이는 것은 시대의 흐름인 듯하다. 이와 관련된 사업보고서를 보면 기업들이 이런 부문들에 대해 참으로 많은 지면을 할애하고 구체적인 정보를 많이 제공하고 있다.

기업의 사명 선언문(mission statement)이나 최고경영자들의 발언에서도 우리는 시대의 이러한 분위기를 느낄 수 있다. 보쉬(Bosch)는 780억 유로의 매출액과 40만 2,000명의 종업원을 자랑하는 세계 최대의 자동차 부품회사다. 이 보쉬 가문의 대변인 크리스토프 보쉬(Christof Bosch)는 한 언론 인터뷰에서 이렇게 말한 바 있다. "커다란 환경문제의 해결에 동참하는 것은 앞으로 우리 회사의 과제가 될 것이다."[11]

그리고 보쉬는 다음과 같이 비장한 각오를 밝힌다. "우리는 2020년부터 탄소중립적으로(carbon neutrality) 일할 것이다. 올해부터 전 세계에 있는 400개의 보쉬 사업장에서는 탄소의 자취를 남기지 않을 것이다. 비록 그로 말미암아 추가적으로 10억 유로의 비용이 더 들겠지만."[12]

기업이 그러한 가치들을 내세우면서 광고 메시지로 활용함은 말할 것도 없다. 위워크의 창업자 애덤 노이만에 관한 한 보고서에는 이렇게 쓰여 있다. "미국의 창업자들은 자신을 '세계를 개선하는 사람'으로 부각시키는 것이 대세이다. 바로 기술 분야의 기업들이 '자기 회사는 인류를 위해 봉사하는 사명을 띠고 있다'라고 즐겨 말한다."[13]

심지어 위워크는 사명선언문에서 "세계의 의식수준을 높이겠다."고까지 말한다.[14] 이런 말은 지나친 듯하고 그래서 단순한 광고에 지나지 않는다. 세계를 개선하겠다는 사명선언문에 정말 알맹이가 있다면, 기업은 당연히 그것을 마케팅 커뮤니케이션에 활용해야 할 것이다. 실제로 대부분의 성공적인 혁신들은 세상을 더 나아지게 하는 데 이바지한다. 바로 그렇기 때문에 그것들은 성공하는 것이고, 그 대가로 다름 아닌 이익이 주어진다. 마케팅의 대가 필립 코틀러는 2019년에 출간한 저서에서 '공동선(共同善, common good)'을 열렬히 옹호하고 있는데, 이 공동선이 시장경제에서 활동하는 기업의 장기이익지향과 근본적으로 상충할 이유는 전혀 없다.[15]

타일러 코웬(Tyler Cowen)은 한 걸음 더 나아가서 이익 극대화가 공동선을 지향하는 행동방식의 원인이라고 본다. 그는 이렇게 말했다. "이익 극대화만이 (어떤 최고경영자들의 양심은 말할 것도 없고) 오늘날 기업을 포용과 관용의 편에 서게 한다."[16] 그는 또 "기업인들은 정치가들보다 대체로 편 가르기를 덜한다."고 강조한다.

이익지향·이익 극대화·주주가치 개념 등을 비판하는 이들은 기업의 이러한 목표들이 노동자 착취·어린이 노동·환경파괴·하청회사 및 고객들에 대한 부당한 가격·독점 지위의 악용·폭리 등등의 부조리를 낳는다고 주장한다. 실제로 그러한 사례가 있음을 솔직히 인정한다. 세상에 부패·사기·강탈 등의 행위가 있듯이, 위에서 열거한 기업의 바람직하지 않은 행동이 현실에서 보이는 것 또한 사실이다.

이따금 보도되는 기업 관련 추문은 기업 지도자들에 대한 신뢰를 떨어뜨린다. 그러한 기업 비리 사건이 터지면 고객들·사업파트너·사법부·정계가 강하게 부정적으로 반응하기 일쑤이며, 심지어는 해당 기업이 몰락하기도 한다. 2001년에 일어난 엔론 사건이 대표적이다. 엔론은 말할 것도 없고 8만 5,000명의 임직원을 거느리던 세계 굴지의 회계법인 아서앤더슨(Arthur Andersen)도 문을 닫아야 했다. 그러나 폴크스바겐 디젤 배기가스 조작 사건 같은 다른 스캔들에서는 고객들의 반응이 그렇게 격렬하지 않았다.

인터넷의 구실

기업이 윤리적으로 행동하는 데 있어서 인터넷이 점점 더 큰 구실을 하고 있다. 이 말은 양쪽 모두에 적용되는데, 기업이 행동을 잘못하여 제재를 당할 때 그 여파가 특히 크다. 미국의 타일러 코웬 교수는 이 문제에 대해 이렇게 말한다. "인터넷과 소셜 미디어가 확산되면서 기업이 정직하게 행동해야 할 필요성은 더 커졌다. 왜냐하면 기업의 파렴치한 행동은 회사의 명성에 엄청난 타격을 줄 수 있기 때문이다."[17]

반대로 기업의 품격 높은 행동은, 비록 부정적인 행동을 할 때만큼 영향이 크지는 않지만, 좋은 소비자 반응으로 이어진다. 독일의 컨설팅회사 지몬-쿠허 앤 파트너스(Simon-Kucher&Partners)가 최근에 23개국 6,400명을 대상으로 실시한 설문조사 결과에 따르면, 소비자 평점이 세 번째로 중요한 구매결정 요인이었다. 또 응답자의 71%가 "소비자 평점이 그들에게는 의미가 있다"고 답변했다고 한다.[18]

기업인도 경영자도 모두 사람이므로 그들 가운데는 품위 있는 이들도 있고 그렇지 않은 이들도 있을 것이다. 전체 인구와 견주어볼 때 품위 있는 기업인·경영자들의 비율이 더 높은지 낮은지는 알려져 있지 않다. 하지만 앞에서 자본주의의 우월성을 논의할 때 언급한 바 있는 라이너 지텔만은 같은 책에서 "시장경제에서의 피해가 우리가 알고 있는 다른 모든 체제, 특히 사회주의 아래서 일어나는 피해보다 적다"는 실증 증거를 설득력 있게 제시하고 있다. 부정부패, 환경오염, 품질 불량, 잦은 사고, 위험한 작업환경, 그리고 다른 비슷한 피해 범주에서 모두 시장경제가 더 나았다고 한다.

우리가 사는 세상과 이상적인 세계 사이에는 늘 거리가 있다. 이익과 품위도 마찬가지다. 이 둘 사이의 관계가 어떠해야 하는지를 1919년부터 1942년까지 하버드 경영대학원의 학장을 역임한 웨이스 웰리스

브렛 돈햄(Weise Wallace Brett Donham)은 다음과 같이 멋지게 표현한 바 있다. "우리는 품위 있는 이익을 품위 있게 버는 지도자들을 길러내고 싶다."[19]

돈햄은 '최대 이익'이라고 하지 않고 '품위 있는 이익'이라는 말을 썼다. '품위'란 낱말이 구체적으로 뜻하는 것을 계량화할 수는 없지만, 이것이 무슨 말인지 누구나 직관적으로 알아차린다. 보쉬의 창업자 로베르트 보쉬(Robert Bosch)도 비슷한 철학을 갖고 있었다. "품위 있게 기업을 이끌어가는 것은 길게 보면 가장 벌이가 되는 경영방식이다. 그리고 실업계는 그러한 경영방식을 세상 사람들이 믿는 것보다 훨씬 더 높이 평가한다."[20]

스위스의 세계적인 제약회사 노바티스(Novartis)의 최고경영자 바산트 나라시만(Vasant Narasimhan)은 이렇게 말하며 윤리와 이익 가운데 어느 것이 우선하는지 의심의 여지가 없게 한다. "나는 우리 회사가 최고의 윤리기준에 의거해 평가받기를 원한다. 이 기준에서 벗어날 값어치가 있는 이익목표 또는 매출액목표는 없다."[21]

우리는 나라시만 회장의 이 말에 전적으로 동의한다. 그러나 우리 두 사람이 기업인·경영자들에게 윤리적 기준을 제시하거나 또는 윤리적 문제에 대해 처방을 내리는 사람들이 아님은 말할 것도 없다. 그렇지만 여기서 중세의 신학자 토마스 아퀴나스가 처음 이야기한 '정당한 가격(just price)' 개념에 관해서는 우리의 생각을 밝힐 필요가 있다. 그동안 노바티스나 화이자를 비롯한 세계의 유수 제약회사들은 혁신적인 치료제를 많이 개발해왔다. 그런데 어떤 때는 주사 한 방으로 지금까지 고칠 수 없었던 질병을 깨끗이 퇴치할 수 있지만, 한 번 주사를 놓는 비용이 수억 원에 달하기도 한다. 이럴 때의 정당한 값은 얼마일까?

경쟁이 치열한 시장에서 '정당한 가격'을 논하는 것은 시대에 뒤떨어진 행위라고 흔히들 이야기한다. 그러나 실제로는 방금 이야기한 경우처럼 이런 '정당한 가격' 개념이 문제가 되는 상황이 꽤 있다. 예를 들어, 독점기업이 아주 비싸게 값을 매길 때, 자연재해 등으로 비상사태가 일어났을 때 상인들이 터무니없이 높은 가격을 부르는 경우, 목숨을 구해주는 약품같이 그 값어치가 엄청나게 높을 때 등등이다. 이러한 여러 상황에 적용할 수 있는 간단한 해결책은 없다. 또 이런 사례들이 주는 시사점은 "이익과 윤리의 관계 같은 복잡한 토픽을 이야기할 때 뭉뚱그려 판단하거나 섣부르게 일반화하는 등의 일은 안 하는 편이 낫다."는 것이다.

이익은 도덕적으로 께름칙한가?

높은 이익은 도덕적으로 께름칙한가? 유럽의 어느 권위 있는 기관이 2005년에서 2009년까지 독일에서 대표성이 있도록 표본을 추출하여 뽑은 사람들에게 이 질문을 던져보았다. [그림 4-1]은 그 결과를 보여준다.[22]

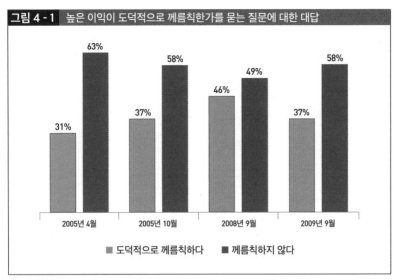

그림 4 - 1 높은 이익이 도덕적으로 께름칙한가를 묻는 질문에 대한 대답

- 도덕적으로 께름칙하다 ■ 께름칙하지 않다

출처 : 독일 은행협회

4번에 걸쳐 행해진 설문조사에 응답한 사람들의 평균 38%가 높은 이익이 도덕적으로 께름칙하다고 답변했다. 이 결과를 거꾸로 해석하면, 응답자의 2/3에 가까운 62%는 기업이 이익을 많이 내는 것이 도덕적으로 문제없다고 생각한다. 이 문제에 대해 우리는 조사결과를 제시하는 것으로 그치기로 한다.

이익의 도덕성에 관한 한, 이익의 액수보다는 그 이익을 기업이 어떻게 벌어들이느냐가 더 중요하다. 예를 들어, 애플이 아이폰을 팔아 엄청나게 많은 이익을 거두는 것은 도덕적으로 어떻게 보아야 할까? 삼성전자의 메모리 반도체는 값이 오르면 영업이익률이 50%를 웃돌기도 한다. 삼성전자는 구매, 제조원가, 품질, 제품의 차별화 등에서 경쟁사를 모두 앞서므로 이렇게 높은 영업이익률을 실현할 수 있다.

4 이익의 윤리

고객이 해당 제품의 값어치를 높이 평가하기 때문에 그것을 사기 위해 비싼 값을 낼 용의가 있다면, 그래서 기업이 이익을 많이 낸다면 도덕적으로 문제 삼을 여지가 별로 없다. 그러나 실제로는 기업이 내놓는 획기적인 혁신제품이 윤리적으로 지극히 판단하기 어려운 문제를 제기하는 경우가 있는 것도 사실이다. 예를 들어, 사람의 목숨을 건질 수 있는 혁신적인 의약품은 이따금 기업과 사회를 커다란 윤리적 딜레마에 빠뜨린다.

노바티스가 개발한 유전자 기반 치료제 킴리아(Kymriah)는 주사 한 번으로 백혈병의 한 종류를 고친다. 미국에서는 그 주사를 한 번 맞는 데 드는 비용이 47만 5,000달러, 즉 약 5억 8,000만 원이다. 영국에서는 국민보건서비스(National Health Service, NHS)가 아이들에 한해 22만 파운드(약 3억 4,800만 원)를 지원한다. 독일에서는 킴리아의 값이 32만 유로(약 4억 3,470만 원)이다. 노바티스의 이사회 의장 외르크 라인하르트(Jörg Reinhardt)는 이렇게 말한다.

"우리는 '치료제는 그것의 값어치를 근거로 값을 매겨야 한다'고 굳게 확신하고 있다. 우리는 이 원리에 따라 가격을 책정할 작정이다. 앞으로는 유전자치료 비용이 환자 개개인이 그것으로부터 얻는 값어치에 의해 정당화될 것이다."[23]

이보다 더 비싼 치료제도 있다. 역시 노바티스가 개발한 혁명적인 척추 근육위축 치료제의 값어치를 어느 영국 연구소는 약 400만 달러(45억 4,000만 원)로 보았다.[24]

2019년에 스위스의 제약회사 로슈(Roche)가 인수한 스파르크 테라

포이틱스(Spark Therapeutics)는 아이들의 눈을 멀게 할 수 있는 유전자 결함을 없애는 독특한 치료법을 개발했다. 미국에서 이 치료법을 환자당 85만 달러에 팔겠다고 발표한 이 회사는, 만약 환자가 치료목표를 달성하지 못하면 치료비의 일부를 돌려주겠다고 약속했다.[25]

사회는 이런 혁명적인 제품들의 값어치를 어떻게 평가해야 할까? 이렇게 비싼 가격을 사회가 과연 받아들일까? 아니면 사회가 기업의 이익을 제한하려고 할까? 아직은 이런 질문들에 대한 명확한 대답이 없다.

이익과 지식인들

'이익지향'에 대한 비판은 상당 부분 지식인들이 앞장서서 하고 있는데, 좌익 진영에서만 그렇게 하는 것이 아니다. 어느 정치철학자는 이렇게 묻는다. "기업은 이익을 내도 좋은가?"[26] 이 얼마나 황당한 질문인가! 어느 전직 고위경영자는 이렇게 한탄한다. "이익을 거두는 행위가 기업과 사회를 망친다."[27] 독일 가톨릭 주교회의 의장인 대주교 로베르트 졸리취(Robert Zollitsch)는 "식품 가격 상승의 책임은 이익 극대화에 있다."고 주장했다. 심지어는 프란치스코 교황도 "시장의 자율"을 개탄하고 있다.[28]

이러한 발언을 열거하자면 끝이 없다. 좌익 진영에서 이런 말을 하면 으레 그러려니 하겠지만, 중도 성향을 띠고 있다고 알려진 사회지도자들이 이렇게 기업의 영리활동을 비판하는 것이다. 이런 현상에 대해 라이너 지텔만은 이렇게 말한다.

"나는 자기 자신을 결코 반자본주의자라고 부르지 않을 대부분의 지식인들이 반자본주의적 사상을 약간씩 갖고 있는 것을 보았다. 이러한 태도는 분명히 많은 지식인들이 가진 자기 정체성의 일부다. 비록 그들이 다른 면에 대해서는 서로 아주 다른 정치적인 견해를 갖고 있다고 하더라도 말이다."[29]

지텔만은 미국 · 독일 · 영국 · 프랑스에서 부자들에 대한 생각을 묻는 설문조사를 했는데, 그 결과는 지식인들의 이러한 태도를 확인하게 해준다. 또 앨런 카한(Alan S. Kahan)도 지식인들과 자본주의의 대립을 다룬 자신의 저서에서 지식인들의 자본주의 및 이익에 대한 비판적인 태도를 조명하고 그 원인을 깊게 파헤쳤다.[30]

이렇게 많은 지식인들이 이익지향, 특히 이익 극대화에 대하여 아주 비판적이며 심지어는 거부반응을 보인다. 이 주제에 관하여 더 깊이 알고 싶다면 방금 인용한 지텔만과 카한의 저서들을 참조하기 바란다. 이 책에서는 그들의 작품에서 몇몇 중요한 요점만 다루기로 한다.

이익 극대화에 대한 비판적인 태도의 뿌리는 무엇일까? 가장 중요한 원인은 아무래도 불공평하다는 느낌이 가미된 시기심인 듯하다. 지식인들은 대체로 자신들이 기업인들보다 더 똑똑하다고 생각한다. 만일 지능지수(IQ)를 척도로 채택한다면 그 생각이 맞을 수도 있다. '기업인들은 그렇게 돈과 이익을 많이 긁어모으는데 그들보다 더 머리가 좋은 나는 왜 이렇게 소박한 수입과 재산에 만족해야 하는가?' 자신이 무능하기 때문에 이러한 불균형이 생겼다고 믿는 지식인은 거의 없다. 그들은 그것을 체제의 탓으로 돌리는 경향이 있다.

이렇게 형성된 상대적인 박탈감을 가진 지식인이 어쩌다 기업인들의 비윤리적인 행동을 접하면 그의 그러한 부정적인 생각은 급속도로 더 커진다. 그래서 그들은 "부자들은 돈은 잘 벌지만 통상 점잖은 사람들은 아니다."라는 말에 상당수가 동의한다. 그런데 뜻밖에도 미국의 젊은이들이 나이 든 미국인들보다 훨씬 더 자본주의 및 이익동기에 대해 비판적이었다고 한다. 두 세대 사이의 차이는 4개국 가운데 미국에서 가장 컸다.

그런데 경제경영 바깥의 지식인들만 이렇게 이익지향을 소리 높여 비판하는 것이 아니다. 이 분야의 지식인들도 가세하고 있다. 기업의 이익지향을 강력하게 비판하는 경제경영 전문가들 가운데 대표적인 사람의 하나는 런던경제학교(London School of Economics)에서 가르치고 있는 마리아나 마추카토(Mariana Mazzucato)이다. 그녀는 이렇게 말한다.

"사태는 더 악화될 뿐이다. 지대추구(地代追求, rent-seeking)란 무엇인가를 생산해서 수입을 올리려는 것이 아니라, 경쟁 상황에서 결정되는 가격보다 더 높은 값을 매겨서 그리고 (노동을 포함한) 특정한 경쟁우위를 이용하여 경쟁사보다 더 싸게 값을 매겨서, 또는 경쟁사가 시장에 들어오는 것을 막아 독점적 우위를 유지함으로써 수입을 올리려는 시도이다."[31]

노벨경제학상을 받은 조지프 스티글리츠(Joseph Stiglitz)는 약한 규제와 독점적인 상행위가 지대추출(rent extraction)의 원인이라고 진단하고 있다.[32] 여기서 우리는 지대추구 및 지대추출을 이익 극대화와 동일시해도 좋을 것이다.

이들이 말하는 기업의 바람직하지 않은 여러 가지 행위(지나치게 비싸게 값을 매김, 특정 경쟁우위를 무자비하게 악용, 경쟁사보다 싸게 팔기, 경쟁사의 시장진입을 방지, 독점적 지위를 방어)는 분명히 비윤리적이며 때로는 위법일 수 있지만, 실은 반드시 그렇지는 않으며 또 모든 경우에 그런 것도 아니다. 마추카토와 스티글리츠의 말에 우리는 진지하게 귀를 기울일 필요가 있다. 앞으로도 '이익지향'의 윤리에 관한 문제는 계속 우리를 따라다닐 것이다. 기업인과 경영자들은 이 문제와 씨름해야 하며 사회의 달라진 가치관에 적응해야 한다. 일관적으로 적용할 수 있는 간단한 해답은 이제까지도 없었으며 미래에도 없을 것이다.

금기와 투명성

이익은 몹시 다루기 힘든 주제이다. 실은 금기(taboo)라고 해도 지나친 말은 아니다. 자진해서 자기 회사의 이익을 밝히는 기업인은 거의 없다. 또 사람들이 기업 지도자들에게 이익에 대해 물어보는 일도 별로 없다. 대신 주로 매출액, 종업원 수, 시장점유율에 대해 이야기한다. 언론 보도자료에서도 이익은 그다지 언급되지 않는다.

이렇게 이익을 금기시하는 것은 그럴듯한 까닭이 있다. 수익률이 높아도 혹은 낮아도 기업인 또는 경영자는 이익을 이야기하는 것을 꺼린다. 수익률이 낮거나 마이너스인 경우에 그것이 밝혀지면, (그 전에 아마도 매출액 자랑을 했을 법한) 기업인은 체면을 구기게 된다. 거꾸로 수익률이 높거나 아주 높을 때 그것이 알려지면, 기업인은 불안해진다. 협력회사, 고객들, 심지어는 정부까지 그 회사가 올린 성과의 더 많은 부분을 가져가려고 할 것이 뻔하기 때문이다. 예를 들어, 소수의 대형 고객에 의한 구매가 회사 매출의 큰 비중을 차지하는 업종에서는 그들이 자신들에게 더 유리한 거래조건을 요구해 올 가능성이 높다. 회사가 강한 시장지위를 유지하고 경쟁제품과 확실히 차별화된 제품을 갖고 있으면, 그런 압력을 더 잘 버틸 수 있다.

이익을 많이 내는 기업인들이 불안감을 품는 또 하나의 이유는 높은 이익이 사회적인 질투심을 불러일으킬 수 있기 때문이다. 부(富)는 주로 기업활동의 결과로 축적되고 부자들은 곧잘 시기·질투의 대상이 된다. 우리나라에서 엄청난 연봉을 받는 사람들의 명단 또는 갑부들의 재산 순위가 공개될 때 대중들이 그들에 대하여 느끼는 감정은 존경보다는 부러움과 시샘이다.

라이너 지텔만은 이 주제에 관하여 미국·독일·프랑스·영국에서 실증조사를 했고 재미있는 결과를 얻었다. 그는 질투지수를 '질투하는 사람의 수/질투하지 않는 사람의 수'로 정의한다. 프랑스는 질투지수가 1.26으로 가장 높았다. 질투하는 사람의 수가 질투하지 않는 사람의 수보다 26% 더 많은 것이다. 2등은 0.97을 얻은 독일이었고, 미국은 0.42 그리고 영국은 0.37이었다. 즉 미국과 영국이라는 두 해양 강국이 유럽대륙의 두 강대국보다 부자들을 시샘하는 마음이 훨씬 덜하다는 뜻이다.[33] 그래서인지 미국의 기업인들은 이익 상황에 대해 훨씬 더 솔직한 경향이 있다.

미국과 유럽대륙의 이러한 차이에 대해 독일의 어느 최고경영자는 비꼬는 듯한 말투로 이렇게 말한다. "미국에서는 최소한 10%의 마진을 갖지 않으면 가난한 사람으로 여기는데, 유럽에서는 그런 사람을 중범자(重犯者) 보듯이 한다."[34] 또 기계제작 공업 분야의 어느 독일 경영자는 비슷한 이야기를 한다. "우리 독일 사람들이 왜 이익 추구를 양심에 거리끼는 행위로 보는지 모르겠다. 기독교 탓으로 볼 수는 없다. 왜냐하면 그렇다면 다른 유럽국가들에서도 똑같은 현상이 보여야 하니까." 어느 영국인은 미국과 유럽의 차이를 그래서 이렇게 정리한 바 있다. "미국인들은 승자를 사랑하고 유럽인들은 패배자를 사랑한다."

시기·질투를 피하고 싶은 마음과 관계가 깊은 것이 이익과 부(富)를 공공연히 알림으로써 범죄의 표적이 될 수 있다는 두려움이다. 지금까지 보았다시피 기업인들이 이익의 투명성을 꺼리는 이유는 충분하다. 그래서 적지 않은 기업인들이 온갖 수단을 써서 정확한 이익을 밝히지 않으려고 한다. 그들은 이익을 공고하지 않아도 되는 법인 형태를 찾기도 하고, 활동의 중심지를 해외로 옮기기도 하고, 또는 벌금을 내서라도 이익을 발표하지 않으려고 한다.

그러다 보니 사회 전반적으로 이익의 투명성이 낮아지고 그로 말미암아 여러 가지 바람직하지 않은 일이 일어난다. 2장에서 보았다시피 소비자들은 기업의 실제 수익률을 6~7배나 과대평가하고 있다. 이러한 그릇된 인지(認知)는 사회적인 시기·질투를 부추길 가능성이 충분히 있다.

세계 여러 나라에서 이익을 이렇게 금기시하는 분위기가 앞으로 크게 달라질 것 같지는 않다. 그리고 이런 현상이 기업과 기업인들에게 결국은 유리할지 또는 불리할지 역시 확실치 않다. 그러나 사회 전체의 관점에서 보면 이익의 낮은 투명성은 부정적인 영향을 주는 것으로 보인다.

이익 극대화는 꼭 필요한가?

"이익 극대화가 필요한가, 아니면 그것을 강제해야 하는가?"

이 질문에 대한 일반적인 대답은 "아니오."다. 자유시장경제 체제에서 각 기업인은 "이익을 극대화하느냐?" 아니면 "달성할 수 있는 최대이익보다 더 적은 액수에 만족할 것이냐?"를 자유롭게 결정할 수 있다.

게다가 '이익 극대화'는 엄밀히 말해서 주로 이론적인 개념이라는 사실을 덧붙이고 싶다. 왜냐하면 주어진 구체적인 실제상황에서 기업인은 자신이 어떻게 행동해야 최대의 이익을 얻을 수 있는지 또는 그 최대이익이 얼마인지 대체로 모르기 때문이다. 장기이익을 이야기할 때는 더더욱 그렇다. 그럼에도 불구하고 2장에서 자세히 논의한 이익의 현주소를 생각하면, 우리는 많은 기업인들에게 "이익 극대화를 꾀하라."고 권하지 않을 수 없다.

왜 그런가? 우리가 앞의 [그림 2-2]에서 보았듯이 OECD 회원국들의 산업기업들의 8년에 걸친 순영업이익률은 5.7%이다. 이 평균값은 그럭저럭 괜찮다. 그러나 이것은 평균값이므로 기업들의 약 절반은 순영업이익률이 이보다 낮을 것이다. 또한 독일이나 일본 같은 개별 국가들을 보면, 독일은 3.2%, 일본은 2.3%이다. 즉 이 두 나라의 경우 OECD 평균보다 훨씬 낮다.

가끔 관련 자료를 보면, 예전에 상당히 견실하다고 본 회사들의 이익이 형편없다는 사실을 알게 되어 놀라곤 한다. 우리는 이런 회사들에게 이익 극대화에 전념하라고 간곡히 권고하는 바이다. 왜냐하면 한 회사의 순영업이익률이 0에 가까우면 그 회사는 언제나 가파른 낭떠러지 언저리에서 맴도는 듯한 모양새가 된다. 이익을 획기적으로 늘려야만 그 절벽에서 멀어질 수 있다.

회계상의 이익이 아닌 경제이익이라는 조금 더 높은 잣대를 들이대면, 많은 기업의 상황은 훨씬 더 심각하다. 1장에서 이야기한 바와 같이 경제이익은 한 회사가 가중평균 자본비용(WACC)보다 얼마나 더 벌고 있는가를 나타낸다. OECD 평균 5.7%는 세후영업이익률이다. 우리가 연간 자본회전률을 1이라고 가정하고 계산의 편의를 위해 OECD 평균값을 6%로 하면, 우리는 [수식 1-10]에 따라 같은 수치의 세후총자산수익률, 즉 6%를 얻는다. 그리고 법인세율을 25%로 가정하면 세전 총자산수익률은 8%이다.

이 수치는 우리가 1장에서 보기로 들었던 몇몇 회사의 자본비용 WACC와 거의 엇비슷하다. 따라서 "기업들의 상당수가 경제이익을 달성하지 못하고 있다. 즉 자본비용만큼도 벌지 못하고 있다."고 보아도 무방하다. 아마도 기업들의 절반 가까이가 그런 상태에 있지 않을까 싶다.

지난 수십 년간 우리는 수많은 기업인·경영자들과 교류하면서 그들과 함께 일해왔다. 그런데 그들 가운데 많은 사람이 회사의 생존을 위해 그야말로 몸부림친다. 그들에게 이익 극대화란 한낱 이론적인 개념이며 머나먼 이야기다. 회사가 당장 버티는 것이 중요하기 때문이다. 그래서 회계상으로 이익이 나기만 해도 그것은 벌써 큰 성공이다. 이런 상황에서 경제이익 운운하는 것은 얼토당토않다.

반면에 회사의 순영업이익률이 10% 정도이거나 또는 2장에서 논의한 이익 스타회사들처럼 20% 또는 그 이상이면, 그런 회사들은 그렇게 열심히 이익 극대화를 위해 매진하지 않아도 될 것이다. 그러나 우리의 경험에 따르면 바로 그렇게 이익을 많이 내는 회사들이 더 철저하게 이익 극대화를 추구하며, 그것을 가장 효과적인 생존전략으로 보고 있다.

언젠가 세계적인 컨설팅회사 맥킨지의 독일 대표를 역임한 위르겐 클루게(Jürgen Kluge)는 이런 재미있는 질문을 던진 적이 있다. "최적이익(optimal profit)이라는 것이 있는가, 아니면 그저 많으면 많을수록 늘 더 좋은가?"

이 물음에 대해서는 이렇게 답할 수 있을 뿐이다. 첫째, 어떤 상황에서도 이익이 0이거나 또는 마이너스인 것보다는 훨씬 높은 수치의 이익이 더 바람직하다. 둘째, 그리고 기업이 경제이익을 달성하지 못하면, 즉 이익이 자본비용을 밑돌면, 그 기업은 돈을 다른 곳에 투자할 것을 진지하게 고려해야 한다. 클루게의 질문에 대한 대답은 궁극적으로는 시장경제 아래서 활동하는 모든 기업인이 스스로 찾아내야 할 것이다.

주주가치와 이해관계자 가치

3장에서 주주가치 개념을 논의했다. 이 말에 대해서는 오늘날 의견이 아주 분분하고, 사회의 여러 부문에서 이 개념을 배척하고 있다. 심지어 어떤 때는 이 말이 욕설처럼 들리고 '나쁜 말'로 여겨진다. 한때 최고경영자들과 자본시장 전문가들 사이에서 매우 인기가 높았던 이 개념이 이렇게 몰매 맞는 신세로 전락한 까닭은 무엇일까? 가장 중요한 원인은 주주가치를 내세웠던 많은 경영자들이 실제로는 정반대로 행동했기 때문이다. 몇 가지 실례를 들어보자.

잭 웰치는 GE 회장 시절에 자신을 '주주가치 개념'의 열렬한 옹호자로 포장했다. 실제로 그는 GE를 세계에서 가장 값어치 있는 회사로 만들었다. 그가 1981년에 GE의 회장으로 취임할 때의 이 회사의 시가총액은 150억 달러였는데, 그것이 2000년에는 5,920억 달러로 올라갔다. 그러나 이러한 가치상승이 주주가치 개념에 걸맞게 지속가능한 (sustainable) 것이었을까? 그 대답은 "아니오."이다. 왜냐하면 2000년 이후 GE의 시가총액은 오랫동안 지속적으로 떨어져 2019년 1월에는

750억 달러로 쪼그라들었기 때문이다. 그것이 웰치의 탓인지, 그의 후임자들 탓인지는 여기서 말하지 않겠다. 어쨌든 이미 오래전부터 사람들은 더 이상 GE를 주주가치와 연관시키지 않는다. 또 황당하게도 웰치 자신이 현직에서 물러난 후인 2009년에 이렇게 말했다고 한다. "정확히 말해서 '주주가치'는 세계에서 가장 바보 같은 아이디어다."[35]

말과 현실의 괴리를 보여주는 또 하나의 현란한 사례는 독일의 다임러 이야기다. 1995년에서 2005년까지 이 회사의 회장이었던 위르겐 쉬렘프(Jürgen Schrempp)는 주주가치 개념에 입각하여 회사를 이끌어가겠다고 공언했다. 그러나 1998년 11월 18일 다임러와 크라이슬러가 합쳤을 때 두 회사의 시가총액은 664억 7,000만 유로였는데, 그로부터 6년 8개월이 지난 2005년 7월 27일 쉬렘프 회장이 물러난다고 발표했을 때 다임러-크라이슬러의 시가총액은 약 45% 하락한 367억 9,000만 유로였다. 같은 기간에 독일 주식시장 DAX의 지수는 불과 2.7% 떨어졌을 뿐이었다. 쉬렘프는 주주가치 개념을 중시한다고 주장했지만, 실제로 그가 했던 일은 주주가치를 크게 손상한 것이었다.

이러한 사례들로 말미암아 주주가치 개념은 도처에서 비난받고 있다. 심지어는 시장경제의 적(敵)이라고 볼 수 없는 스위스의 유명한 경영사상가 프레트문트 말릭(Fredmund Malik)조차 이렇게 말한다. "주주가치라는 원칙에 바탕을 두고 있는 기업 지배구조는 기업을 체계적으로 잘못 이끌고 갈 수밖에 없다."[36]

오늘날까지 주주가치에 대한 이러한 비난의 목소리가 경제계에서 들려온다. 예를 들어 2018년에 린데(Linde)와 프렉스에어(Praxair)가 합병할 때 린데의 회장 볼프강 라이츨레(Wolfgang Reitzle)는 "과도한 주주가치 문화의 선구자"라는 말을 들었으며, 다음과 같은 비판에 시달렸다. "그는 미래에 투자하지는 않고 주주들을 응석받이로 만든다."[37]

최근에는 주주가치 개념에 대한 대안으로 '이해관계자 가치 개념'이 떠올랐다. 이제 이 개념을 신봉한다고 선언하는 것이 유행처럼 된 듯하다. 그 선봉에 섰던 기업 지도자들 가운데 한 사람인 제약회사 마일란(Mylan)의 회장 로버트 쿠리(Robert Coury)는 이런 시대의 분위기에 맞춰 이렇게 말했다. "우리는 주주회사(shareholder company)가 아니고 이해관계자 회사(stakeholder company)다."[38]

막강한 영향력을 자랑하는 비즈니스 라운드 테이블(Business Round-table, 이하 BRT)이 2019년 8월에 발표한 '기업의 목적에 대한 선언'은 큰 주목을 끌었다. 188명의 미국 대기업 최고경영자들로 이루어진 이 모임의 회원들 가운데 181명이 이 선언문에 찬동했는데, 찬성자 명단에는 미국 최대의 은행 JP모건 체이스의 회장 제이미 다이먼(Jamie Dimon)과 세계 최대의 두 투자회사 블랙록 및 뱅가드 그룹의 우두머리들도 들어 있다. 하지만 몇몇 뛰어난 최고경영자들은 이에 반대했다. 예를 들어 블랙스톤 그룹 회장 스테펜 쉬와르츠만(Stephen Schwarzman)과 GE 회장 래리 컬프(Larry Culp) 등이 반대표를 던졌다. 이 선언문에는 다음과 같은 문장이 들어 있다.

우리는 우리의 모든 이해관계자들을 근본적으로 위하는 마음을 공유하고 있다. 우리는 다음과 같은 일을 하기로 다짐한다.

- 우리의 고객들에게 가치를 제공한다.
- 우리의 직원들에게 투자한다.
- 우리의 공급회사들과 공정하게 그리고 윤리적으로 거래한다.
- 우리가 속해 있는 공동체를 지원한다.
- 우리의 주주들을 위해 장기적 가치를 생산한다.[39]

언론에서는 이 선언문을 보고 "우리가 알고 있던 자본주의가 끝날지도 모른다."고 보도하기도 하고 "주주자본주의와의 이별"이라는 표현을 쓰기도 했다.[40] 이 선언문을 어떻게 평가해야 할까? 그저 당연한 일 아닌가? BRT 회장 제이미 다이먼도 "상식적인 기업경영의 원칙"이라고 말했다.[41] 드러커 연구소도 아래와 같은 논평을 내놓았다. "오늘은 상식적인 원칙으로 되돌아가는 역사적인 날이다."[42]

몇 달 후에는 세계경제포럼(World Economic Forum)도 '다보스 선언'이라고 불리는 비슷한 내용의 성명을 발표한다. "기업의 목표는 공유되고 지속되는 가치를 창출하는 과정에 모든 이해관계자들을 끌어들이는 것이다. 그러한 가치를 만들어냄으로써 기업은 주주들뿐 아니라 모든 이해관계자들(직원들, 고객들, 공급회사들, 지역사회, 사회 전반)에게 봉사한다. 모든 이해관계자들의 엇갈리는 이해관계를 이해하고 조화시키는 가장 좋은 길은 기업의 장기적 번창에 이바지하는 정책과 의사

4 이익의 윤리

결정을 합심해서 밀고 나가는 것이다."[43]

기업이 이해관계자들의 이해관계를 고려하는 것은 언제든지 권장할 만한 일이다. 우리는 주주가치 개념과 이해관계자 가치 개념이 근본적으로 대립관계라고 생각하지 않는다. 어떤 비판자들은 이 둘의 관계를 날카로운 '제로섬 게임'으로 표현하기조차 하는데, 우리의 경험에 따르면 전혀 그렇지 않다. 회사가 돈을 잘 벌면 대체로 직원들, 협력회사들, 은행, 지역사회, 국가 등 이해관계자들이 모두 행복해진다. 보쉬의 창업자 로베르트 보쉬는 이렇게 말했다. "내가 돈이 많기 때문에 임금을 후하게 주는 것이 아니라, 내가 임금을 후하게 지급하기 때문에 돈이 많은 것이다."[44]

물론 그 반대도 성립한다. 기업이 이익을 못 내면, 종업원·협력회사·은행·국가가 만족감을 느끼기 힘들다. 피터 드러커는 이러한 사태를 아래와 같이 표현한다. "파산한 회사는 바람직스럽지 않은 고용주이고, 그런 회사가 지역사회에서 좋은 이웃일 가능성은 낮다."[45]

그리고 최근의 연구결과에 따르면, 종업원들을 품위 있게 대하는 회사는 주주들에게도 더 높은 수익을 가져다준다고 한다. 미국에서 행해진 이 연구에서 5년에 걸친 전체 주주수익률의 차이는 2%였다. 그래서 연구자들은 이렇게 결론을 내린다. "종업원들에게 좋은 것은 주주들에게도 좋은 듯하다."[46] 반면에 그렇지 않았던 경우는 극히 드물었다.

앞에서 인용한 BRT의 선언문이나 다보스 선언에서 기업경영을 위한 구체적이고 검증이 가능한 목표를 끌어낼 수 있을까? 그렇지 않다고 생각한다. 하버드 경영대학원의 마이클 젠슨(Michael Jensen) 교수는 이 문제에 대하여 이렇게 말했다. "둘 이상의 차원에서 극대화하는 것은 불가능하다. 목적을 지향하는 행동은 가장 중요하게 여기는 단 하나의 목적함수에 집중해야 한다. 기업에서 목표를 하나만 설정해야 한다면, 그것이 '주주가치의 극대화'여야 함이 명백한 듯 보인다."[47]

새로운 이 두 선언문을 둘러싸고 논란이 벌어지는 과정에서 관련된 문제가 여럿 부각되었다. 예를 들어, 학계 및 투자업계의 몇몇 논평자들은 "전문경영인이 아닌 회사의 소유자가 사회적 의무에의 책임을 져야 한다."고 말한다. 이 말은 일리가 있다. 왜냐하면 소유자들이 사회를 위해서 무엇인가를 한다면 그들은 자신들의 개인 돈을 쓰기 때문이다. 반면에 전문경영인들은 기본적으로 남의 돈을 갖고 일하는 사람들이다. 또 선언문에서 고위경영자들이 받는 엄청난 보수가 언급되지 않은 사실도 비판의 대상이 되고 있다. 미국 럿거스 대학교의 마이클 보르도(Michael Bordo) 교수는 "목적 선언문은 민간 기업이 아닌 정부가 할 일을 기업들에게 떠넘기고 있다."고 주장한다.[48]

언론에 보도되는 이러한 논의를 보고 우리가 받은 인상을 간추리면 다음과 같다. "이 두 선언문의 핵심은 주주가치 개념 그 자체를 문제 삼는 것이 아니라 기업이 단기이익에 치중함으로 말미암아 생기는 문제점들을 고치자는 것이다. 주주가치 개념은 이미 그 뜻에서부터 자명하듯이 장기지향일 수밖에 없다. 만일 이 새로운 결의문들이 이러한 방향으로 무엇인가 변화를 가져온다면, 그것은 대단히 환영할 만한 일이 될 것이다."

좋은 그리고 힘든 시절의 이익

기업이 좋은 시절에 그리고 어려울 때 어떻게 이익목표를 다루어야하는가는 논쟁의 여지가 있는 문제다. 위기가 닥치면 기업이 이익을 확보하고, 매출액을 유지하기 위해 힘쓰고(때로는 이것이 등한시되기도 하지만), 원가를 줄이기 위해 할 수 있는 모든 일을 다 해야 함은 명백하다. 그렇다면 시절이 조금 좋아지면 이익목표를 더 느슨하게 다루어도 되는가? 그렇지 않다. 기업이 흔히 저지르는 큰 잘못 중 하나는 호황을 누릴 때 원가를 늘리는(특히 고정비용) 것이다. 그렇게 되면 다음 위기가 닥쳤을 때 그것이 회사의 목을 죄는 사태가 벌어진다.

경기가 좋을 때도 회사는 철저히 이익 위주 경영을 함으로써 힘든 시절이 와도 버틸 수 있는 힘을 축적해 놓아야 한다. 현재의 경영상황이 좋든 나쁘든, 서로 다가가려고 하는 매출액과 원가를 가능하면 멀찌감치 떼어 놓아야 한다. 이것은 경영자가 언제나 챙겨야 하는 주요 책무다. 좋은 시절에도 변함없이 이익 중심 경영을 하는 것이야말로 그 효능이 입증된 생존수단이다. 그리고 기업의 역사에 관한 통계를 보면 알 수 있듯, 기업의 장기존속은 통상적이 아니라 오히려 예외적인 경우다.

이익, 보람, 동기부여

이익에는 분명히 경제적 차원이 있다. 반면에 대부분의 기업인들에게 이익은 그들 활동의 유일한 보람이나 목적은 아니다. 2차 세계대전이 끝난 후, 독일의 유명한 은행가 요셉 압스(Josef Abs)는 이렇게 2개의 상반되는 가치관이 공존하는 현상을 다음과 같이 적절하게 표현했다. "이익은 숨 쉴 때 필요한 공기와 같다. 그러나 우리가 숨 쉬기 위해서만 살아간다면 삶이 비참해지듯이, 이익을 내기 위해서만 경제활동을 한다면 얼마나 끔찍하겠는가."

이와 비슷한 인용구는 많이 있다. 이익은, 적어도 대다수 사람들에게, 삶의 의미가 아니다. 그러나 다른 태도를 가진 사람들도 있다. 예를 들어, 우리가 아는 어느 세계적인 중소기업의 창업가이자 3,000명이 넘는 종업원을 고용한 한 기업인은 단적으로 이렇게 말한다. "이익은 삶의 보람이다." 어쨌든 이익은 기업이 이룩한 성과의 중요한 지표이고 (기업이) 독립을 유지하기 위한 전제조건이며, 따라서 그것은 기업 존속과 기업인의 복지를 위해 필수 불가결이다.

이익이 충분하지 않거나 손실이 나면 반대의 결과가 생긴다. 기업인은 좌절감·사기저하·자신감 상실에 시달리며, 지급불능 상태가 되면 재산마저 잃는다. 이런 상황에 처한 어느 식품회사의 3세대 젊은 기업인은 자신의 심정을 이렇게 피력한다. "나는 미친 듯이 일한다. 그러나 결국 남는 것은 아무것도 없다. 그래서 재미가 없다."

그의 회사의 연간 매출액은 약 2,700억 원이고, 지난 5년 동안의 평균 순이익은 약 2억 3,000만 원이다. 같은 기간에 적자가 난 해도 한 번 있었다. 즉 순영업이익률이 0.1%도 안 된다. 그렇게 적자를 간신히 면하는 처지에서 열심히 일하는 젊은 기업인이 신이 나지 않는 것은 오히려 당연하게 보인다.

조사에 따르면 뜻밖에도 많은 기업이 손실을 내고 있다. 많은 경우 그런 상황이 수년째 지속되고 있다. 은행들이 그렇게 오랫동안 참아주는 것이 신기할 정도다. 그러나 실은 그들이 채무자의 포로이다. 은행이 만기가 되어 대출금을 회수하려고 하면 기업이 몰락할 수 있다. 그러면 은행은 최악의 경우 꿔준 돈을 한 푼도 못 받을 수 있다.

기업의 나쁜 실적이 오래 지속되는 까닭은 여러 가지다. 기업인이 부지런하지 않아서 그렇게 되는 경우는 거의 없다. 많은 기업가들이 평생 악착같이 일하면서도 만족할 만한 이익을 올리지 못한다. 기업인에게 이익의 재무적 측면은 물론 아주 중요하다. 그러나 그뿐 아니라 이익은 그에게 자신의 능력을 증명해주고 일하는 즐거움을 주며, 스스로의 판단·전략이 옳았음을 확인해준다. 즉 이익은 그의 동기를 유발하는 중요한 활력소이기도 하다.

이런 맥락에서 기업인이 어떤 생각과 동기로 경영에 임하느냐는 매우 중요하다. 경영자가 이익이 매출액보다 더 중요하다는 점을 이해하는가? 바깥 세계에서 거물급으로 보이고 숭배받기를 원하는가, 아니면 조용한 자기 집무실에서 알찬 이익을 낸 것을 홀로 기뻐하기를 원하는가? 어느 기업가가 좋아하는 다음과 같은 명언이 있다. "매출액은 사람을 우쭐하게 만들고, 이익은 (사람을) 부유하게 만든다." 핵심을 찌르는 말이라 하지 않을 수 없다.

막판에 느끼는 환멸감

많은 기업가가 경력의 막바지에 씁쓸한 실망감을 체험한다. 많은 경우 그 원인은 오랫동안 이익동기를 소홀히 한 것이다. 2가지 실례로 설명하겠다.

첫째 사례는 기술설비 분야에서 세계적인 초일류 회사로 손꼽히는 어느 히든챔피언 이야기이다. 이 회사를 홀로 소유하고 있는 열광적인 기술자는 36년 동안 자기 회사를 이끌어왔다. 이제 일흔을 넘긴 그는 자녀가 없고 집안 전체에도 후계자가 없다. 그래서 그는 회사를 인수할 투자자를 찾는 등 자신의 분신 같은 이 회사를 영속적으로 존속시킬 방안을 모색하고 있다. 그가 하는 사업은 경기에 민감해 실적이 매우 들쭉날쭉했다. 경기가 좋은 해에는 매출액이 1,350억 원을 넘고, 불황기에는 그 절반밖에 안 된다. 그리하여 설비가동률의 편차가 큼에도 불구하고 그는 평생 직원들을 내보낸 적이 없다. 오히려 직원들의 능력향상을 위해 상당한 예산을 들여 투자를 계속해왔다. 그 결과 이 회사의 종업원들은 뛰어난 역량을 갖추고 있다. 기계설비 역시 최신이다.

이런 사실들만 놓고 보면 이 회사는 꽤 번창하는 듯이 보인다. 그러나 큰 문제가 있다. 지난 9년 가운데 4년 동안 적자를 냈고, 4년간은 간신히 적자를 면했으며, 오직 한 해에만 5%의 순영업이익률을 달성했다. 그는 지금까지 투자자를 찾으려고 백방으로 노력했으나 허사였다. 그러자 그는 회사가 갖고 있는 부동산·최신 기계설비·종업원들의 지식자산·상표 등에 대한 감정평가서를 작성하도록 했다. 이런 자료들을 갖고도 투자자를 설득하지 못하자 그는 극도로 실망했다.

그는 회사의 형편없는 과거 이익실적이 기업가치를 크게 떨어뜨리고, 그로 말미암아 최악의 경우에는 회사의 매각 자체가 불가능하다는 사실을 좀처럼 받아들이지 못했다. 그는 이제야 자신이 이익 중심으로 경영을 하지 않은 것이 큰 실책이었음을 깨달았다. 그는 이렇게 말했다.

"나에게는 좋은 재무성과를 올리는 것이 경제활동의 우선적인 동기가 아니었다. (재무적 성과는) 내가 일하는 데 있어 가장 중요한 것도 아니다. 회사가 굴러갈 수 있을 정도의 기본적인 재무성과만 내면, 나는 그것으로 족하다. 나에게는 다른 동기들이 그보다 중요했다. 완벽의 추구, 새로운 것을 발견하는 기쁨, 함께 일하는 즐거움, 다 같이 성공을 거둘 때의 기쁨 등이 그것이다."

안타깝지만 이 회사의 미래는 불확실성으로 가득 차 있다.

두 번째 사례도 비슷하다. 북부 독일에 있는 이 회사는 복잡한 학술 서비스를 제공하며, 그래서 일종의 '하이테크 회사'라고 해도 좋을 것이다. 창업자는 물리학박사인데, 자신의 영역에서는 권위 있는 전문가로 인정받고 있다. 직원들의 2/3는 학자들이고, 그들 가운데 상당수가 자연과학 분야의 박사학위를 갖고 있다. 60대 후반의 창업자는 여전히 회사를 이끌어가고 있고, 1주일에 적어도 60시간은 일한다. 회사의 명성은 그녀의 이름과 강하게 결합되어 있어, 중요한 고객들은 그녀가 직접 맡아서 해달라고 요구한다.

이 회사 역시 새 임자를 찾고 있다. 외부투자가를 영입하는 방안 또는 자격을 잘 갖춘 지도자급 회사직원이 인수하는 대안 등이 거론되고 있다. 창업자는 양쪽 모두와 조심스럽게 이야기를 나누어 보았다. 그 결과 그들이 회사를 인수할 마음이 거의 없다는 것을 알게 되었다. 그녀는 회사의 이익 상황에 대한 물음에 대해 머뭇머뭇하다가 이렇게 대답한다. "원래 우리는 이익을 내지 못한다. 그러나 우리는 항상 어려움을 잘 극복해왔고 끊임없이 투자를 충분히 해왔으며, 사업은 순조롭게 되고 있다."

우리가 실제로 이 회사의 실적을 알아보았더니 지난 8년 동안 4년은 간신히 적자를 면했고, 4년은 약간의 적자를 냈다. 흑자일 때나 적자일 때나 그 수치는 제로에 가까웠다. 아주 엄청난 적자는 아니었고, 이익을 낼 때도 그 실적은 미미했다. 창업자가 받고 싶어 하는 회사의 가격은 이러한 저조한 경영성과에 비추어 볼 때 황당할 정도로 높은 액수였다. 그녀 역시 오랫동안 이익 위주의 경영을 하지 않았고, 이제 그 수업료를 비싸게 치르고 있는 것이다.

이처럼 훌륭한 업적을 낸 기업가들이 삶의 끝자락에 와서 자신들이 평생 일군 작품을 결국 헐값에 내놓아야 하는 상황을 접하면 우리는 슬픔을 금할 수 없다. 그러한 안타까운 사태가 일어난 궁극적인 원인은 그들이 "이익달성만이 회사의 영속을 보장해주고, 회사를 사려는 사람에게 매력적으로 보이게 하며, 좋은 값에 팔 수 있게 해준다."는 사실을 이해하지 못했거나 (그 사실에) 주목하지 않았기 때문이다. 이 말은 회사가 다음 세대의 소유주 및 경영진에게 넘어갈 때는 말할 것도 없고, 평상시의 경영에도 정확히 똑같이 적용된다.

간추림

이익은 어느 사회에서나 아주 논란이 많고 사람들의 의견을 갈라지게 하는 주제이다. 이익이 기업활동의 목적이냐, 결과 또는 보람이냐 하는 문제는 이론적인 이야기일 뿐이다. 이익에 어떤 의미를 부여할 것인지는 기업인 스스로가 결정하면 된다. 또 이익 극대화, 이익 최적화, 이익지향 등의 개념에 관한 담론도 별로 도움이 안 된다.

이익지향은 자본주의를 구성하는 중요 요소의 하나이다. 시장경제가 다른 체제에 비해 더 뛰어난 성과 수준에 도달하는 것도 결국은 이익동기 때문이다. 이익을 내는 것이야말로 민간 기업의 사회적 책임이다. 왜냐하면 그래야만 기업이 일자리를 확보하고, 투자를 하고, 혁신제품을 개발하고, 종업원들 및 사업 동반자들에 대한 의무를 다할 수 있기 때문이다.

이익달성은 윤리와 품위의 테두리 안에서 이루어져야 한다. 그러나 현실에서는 이러한 윤리적 원칙에 어긋나는 일이 일어나고 있다는 사실을 우리는 부인할 수 없다. 이것은 많은 지식인들이 이익동기를 비판하는 여러 이유 중 하나다.

여전히 많은 나라에서 이익에 관해 이야기하는 것을 꺼린다. 비록 국가의 규제 · 인터넷 · 자료은행(data bank) 등에 의해 (이익의) 객관성 투명성은 비교적 높아졌지만, 일반 대중은 기업들의 실제 이익 상황에 대하여 아는 바가 별로 없다. 기업인들은 수익률이 높을 때나 낮을 때나 이 주제를 가능하면 언급하지 않으려 한다. 왜냐하면 그들이 거두는 이익이 알려지면 시기 · 질투 · 신변의 위협 · 체면손상 · 값을 내리라는 압력 등 원하지 않는 결과가 생길 수 있기 때문이다.

이익 극대화가 무조건적으로 필요하지는 않다. 하지만 많은 기업들이 이익이 안 좋은 상황에 시달리고 있음을 생각하면, 우리는 기업인들에게 이익을 낼 모든 가능성을 다 활용하라고 역설하지 않을 수 없다. 기업이 추구해야 하는 목표는 단기가 아닌 장기이익의 극대화여야 한다. 장기이익 극대화는 주주가치 개념과도 부합한다. 많은 이들이 주주가치 개념을 잘못 해석하고 그래서 이를 부당하게 공격하는데, 각종 논란에도 불구하고 기업경영의 목표로서 '주주가치를 높인다'라는 개념의 유용성은 예나 지금이나 변함이 없다.

이익은 기업인과 경영자들이 일하는 유일한 보람은 아니다. 그렇지만 이익이 성공 및 업적의 주요 지표임은 틀림없다. 그래서 이익은 중요한 동기부여 변수이고, 손실은 좌절과 환멸감을 주기 십상이다. 손실로 말미암아 많은 회사들이 이미 거덜 났지만, 이익을 내서 망한 회사는 아직까지 단 하나도 없다.

4 이익의 윤리

THE
PROFIT 5

진단과 처방책

3장과 4장에서 우리는 단호하게 "기업은 이익 위주 경영을 해야 한다."고 역설했다. 순수하게 경제적·윤리적 관점에서 말이다. 하지만 실질수익률을 분석한 결과 상당히 많은 기업들이 이익을 극히 조금밖에 못 내고, 아마도 절반 이상의 기업들이 경제이익 즉 자본비용만큼도 벌지 못하는 듯했다.

이번 장에서는 왜 많은 기업의 이익이 이렇게 낮은지, 그 잠재적 원인을 진단해보고 그 문제를 해결할 처방책을 생각해보려 한다. 단, 그 원인을 진단할 때 우리는 세 이익동인(가격, 판매량, 원가)과 직접 관계되지 않으면서 기업경영의 배경 및 토대와 관련된 것만 다룰 것이다. 세 이익동인이 이익창출에 구체적으로 어떤 구실을 하는가는 이어지는 6, 7, 8장에서 논의할 것이다.

먼저 독자들께 너무 큰 기대를 갖지 말라고 당부하고 싶다. 왜 어느 회사는 이익률이 높고, 어느 회사는 낮을까? 얼핏 보기에는 그 원인을 설명하는 것이 간단할 것 같다. 그러나 그 깊은 원인을 분석하는 것은 많은 경우에 상당히 어렵다.

기업의 크기와 시장에서의 지위가 비슷했던 회사들이 전혀 다른 길을 간 사례를 자주 접한다. 우리나라의 대우그룹은 한때 삼성·현대·LG와 견줄 만큼 큰 재벌기업이었다. 그러나 대우는 없어졌고 나머지 셋은 아직 건재하다. 미국의 GE와 웨스팅하우스(Westinghouse), 그리고 독일의 지멘스(Siemens)와 아에게(AEG)도 마찬가지다. 왜 하나는 몰락했고 다른 하나는 존속했을까? 학자들도 "이익이 어떻게 생기는가?"를 설명하는 데 어려움을 겪는다. 아마 설명 그 자체가 불가능할지도 모른다. 왜냐하면 누군가가 이익을 창출하는 비법을 알아내면, 모두 그것을 따라 할 것이고, 그러면 높은 수익률은 어느새 사라지고 말기 때문이다. 이러한 현상은 주식시장에서도 찾아볼 수 있다.

때문에 우리가 제시할 처방책에 대해서도 독자들께서 '기적의 묘약'을 기대하지 않길 바란다. 흔히 '무엇을 해야 하는가?'는 명확하다. 그러나 그것을 어떻게 성공적으로 실천하느냐는 훨씬 불분명하다. 원인을 진단하다 보면 기업이 목표설정 같은 어떤 특정 행동변수에 제대로 초점을 맞추었느냐 아니면 잘못 맞추었느냐가 성패를 가르는 것을 알 수 있다. 그래서 우리는 처방책을 성공전략 또는 실패전략으로 나누지 않고, 문제가 되는 각 행동변수를 전체적인 관점에서 다룰 것이다.

그릇된 목표

3장에서 우리는 목표의 일반적인 역할을 논의했다. 그리하여 도달한 결론은 다음과 같다. "매출액 목표·판매량 목표·시장점유율 목표 등은 기껏해야 '장기이익 극대화'의 대리변수로 쓸 수 있을 뿐이고, 그것들이 독자적인 가치를 가진 것은 아니다."

그러나 현실에서 기업들은 어떤 목표를 중시하는가? 우리의 경험에 따르면 아직도 극소수의 기업인·경영자들만이 이익을 사실상의 최우선 목표로 내세우는 듯하다. 그들이 주주총회나 투자자 회의에서 공식적으로 내세우는 목표는 반드시 그렇지는 않지만, 그들이 실질적으로 하는 행동은 여전히 물량 위주이다. 마진·수익률 또는 이익의 절대액수 같은 중심적인 수치들이 흔히 소홀히 다루어진다. 이렇게 매출액·판매량·시장점유율 같은 물량 중심의 목표가 지배적이라는 사실을 과거 GM이 극적으로 보여준 바 있다. 언젠가 하버드 경영대학원의 로저 모어(Roger More) 교수는 이렇게 말했다. "과거에 GM의 재무수치는 현금흐름과 이익이 아니고 시장점유율과 매출액에 집중되어 있었다."

GM의 경영자들은 실제로 이러한 철학에 맞춰 살아왔다. 2002년 영업회의가 열렸을 때 참석자들은 모두 '29'라는 숫자가 쓰여 있는 표찰을 달고 있었다. GM의 미국 시장점유율은 수십 년에 걸쳐 꾸준히 떨어졌고, 당시에는 29%를 크게 밑돌았다. 29라는 수치는 새로운 시장점유율 목표를 상징했다. 옛날의 시장 지위를 되찾겠다는 의지의 표시 말이다.

그러나 회사 바깥에서는 아무도 GM이 점유율 하락 추세를 뒤집고 이 목표에 도달할 수 있을 것이라고 믿지 않았다. 하지만 그 후에 전개된 시장상황이 '29'는 그저 환상에 불과하다는 것을 보여주었음에도 불구하고 GM의 경영진은 완강하게 이 목표를 고집했다. 2년 후에 당시 GM의 북미 총괄 게리 카우거(Gary Couger)는 이렇게 말했다고 한다. "우리가 29%를 달성할 때까지 29는 계속 그 자리에 있을 것이다. 우리가 29%에 도달하면 나는 30이라는 표찰을 달 것이다."

이렇게 철저히 물량 위주의 목표, 게다가 비현실적인 목표를 추구하다 보니 회사는 극단적인 할인정책을 쓸 수밖에 없었다. 그래서 GM은 모든 고객에게 직원 할인율을 적용한다고 발표했다. 이 획기적인 특별 할인은 처음에는 로켓 발사처럼 크게 히트를 치는 듯했다. 월간 판매량이 (단기적으로나마) 전년 대비 41%나 늘어난 것이다.

그러나 얼마 지나지 않아 파국이 왔다. 이후 6개월 동안 GM의 시가총액은 202억 달러에서 125억 달러로 떨어졌다. 시장점유율은 28%에서 지속적으로 하락해 18.8%가 되었으며, 회사는 결국 2010년에 파산하고 만다. 재창업한 뒤에도 GM의 미국 시장점유율은 2019년에 16.9%에 지나지 않았는데, 이는 21세기가 시작될 때에 비해 40%나 떨어진 수치이다.

많은 기업들이 판매량이나 시장점유율을 지향하는 것은, 지몬-쿠허 앤 파트너스가 몇 차례 실시했던 조사에서도 확인된다. [그림 5-1]은 23개국 2,712명의 경영자들을 대상으로 실시한 설문조사의 결과이다.[1] 응답자 중 불과 28%만이 '이익지향'이 최우선 순위라고 밝혔다. 그리고 갑절에 가까운 47%가 물량 및 시장점유율 지향의 경영을 하고 있었다. 1/4 정도는 이익 목표와 물량·시장점유율 목표를 함께 추구하는 것을 균형 잡힌 정책으로 보고 있었다.

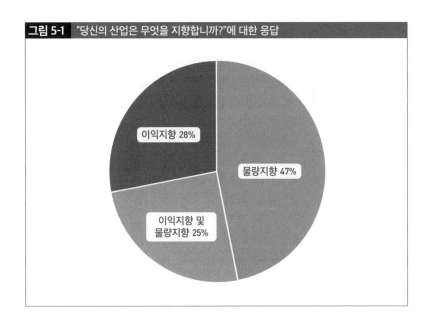

그림 5-1 "당신의 산업은 무엇을 지향합니까?"에 대한 응답

이익지향 28%

물량지향 47%

이익지향 및
물량지향 25%

각 나라의 이익지향

　나라별 차이를 보는 것도 많은 시사점을 준다. [그림 5-2]는 이익지향의 백분율을 보여주고 있다. 미국과 독일은 중간 정도이고 프랑스와 스위스가 가장 이익지향적이다. 스위스 회사들은 9.3%의 뛰어난 순영업이익률을 자랑한다. 프랑스는 재미있는 사례다. 우리가 만나본 프랑스 경영자들은 확실히 다른 나라 기업가들에 비해 더 이익지향적인 인상을 주었다. 그럼에도 불구하고 프랑스 기업들의 실제 순영업이익률은 4.5% 정도로 그다지 높지 않다. 아마도 그 이유는 프랑스 정부가 기업경영에 지나치게 많이 관여하기 때문이 아닌가 한다.

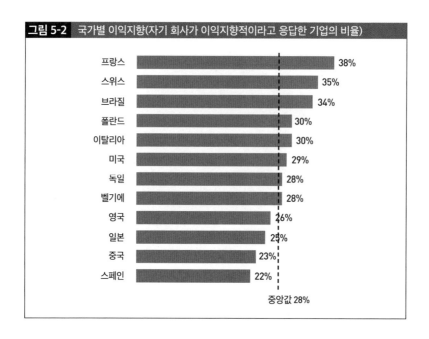

그림 5-2 국가별 이익지향(자기 회사가 이익지향적이라고 응답한 기업의 비율)

프랑스	38%
스위스	35%
브라질	34%
폴란드	30%
이탈리아	30%
미국	29%
독일	28%
벨기에	28%
영국	26%
일본	25%
중국	23%
스페인	22%

중앙값 28%

　이익지향성이 가장 낮은 나라들은 스페인, 중국, 일본이다. 중국은 아직도 매우 성장지향적이다. 여전히 중국에서는 성장률이 성공의 가장 중요한 척도이다. 국가 차원에서 국내총생산을 이야기할 때도 그렇고, 기업들도 마찬가지다. 하지만 일본은 조금 다르다. 일본은 여전히 물량·시장점유율 위주의 사고방식이 뿌리 깊다. 실제로 우리가 소니 본사에서 겪은 이야기는 이러한 분위기를 잘 보여준다.

　소니는 세계적으로 이름난 상표와 혁신제품이 많음에도 불구하고 수년간 계속 적자를 냈거나, 또는 이익이 나도 그 액수가 극히 미미했다. 회사가 버는 돈은 자본비용에 한참 못 미쳤다. 그래서 우리는 소니가 안정적으로 '이익'을 올리려면 회사의 상표 프리미엄을 살리고 자살골이나 다름없는 할인정책을 포기해야 한다고 조언했다. 그랬더니 글로벌 마케팅 담당 부사장이 대뜸 이렇게 대꾸하는 게 아닌가? "그러나 그렇게 하면 우리의 시장점유율이 떨어집니다."

그것으로 회의는 끝났다. 우리가 회사의 금기사항을 건드린 것이었다. 당시만 해도 일본에서 자발적으로 시장점유율을 포기하는 것은 상상할 수 없었다. 2015년이 되어서야 소니의 새로운 최고경영자가 이 그릇된 목표지향을 버리고 고급제품에 초점을 맞춘 전략을 채택했다. 소니의 순영업이익률은 2015~2017년에만 해도 아직 2% 이하였지만, 2018년에는 크게 올라 6.4%가 되었고, 2019년에도 그 추세는 계속되어 10.6%에 달했다. 이렇게 소니의 사업실적이 크게 개선되는 과정에서 달라진 목표가 핵심적인 구실을 했다.

업종별 이익지향

이익지향에 관한 한, 나라별 차이보다 업종별 차이가 더 크다. [그림 5-3] 역시 지몬-쿠허가 실시한 설문조사 결과다. 이익지향성이 가장 강한 분야는 응답자의 46%가 자기 회사를 '이익지향적'이라고 대답한 제약·바이오기술 산업이다. 그런데 지몬-쿠허가 그 이전에 조사했을 때는 7%를 기록한 자동차 산업이 가장 이익지향성이 낮았다. 이것은 지몬-쿠허가 조사에서 얻은 수치 가운데 가장 낮았으며, 응답자의 절반 이상이(정확히 말하면 53%가) 자신의 회사를 '물량지향'으로 표현했다.

앞에서 소개한 GM 사례는 바로 이러한 기업문화의 산물이라고 볼 수 있다. 그러나 토요타를 따라잡아 세계 최대 자동차 회사가 되겠다고 자주 공언해온 폴크스바겐도 실상은 마찬가지다. 여기서 그들이 말하는 회사의 크기는 판매량을 가리킨다. 폴크스바겐은 이 물량 목표를 2018년과 2019년에 달성했다. 2018년 1,080만 대, 2019년 1,097만 대를 팔았으며, 같은 기간에 토요타의 판매량은 각각 1,040만 대, 1,070만 대였다. 결국 폴크스바겐은 이 두 해에 판매량과 매출액 면에서 세계 1위에 올랐다.

그런데 결국 야심적인 소망은 이루었지만, 그보다 훨씬 중요한 이익상황은 어떠했을까? 연간이익은 해마다 상대적으로 많이 달라지는 경향이 있으므로, 조금 긴 기간을 보는 편이 낫다. 2014년에서 2018년까지 5년 동안 두 회사가 올린 실적을 견주어보기로 한다. 이 기간에 폴크스바겐과 토요타의 평균 연간매출액은 각각 2,570억 달러, 2,590억 달러로 거의 같다. 그러나 두 회사의 평균 세후이익을 보면 판연히 다르다. 폴크스바겐은 97억 달러이고, 따라서 순영업이익률은 3.8%이다. 반면 토요타의 평균 순이익은 191억 달러였고, 순영업이익률은 7.4%로 폴크스바겐의 거의 갑절이다.

이렇게 비교해보면 2,300억 유로에 달하는 토요타의 시가총액이 폴크스바겐의 시가총액 970억 유로보다 갑절 이상 높다는 사실이 하나도 이상하지 않다(2020년 연초 기준). 때늦은 감이 있기는 하지만 폴크스바겐에도 변화의 바람이 부는 듯하다. 2020년의 어느 날 이 회사는

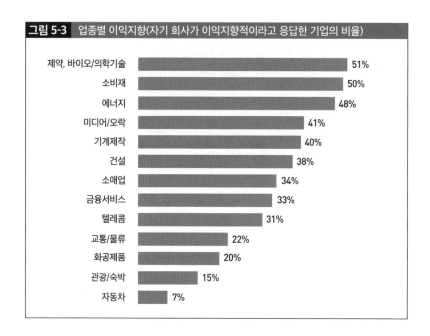

그림 5-3 업종별 이익지향(자기 회사가 이익지향적이라고 응답한 기업의 비율)

제약, 바이오/의학기술	51%
소비재	50%
에너지	48%
미디어/오락	41%
기계제작	40%
건설	38%
소매업	34%
금융서비스	33%
텔레콤	31%
교통/물류	22%
화공제품	20%
관광/숙박	15%
자동차	7%

다음과 같은 공고를 내보낸다. "폴크스바겐 그룹은 그 어느 때보다도 사업의 수익성에 초점을 맞추고 있다."[2]

매출액과 이익에 대한 지식

매출액지향과 이익지향이라는 두 목표의 갈등을 조금 더 파헤치기 위하여 우리는 편의 추출한 전 세계의 기업가·경영자들에게 설문지를 보내보았다. 우리는 그들에게 목표를 직접 물어보지 않고 아래와 같은 질문을 했다.

그림 5-4	매출액과 이익을 즉각 답할 수 있는가?			
		이익		합계
		안다	모른다	
매출액	안다	74%	16%	90%
	모른다	3%	7%	10%
합계		77%	23%	100%

출처 : 자체 설문조사 n=153, 19개국

"당신은 당신 회사의 지난 사업연도의 매출액과 이익을 즉석에서 말씀하실 수 있습니까?"

우리는 응답자들의 매출액 또는 이익에 대한 지식을 그들이 지향하는 실제 목표의 대리변수로 볼 수 있을 것이라고 생각했다. 19개국의 경영자 153명이 응답했고, [그림 5-4]가 그 결과다. 우리의 가설은 "매출액을 아는(즉각 답할 수 있는) 기업 지도자가 이익을 아는 기업 지도자보다 더 많을 것이다."였다. 만일 이 가설이 검증되면 그것은 매출액지향이 이익지향보다 더 지배적이라는 사실을 시사하는 것으로 해석할 참이었다.

응답자의 74%는 지난 사업연도의 매출액과 이익을 다 안다고 답하였다. 더 많은 응답자가 이익보다는 매출액을 더 잘 알고 있으리라는 우리의 가설은 검증되었다. 전체적으로 90%가 매출액을 알고 있었지만, 이익을 아는 응답자는 77%에 지나지 않았다. 매출액은 알지만 이익은 모르는 응답자 비율은 16%로, 이익은 알지만 매출액은 모르는 응답자 비율 3%보다 5배 이상 높았다. 이것은 "매출지향이 이익지향보다 업계에 더 널리 퍼져 있다."는 가설이 타당함을 강하게 시사하는 증거로 보아도 좋을 것이다.

다양한 경험을 바탕으로 우리는 실제 경영 현실에서 기업들이 이익보다 매출액·판매량·시장점유율을 더 지향하고 있다고 추측했다. 그리고 우리와 자주 교류하는 많은 경영 전문가들과 이야기를 나누다 보면, 그 추측이 현실과도 부합하는 듯하다. 대표적인 사례로 어느 경영컨설턴트는 우리에게 이렇게 말했다. "고객들과 일하다 보면 나는 고객들이 자기들 회사의 이익을 모르고 있음을 아주 자주 확인한다. 그뿐 아니라 손익분기점이나 주문 잔량(order backlog) 같은 수치들도 그들은 대체로 모르고 있다."

어느 큰 식품소매 회사의 중역은 이렇게 말한다. "우리 회사의 작년 매출액은 4% 늘었다. 덕분에 우리는 기분이 무척 좋다. 그런데 우리는 1%, 즉 성장의 1/4을 더 싼 가격의 형태로 소비자들에게 돌려준다. 그 결과 이익은 달라지지 않았다. 그래서 우리의 매출액은 늘었지만 이익이 더 난 것은 아니다."

이것을 과연 합리적인 경영이라고 할 수 있을까? 그러나 물론 교훈을 주는 예외도 있다. 중국 베이징에서 만난 어느 회사 임원에게 매출액을 물어보았다. 그는 규모가 꽤 큰 영국 윤활유 회사의 아시아·태평양 담당 임원이었고, 우리는 그가 맡은 지역과 주요 국가 매출액을 물어본 것이었다. 뜻밖에도 그는 그 자리에서 대답하지 못했다.

며칠 후 그는 우리에게 다가오더니 이렇게 말했다. "이 문제에 대해 깊이 생각해보았다. 정확한 매출액 수치가 내 머릿속에 없다는 사실에 나도 놀랐다. 그러나 그 까닭은 간단하다. 우리 경영팀은 매출액에 관해 이야기하는 경우가 거의 없기 때문이다. 대신 마진과 이익에 대해서는 집중적으로 이야기한다. 만일 내가 마진과 이익에 관한 질문을 받았다면, 그 자리에서 관련된 모든 수치를 말할 수 있었을 것이다. 덧붙이자면 우리 회사의 보고체계도 철저히 이익에 맞추어져 있다."

이 회사는 틀림없이 이익 중심의 경영을 하고 있다. 우리가 이렇게 매출액·판매량·시장점유율 목표를 비판적으로 바라보기는 하지만, 그렇다고 해서 우리는 이러한 목표들을 추구하는 것에 긍정적인 측면이 (3장에서 논의한 PIMS 연구와 경험곡선을 넘어서) 있을 수 있다는 것을 부인하지는 않는다.

예를 들어, 기업이 물량목표를 내세울 때는 때로는 그것이 고용을 유지하기 위한 노력의 발로이기 때문이다. 일자리 유지는 일본에서 특히 중시되는데, 그래서 우리는 일본 회사들의 높은 물량·시장점유율 지향성을 이것으로 설명할 수 있다고 본다. 한국과 독일의 기업들, 특히 중소기업들에서도 비슷한 현상이 보인다. 지난 2008~2009년에 세계 금융위기가 터졌을 때 독일에서는 기업들이 특별휴가·근무시간 단축·임금삭감·시간계정[3] 등의 다양한 방법을 동원해 직원들을 내보내지 않으려고 갖은 애를 썼다. 이러한 독일 회사들의 행위는 분명히 단기이익 극대화에는 도움이 되지 않았겠지만, 아마 장기이익 극대화에는 기여했을 것이다.

위기가 닥쳤을 때 고용을 유지하는 것에는 2가지 큰 이점이 있다. 첫째, 회사는 임직원들이 보유하고 있는 경험 등의 각종 귀중한 자산(노하우, 고객과의 관계, 업무능력, 충성심, 기업문화)을 보존할 수 있다. 둘째,

위기가 지나가면 회사는 기존 구성원으로 재빨리 다시 도약할 수 있다. 독일 기업들은 불황의 구름이 걷히기 시작한 2010년부터 바로 이런 효과를 톡톡히 보았다.

반면 미국에서는 고용유지가 그다지 중요하지 않다. 판매가 부진하면 미국 회사들은 가차 없이 종업원들을 내보낸다. 그러다가 다시 경기가 좋아지면 다시 채용한다. 그러나 그렇다고 해서 이미 회사를 떠난 유능하고 노련한 직원들이 다시 돌아온다는 보장은 없다. 결국 회사는 교육훈련을 위해 추가적인 비용을 더 써야 한다.

이처럼 물량목표 또는 그것의 배후에 있는 고용유지, 그리고 이것들과 결부된 단기이익 및 장기이익 목표를 바라보는 시각은 나라마다 크게 다르다. 삶의 모든 것이 그렇듯이 판매목표도 2가지 측면이 있는 것이다. 그러나 설사 위기가 오더라도 때로는 철저한 이익지향이 필요하다. 위험에 빠진 회사를 살리려고 그 회사에 투자한 어느 기업가는 이렇게 말한다.

"회사를 구조조정 하는 과정에서 경영진이 이익을 중시하지 않는 문제를 자주 접한다. 구조조정을 단행해야 하는 경영자들은 마치 '이익 공포증'이라도 있는 것처럼, 부차적인 변수들만 건드리고 쓸데없는 도구들을 만들어낸다. 그들의 의도는 좋았을지 몰라도, 그런 것들은 전혀 효과가 없다."

이 말은 논평할 필요조차 없다. 구조조정을 해야 하는 상황에서 목표는 오직 하나뿐이다. 회사가 다시 이익을 낼 수 있도록 만드는 것 말이다. 또한 자기자본비율도 목표설정에 영향을 줄 수 있다. 유럽의 어느 기업가는 이렇게 말했다. "기업의 자기자본비율이 낮으면 아무래도 매출액·가동률·고용목표를 중시하게 된다."

그 까닭은 자기자본이 적으면, 즉 타인자본비율이 높으면 위험도가 커지기 때문이다. 따라서 기업은 지급불능 상태에 빠지지 않으려고 일자리를 지키고 설비가동률을 높게 유지하기 위한 모든 수단을 강구한다.

목표의 변경

그릇된 목표 또는 지나치게 일방적으로 밀어붙이는 목표는 기업의 이익실적을 나쁘게 만드는 아주 중요한 원인의 하나다. 그렇다면 처방책은 명백하다. 더 철저하게 이익 중심의 목표를 세우는 것이다. 많은 기업에 이것은 문화충격이나 마찬가지여서 말이 쉽지 실천하기는 무척 어렵다. 여기에서 기업이 취할 수 있는 몇 가지 구체적인 조치를 제안한다. 앞으로 이어질 6, 7, 8장에서도 방안들을 계속 제안할 것이다.

보고제도

오랫동안 매우 성공적인 경력을 쌓고 지금은 은퇴한 어느 기업인이 간단한 해결책을 제시했다. 그의 말을 들어보자.

"내가 현직에 있을 때는 정말로 이익이 늘 보고서의 첫 줄에 있었다. 그래서 회사 경영의 초점이 어디에 있는지를 누구나 훤히 알게 했다."

그의 회사에서 보고할 때는 통상 다른 회사에서 하는 것과는 달리 이익과 매출액의 위치가 뒤바뀌어 있다. 즉 맨 윗줄에 이익이, 반대로 맨 아랫줄에 매출액이 있다. 또 중소기업을 경영하는 한 기업인은 이렇게 말한다.

"나는 아버지로부터 위에 있는 것(매출액)은 신경 쓰지 말고, 경영의 최종결과가 어떤지에만 주목하라고 배웠다. 그래서 나는 언제나 맨 아랫줄을 먼저 본다."

평소에 자주 볼 수 있는 기업의 손익계산서에는 매출액이 맨 위에, 즉 첫째 줄에 있다. 이익은 한참 아래에 나온다. 즉 이익은 기업의 실적 보고서 끄트머리에 살짝 나타나는 듯한 느낌을 줄 정도로 존재감이 없다. 경영성과의 가장 중요한 잣대인 이익이, 그 중요성에 걸맞지 않게 푸대접받는 까닭이 무엇일까? 보고서를 보는 사람이 아예 처음부터 손익계산서의 맨 끝에 눈길을 주지 않는 한 그는 20개 이상의 숫자를 보고 나서야 간신히 이익이 얼마나 났는지 알게 된다. 매출액과 이익의 위치를 서로 맞바꾸는 간단한 조치만으로도 철저한 이익 중심의 기업문화를 뿌리내리게 하는 데에 도움이 된다.

커뮤니케이션

경영진이 이익지향의 중요성을 효과적으로 되풀이해서 전달하는 것은 필수 불가결이다. 그러나 아쉽게도 이렇게 하는 것은 많은 경우 (특히 비상장회사와 가족회사에서는) 금기다. 대체로 이익목표보다는 매출액목표나 시장점유율 목표를 이야기하는 것이 더 쉽다. 특히 이익의 절대액수를 언급하는 것은 더더욱 어렵다. 수익률에 대해서는 상대적으로 덜 민감하다. 어느 커뮤니케이션 전문가는 이에 대해 이렇게 말한다.

"회사 내부에서 이익을 올리려는 노력에 대해 거리낌 없이 말할 수 있는지 그리고 그런 분위기가 어떻게 조성되는지는 매우 중요한 문제다. 또한 이익과 노골적으로 연계된 인센티브를 공격적으로 논의할 수 있는지 그리고 그런 풍토가 어떻게 만들어지는지도 중요한 문제입니다."

냉동고 분야에서 직접판매로 1조 원 이상의 매출을 올리는 회사를 일군 어느 기업가가 이런 편지를 보내왔다.

"매출액은 회사 전체에서 가장 중요하지 않은 금액이다. 나는 매출액에 관해 이야기하는 것을 피하고 이익목표에 대해 말한다. 나에게 이익은 모든 원가, 이자, 세금을 다 지불하고 남는 에센스다. 그것이 (기업경영의) 관건이고 나는 바로 이 메시지를 전달한다."

목표를 시간과 관련지어라

어느 정도의 시간 단위로 목표를 세우고 구성원들에게 알려야 할까? 한 달, 한 분기, 1년, 아니면 더 길게? 이에 대해 한 기업인이 우리에게 자신의 경험과 의견을 이야기해주었다.

"실무적으로는 분기별로 이익목표가 확정되고 전달되어야 한다. 연간 이익목표는 벌써 오래 전부터 효과적으로 작용하지 않았다. 한 분기 이익을 달성하지 못하면 조직 전체가 다음 분기에 못 받은 상여금을 벌 기회를 갖게 된다. 이런 모델을 통해 완전히 새로운 동력이 생기고, 공장의 직공부터 보조사원에 이르기까지 모두가 어떻게 이익을 늘릴 수 있을까 고민한다."

실제로 목표가 어떤 시간 단위와 결부되느냐가 회사의 이익지향성에 큰 영향을 미칠 수 있다.

한편 어떤 회사는 최근에 이익 담당 최고책임자(Chief Profit Officer, CPO)를 임명했다. 그는 밤낮으로 회사의 이익상황을 감시하고 필요한 조치를 취할 뿐만 아니라, 고객의 이익까지도 더 늘리기 위해 고객을 돕는다고 한다. 그 회사의 고위경영자에 따르면 이 개념은 고객들에게도 환영받고 있다고 한다. 그러나 이것은 지속 가능한 이익개선 개념이라기보다는 오히려 기발한 장난에 더 가깝다. 우리에게는 CEO가 곧 CPO다.

목표의 충돌

이미 3장에서 '목표의 충돌'이라는 문제를 일반적으로 알아보았다. 컨설팅 회사 지몬-쿠허가 수행한 많은 프로젝트에서 우리는 실제로 이 현상을 자주 접한다. 갈등은 아주 다양한 집단 사이에서 일어날 수 있다. 가장 흔히 충돌하는 분야는 재무와 영업이다. 심지어는 영업부와 마케팅부도 가끔 목표에 대해 합의하지 못한다. 또 본사와 자회사가 서로 다른 목표를 추구하는 경우도 적지 않다.

[그림 5-5]는 이러한 목표충돌의 현실을 보여주고 있다. 각 부서 우두머리들의 목표 우선순위는 일치하지 않는다. 최고경영자와 영업 임원은 이익이 최우선이지만, 재무 담당 최고책임자는 매출액이 더 중요하다. 또 마케팅 임원은 시장점유율을 가장 중요하게 여긴다. 이러한 경영진 사이의 목표 불일치는 회사가 일관성 있게 '이익지향' 경영을 하는 데 방해가 될 뿐 아니라, 심지어 불가능하게 만들기도 한다. 해결책은 경영진의 목표를 일치시키는 것이다. 방법은 얼마든지 있다. 공식적인 목표의 합의, 일치된 목표를 따르도록 하는 인센티브, 공동 워크숍, 지도 강사(moderator) 또는 외부 컨설턴트의 투입, 조직을 (목표에) 적응시키기, 그리고 마지막 수단으로 인사발령을 통한 사람을 바꾸기 등이다.

그림 5-5　기업 지도자들의 목표 우선순위

부서	이익	매출액	시장점유율
CEO	1순위	3순위	2순위
CFO	2순위	1순위	3순위
영업 담당 임원	1순위	2순위	3순위
마케팅 담당 임원	2순위	3순위	1순위
제품 관리자	3순위	1순위	2순위

출처 : Simon-Kucher의 자체 조사

잘못된 인센티브

회사의 소유주와 고용된 경영자들이 같은 목표를 추구하도록 만드는 가장 중요한 수단은 역시 금전적 인센티브다. 그릇된 인센티브는 소유자의 관점에서 보았을 때 만족스럽지 않은 결과를 가져오는 아주 흔한 원인 가운데 하나다. 예를 들어, 많은 은행들이 적자가 나는데도 투자은행가들(investment bankers)에게 엄청난 액수의 보너스를 지급하는 것은 그릇된 인센티브다.

그릇된 구조의 스톡옵션 프로그램도 여기에 속한다. 4장에서 언급한 위르겐 쉬렘프가 이끌었던 다임러-크라이슬러가 그 좋은 보기다. 앞에서도 밝혔지만 그가 재임한 기간에 다임러-크라이슬러의 시가총액이 무려 45%나 떨어졌다. 300억 유로 가량의 큰돈이 사라진 것이다.

지금 유럽은 높은 실업률로 고통을 겪고 있는데, 300억 유로를 벌려면 연봉 3만 유로의 근로자 100만 명이 꼬박 1년을 일해야 한다. 같은 기간에 미국의 다우 존스는 13.1% 올랐고, 독일의 닥스(DAX)는 불과 2.7% 떨어졌으므로, 이 회사의 시가총액이 그렇게 많이 떨어진 것은 주식시장의 전반적인 상황과는 관계가 없다. 이렇게 엄청나게 주주가치가 하락하는 것을 방지하거나 또는 (하락의) 폭을 줄일 수는 없었을까? 이 회사의 최고경영진에게 부여되었던 각종 스톡옵션 프로그램이 이런 면에서는 도움이 되지 않았던 것은 확실하다.

이러한 재앙을 예방하기 위한 훨씬 더 효과적이고 단순한 방책이 있다. 그것은 복잡하고 효과도 없으며 주주들의 이익을 침해할 수 있는 스톡옵션 프로그램을 없애고, 대신 회장으로 하여금 자신의 돈으로 상당한 물량의 자사주를 사게 하고 그것을 그가 퇴임할 때까지 보유하게 하는 것이다. 물론 회장 이외의 다른 고위경영자들도 이러한 주식매수 프로그램에 참여해야 할 것이다. 만약 다임러-크라이슬러의 최고경영진이 이러한 주식매수 프로그램을 받아들였다면, 이 회사의 시가총액이 300억 유로나 떨어지는 일은 없었을 것이다.

스톡옵션이 아닌 주식매수

주식매수와 스톡옵션의 기능은 근본적으로 다르다. 스톡옵션은 복권과 비슷하다. 그러나 주식매수는 경영자들을 회사의 공동소유자로 만든다. 이것의 의미는 무엇인가? 주주들은 회사의 소유자로서 자신들과 경영자들이 같은 목표를 추구하기를 바란다. 주주들이 원하는 바는 무엇인가? 그들은 물론 주가가 올라가기를 바란다. 그러나 동시에 그들은 주가가 떨어져서 손해를 보는 사태가 일어나지 않기를 열망한다. 심지어 어떤 때는 이렇게 손실을 방지하는 것이 주된 목표가 되기도 한다. 그러나 스톡옵션은 거의 대부분 주가를 올리는 것에만 초점이 맞추어져 있다.

예를 들어, 몇 년 전에 세계적인 소프트웨어 회사 SAP의 경영진에게 부여된 스톡옵션은 시가총액이 갑절이 되고 어떤 비교지표를 넘으면 그들이 최고 3억 유로까지 가져갈 수 있도록 하였다. 그러면 거꾸로 주가가 떨어지면 어떻게 되는가? 경영자들은 전혀 영향을 안 받는다. 그들이 부담하는 위험은 기껏해야 주식매수 청구권을 행사하지 못할 가능성뿐이다. 즉 그들에게는 위쪽 기회(upside chance)만 있고 아래쪽 위험(downside risk)은 없다. 반면에 주주들은 위쪽 기회와 아래쪽 위험이 모두 있다. 간단한 보기를 들어 이러한 '이해관계의 상충'을 알아보자.

어느 회사의 스톡옵션 프로그램은 상승한 (주식)가치의 10%를 경영진에게 준다. 가치가 떨어지면 경영진은 당연히 스톡옵션을 행사하지 않는다. 경영진은 행위 '가'와 '나' 가운데 하나를 고를 수 있다. '가'를 선택하면 가치가 50억 원 올라갈 확률이 50%이고, 100억 원 떨어질 확률도 50%이다. '나'를 고르면 가치가 15억 원 올라갈 확률이 50%이고, 5억 원 떨어질 확률도 역시 50%이다.

경영자가 '가'를 택하면, 그의 기대소득은 2억 5,000만 원이다(10%×0.5×50억 원). 그러나 이 경우 주주의 기대손실은 26억 2,500만 원이다(0.5%×50억−0.5×100−0.5×2억 5,000만 원(경영자에게 지불하는 돈)).

'나'가 선택되면 상황이 거꾸로 된다. 경영자의 기대소득은 7,500만 원이다(10%×0.5×15억 원). 그러나 주주는 4억 6,250만 원의 가치상승을 기대할 수 있다(0.5×15억−0.5×5억−0.5×7,500만 원(경영자에게 지불하는 돈)).

이러한 상황에서 경영진이 어느 쪽을 선택할까? 말할 것도 없이 '가'를 택할 것이다. 놀라운 일도 아니다. 경영진은 경제적 이익이라는 관점에서 합리적으로 그리고 일관성 있게 행동한 것뿐이다. 잘못은 다름 아닌 바로 그 스톡옵션 모델이다.

기업이 스톡옵션이 아닌 주식매수 모델을 도입했을 때, 성공의 열쇠는 경영자들의 주식투자 규모다. 즉 경영자가 투자하는 금액이 그에게 고통을 줄 정도가 되어야 한다. 이렇게 상당히 부담을 느낄 정도의 액수를 투자함으로써 경영자는 자신도 위험을 부담하는 회사의 공동소유자가 된다. 이것은 곧 경영자와 주주들이 같은 배를 타는 것이고, 바로 이 점이 핵심이다.

독일의 지멘스는 몇 년 전부터 고위 임원들에게 자사주를 구입·보유할 것을 요구하고 있다. 이에 따라 임원들은 각자의 고정급의 갑절에 해당하는 액수의 지멘스 주식을 사야 한다. CEO의 경우는 고정급의 3배에 해당하는 액수를 써야 한다. 지멘스의 경우, 자사주 보유기간은 3년이다. 우리는 이 의무 보유기간이 조금 더 길어야 한다고 생각한다. 이상적으로는 임원들이 현직에서 떠난 후에도 일정 기간 보유하도록 하는 것이 좋다. 그렇게 되면 그들이 더 장기적인 수익에 초점을 맞추어 생각하고 행동할 가능성이 커질 것이다.

이익지향적인 영업사원 인센티브

영업사원의 보상방식도 이익에 큰 영향을 미칠 수 있다. 대부분의 회사에서는 매출액에 비례해서 판매수수료를 지급한다. 이런 경우 영업사원이 가격책정 권한을 갖고 있으면, 이익에 악영향이 올 확률이 매우 높다. 왜냐하면 영업사원은 매출액, 즉 자신의 수입을 극대화하려고 할 것인데, 값을 싸게 불러야 이 목표를 달성할 수 있기 때문이다.

매출액을 극대화하는 가격은, 한계비용이 0인 때를 제외하고는, 항상 이익을 극대화하는 가격보다 낮다. 결과적으로 회사의 목표와 영업사원의 목표가 일치하지 않는 것이다. 그래서 회사는 기본적으로 영업사원들이 받는 판매수수료를 마진에 비례하도록 책정하는 것이 좋다.

그런데 이러한 인센티브 제도를 도입하려고 할 때 회사는 현실에서 크게 2가지 문제에 부딪힌다. 첫째, 회사제품의 이익 또는 마진에 관한 정보가 고객들에게 흘러 들어갈 염려가 있다. 이런 것이 바람직하지 않음은 말할 것도 없다. 둘째, 고객별로 공헌마진을 파악하려면 고도로 발달한 정보시스템이 있어야 하는데 많은 회사들이 그런 것을 갖추고 있지 않다. 이러한 어려움을 비껴가기 위해, 현실에서는 매출

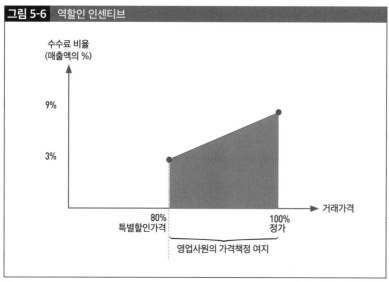

그림 5-6 역할인 인센티브

수수료 비율
(매출액의 %)

9%

3%

80%
특별할인가격

100%
정가

거래가격

영업사원의 가격책정 여지

출처 :《아니다, 성장은 가능하다》(유필화·헤르만 지몬 지음, 2013년, 흐름출판, p. 126)

액에 비례하는 판매수수료 시스템의 폐해를 줄이고 마진지향 시스템
에 다가가기 위한 여러 가지 인센티브 제도가 시행되고 있다. 아래의
보기들을 보자.

가격준수 프리미엄

영업사원들은 기본적으로 매출액에 비례해서 보상을 받는다. 그러
나 그들이 시장에서 실제로 받아낸 가격이 회사가 설정한 목표가격보
다 높으면 높을수록 그들은 추가적으로 더 많은 가격준수 프리미엄을
받게 된다. 가격준수 프리미엄이 실제판매 가격과 목표가격의 차이에
비례함은 말할 것도 없다. 즉 값을 깎아서 매출을 많이 올리는 영업사

원보다 회사의 가격지침을 준수하면서 판매를 성사시키는 영업사원이 훨씬 더 좋은 대우를 받게 되는 것이다.

역할인 인센티브

[그림 5-6]은 역(逆)할인 인센티브(anti-discount incentive)를 보여준다. 이것 역시 공헌마진을 드러내지 않는 인센티브 제도이다. 이 경우에는 영업사원이 받는 인센티브가 그가 할인해준 액수에 반비례한다. 즉 할인율이 높을수록 매출액 대비 수수료의 비율이 떨어진다. 이 제도를 도입한 어느 회사에서 이것은 매우 큰 힘을 발휘했다. 도입한 지 두 달 만에 평균할인률이 16%에서 14%로 떨어졌으며, 고객의 이탈도 매출감소도 일어나지 않았던 것이다.

업종 자체가 문제다

업종의 선택은 회사가 건질 수 있는 이익에 결정적 영향을 준다. 회사가 전체적으로 돈을 벌 수 없는 업종에 들어와 있으면, 아무리 경영을 잘해도 이익을 올릴 수 있는 전망이 그리 밝지 않다. '게임이론(game theory)'에서는 '빈 핵심(empty core)'이라는 말을 쓴다. 모든 경쟁사들이 이익을 내며 경영활동을 할 수 있는 경쟁구도를 우리는 '시장의 핵심'이라고 부른다. 그 핵심이 비어 있으면, 시장 전체적으로는 이익을 남길 수 없다. 항공운송업은 전형적인 '빈 핵심 산업'이다. 어느 전문가는 이렇게 말한다.

"항공운송업은 착실하게 이익을 낸 적이 한 번도 없었다."[4]

약 100년의 역사를 가진 이 산업의 누적이익은 거의 없다고 해도 지나친 말이 아니다. 그렇다고 개별 기업들이 이익을 낼 수 없다는 뜻은 아니다. 예를 들어, 사우스웨스트항공과 라이언에어는 성공적인 원가우위전략(cost leadership)을 바탕으로 꽤 이익을 냈다. 그렇다면 "한 업종에서 회사가 이익을 올리면서 영업을 할 수 있느냐 없느냐는 무엇에 달려 있는가?"라는 문제가 대두된다.

5가지 요소

하버드 경영대학원의 마이클 포터(Michael Porter)는 한 산업에서 '경쟁의 강도'를 결정하는 '5가지 요소(Five Forces)'라는 개념을 제안했다. '이익을 낼 수 있는 업종은 무엇에 달렸나?' 하는 질문에 답을 주는 설득력 있는 모델이다. [그림 5-7]은 이익 기회를 결정하는 이 5가지 요소를 보여준다. 이 모델은 널리 알려져 있으므로, 여기서는 아주 간략히 서술하겠다.

현재의 경쟁사들 사이의 경쟁은 이익을 짓누른다. 가치 사슬(value chain)에서 공급자의 협상력과 고객들의 협상력은 이익을 결정하는 구실을 한다. 높은 가격을 요구하고 또 그것을 관철시킬 수 있는 강력한 공급자에게 기댈 수밖에 없는 회사는 높은 마진을 실현하기 어려운

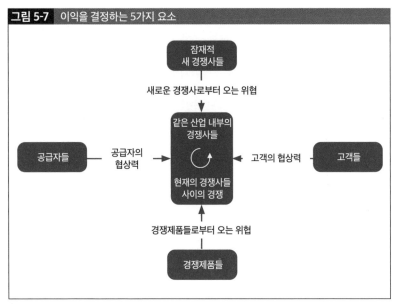

그림 5-7 이익을 결정하는 5가지 요소

잠재적
새 경쟁사들

새로운 경쟁사로부터 오는 위협

같은 산업 내부의
경쟁사들

공급자들 → 공급자의 → 고객의 협상력 ← 고객들
협상력

현재의 경쟁사들
사이의 경쟁

경쟁제품들로부터 오는 위협

경쟁제품들

출처 : Porter, M. E.(1980), 《Competitive Strategy :Techniques for Analyzing
Industries and Competitors》, New York, Free Press.

처지에 놓인다.

고객과의 관계에서도 비슷하다. 회사의 매출에서 큰 비중을 차지하는 고객은 가격과 마진에 압력을 가할 수 있다. 현대·기아 같은 큰 고객을 상대해야 하는 자동차 부품회사 그리고 이마트·롯데마트 등의 거대 유통회사들과 거래해야 하는 식품회사들은 고객들의 막강한 협상력에 시달리기 마련이다.

해외에서는 세계 최대의 식품회사 네슬레조차 에데카(Edeka) 같은 대형 슈퍼마켓 기업들로부터 마진을 줄이라는 압력을 받는다. 공급자들은 때로는 힘센 고객으로부터 원가를 밝힐 것을 강요받기도 한다.

원가를 알게 된 힘센 고객이 높은 마진을 눈감아줄 리 없다. 그럼에도 불구하고 원가공개를 과감히 거부한 공급사들도 있다. 그런 회사들은 경쟁력 있는 기술·품질·상표를 무기로 고객의 무리한 요구를 들어주지 않고도 버틸 수 있었다. 끝으로 대체제품과 새로운 잠재적 경쟁사들도 이익마진을 떨어뜨릴 수 있다.

이 5가지 요소의 영향을 분석하여 마진에 대한 압박이 어디서 오는가를 파악하면, 처방책 그 자체는 명백하다. 그 처방책을 실천에 옮길 수 있느냐는 물론 별개의 문제다. 최악의 상황은 여러 요소, 심지어는 5가지 요소 모두가 이익을 압박하는 경우이다. 바꿔 말하면 현재의 업종은 도저히 돈을 벌 수 없는 '빈 핵심 산업'이다. 사람 맥빠지게 하는 이런 진단을 내릴 수밖에 없는 업종이 실은 적지 않다. 그렇다면 사업을 그만두거나 업종을 바꿔야 한다.

흥미로운 것은 특히 장수하는 많은 회사들이 과거에 그런 업종전환을 했고, 많은 경우에 (업종전환을) 여러 차례 성공적으로 했다는 사실이다. 해외의 대표적인 사례는 하니엘(Haniel)과 노키아(Nokia)이다. 물론 퇴출장벽(exit barrier)이 매우 높아서 그 업종에서 빠져나올 수 없는 경우도 있다. 그러면 비슷한 상황에 놓여 있는 다른 경쟁사와 합쳐서 포터 모델에 근거한 역학관계의 개선을 꾀하기도 한다. 대한항공이 아시아나항공의 인수를 추진하는 것은 재무적인 이유 외에 이런 전략적 이유도 있다고 볼 수 있다. 독일의 두 대표적인 백화점 카르슈타트(Karstadt)와 카우프호프(Kaufhof)가 합병한 것도 포터 모델로 설명할 수 있다.

인수·합병 이외의 또 다른 대안은 업종을 바꾸는 것이다. 업종전환은, 예를 들어, 새로운 제품을 갖고 새로운 시장에 진출하는 다각화(diversification)의 형태를 띨 수 있다. 그러나 다각화는 실패 확률이 무척 높은, 정말로 큰 모험이기도 하다. 5가지 요소 가운데 하나 또는 극소수만이 이익에 악영향을 준다면, 그것을 회피하는 전략을 써서 이익 증대를 도모할 수 있다. 예를 들어, 기존 경쟁사들끼리의 치열한 경쟁이 수익성 악화의 주된 원인이고 이 회사들이 시장점유율 쟁탈전과 가격전쟁에 빠져 있으면, 당연한 치유책은 차별화와 틈새시장으로의 도피이다. 차별화된 제품 또는 서비스로 틈새시장에 집중하는 전략은 독일의 초일류 중소기업들, 즉 히든챔피언들의 주요 성공 요인 중 하나다. 수년 전 우리나라에서도 큰 화제가 되었던 블루오션(Blue Ocean) 전략, 즉 경쟁사들이 격전을 벌이지 않는 세분시장에 집중하는 전략도 기본적으로 비슷한 방식이다.

이익 압박이 주로 공급사에서 온다면, 회사는 대안이 될 수 있는 다른 공급처를 찾든지 또는 완전히 새로운 협력회사를 발굴해야 할 것이다. 그러나 한편 공급처 다변화는 회사가 한 공급사에 기댐으로써 얻을 수 있는 '규모의 경제' 효과를 줄일 수 있다.

고객과의 관계에 대해서도 비슷하게 접근할 수 있다. 회사가 한 고객에게 지나치게 의존하고 있다면, 고객들을 더 받아들이고 시장을 더 개척하는 것은 무조건 도움이 된다. 유럽의 어느 식품회사는 아시아 시장을 개척하고 유럽의 식품소매 회사들에 대한 판매 비중을

65%에서 40% 이하로 줄임으로써 이익을 크게 늘릴 수 있었다. 대체 제품과 새로운 경쟁사들로부터 오는 이익 압박에 대해서는 일반적으로 사업모델의 변경까지도 포함하는 넓은 의미의 혁신으로만 대처할 수 있다.

이러한 여러 치방책 그 자체는 그리 대단한 것이 아니고, 대체로 명백하다. 문제는 실천이다. 어떻게 새로운 산업에 성공적으로 진출할 수 있는가? 기존 경쟁사들과 확연히 대비되는 차별화는 어떻게 달성할 수 있는가? 막강한 공급사들 또는 고객들에 대한 우리 회사의 시장지위를 어떻게 강화할 수 있는가? 대체제품이나 새로운 경쟁사들로부터 우리를 지킬 수 있는 혁신은 어떻게 해내야 하는가? 포터 모델의 도움으로 도출한 진단은 이런 질문들을 던지고 있다. 그 해답은 결코 쉽지 않다. 그래서 이익을 많이 내지 못하는 기업들은 그만큼 더 큰 도전에 직면하고 있다.

설비과잉

한 업종의 생산능력이 수요보다 더 크면 우리는 이런 상태를 '설비과잉(overcapacity)'이라고 부른다. 이것은 아주 악성의 '이익 파괴자'다. 우리는 직·간접으로 경험했던 많은 프로젝트에서 이 사실을 확연히 느낄 수 있었다. 풍력에너지 같은 성장산업조차 이 문제에 봉착해 있다. 이 분야의 어느 협회장은 이 상황을 이렇게 말한다. "풍력기 산업의 공급능력은 세계 수요의 갑절이다."[5]

우리는 거의 가는 곳마다 '설비과잉' 현상을 목격했다. 언젠가 건설 분야의 프로젝트를 한 적이 있는데, 당시 경영자들을 가장 신경 쓰이게 하는 주제가 바로 이 설비과잉 문제였다. 철강 산업은 넘치는 공급능력 때문에 지속적으로 골머리를 앓고 있다. 자동차 산업에서도 공급과잉은 영원한 숙제다. 2017년 전 세계 자동차 생산 대수는 9,900만 대였다. 그러니까 최소한 이 정도의 생산능력이 있었다는 이야기다. 2018년 전 세계 자동차 판매대수는 9,100만 대, 그리고 2019년에는 8,900만 대였다. 따라서 생산능력이 판매대수보다 최소한 1,000만 대가량 초과한 셈이다. 실제로는 이보다 더 클 것으로 추정된다. 왜냐하면 그 이후에도 새 자동차공장이 계속 건설되었기 때문이다.

설비과잉 현상은 시장이 성숙기에 들어설 때와(성장 전망을 과대평가했기 때문에) 쇠퇴기에 접어들 때에(경기 후퇴를 예상하지 못했기 때문에) 많이 나타난다. 개발도상국가에서도 짧은 기간에 공급시설에 대한 과잉 투자가 행해진다. "자동차 회사들에게 설비과잉은 전 세계적으로 볼 때 시장이 포화된 유럽 시장에 국한된 문제가 아니다. 호경기를 누리고 있는 개발도상국, 특히 중국에서도 생산시설의 급격한 팽창은 조만간에 자동차 제조사들에게 많은 걱정을 끼칠 것이다."라고 어느 전문가는 말한다.[6]

공급과잉이 이익에 어떤 영향을 미치는가를 어느 대형 플랜트 건설 회사의 최고경영자는 간결하고 정확하게 이렇게 표현한다.

"우리 업계에서는 아무도 돈을 벌 수가 없다. 모든 시공회사가 공급능력이 넘친다. 시장에 프로젝트가 새로 나오면 모든 회사가 적자가 나더라도 그 공사를 따내려고 한다. 고용을 유지하기 위해 반드시 해야만 하기 때문이다. 어떤 때는 우리 회사가 따고, 다른 때는 경쟁사가 공사를 수주하지만 속사정은 마찬가지다. 세계 시장의 80%를 상위 4개 회사가 차지하고 있지만, 그중에 돈을 버는 회사는 하나도 없다."

공급과잉이 지속되는 한 플랜트 건설 업계의 이런 상황은 달라지지 않았을 것이다. 그런데 큰 불황이 닥치자 한 회사가 시장에서 나갔고, 살아남은 회사들은 공급능력을 줄였다. 그러자 무슨 일이 일어났을까? 짧은 시간에 업계는 이익이 나는 산업이 되었다. 그 플랜트 건설 회사의 주가는 몇 년째 바닥을 헤매고 있었는데, 과잉 생산능력을 없애자 4년 동안 무려 8배나 올랐다. 한 회사가 공급과잉에서 오는 어려움을 없애거나 줄이기 위해 혼자서 애썼으면, 변화가 별로 없었을 것이다. 여러 회사가 함께 공급능력을 줄이니까 비로소 이익을 낼 수 있는 수준으로 가격이 오르고 (그 수준에서) 안정되었다.

업계가 현재 이미 설비과잉 상태에 있는데도 불구하고 투자자들이 시설 투자를 계속하는 사례가 꽤 있다. 예를 들어, 호텔 업계에 관한 신문기사 중 다음과 같은 기사 제목이 달린 기사가 있었다. "공급과잉으로 고급 호텔들의 숙박비가 벌써 엉망이 되고 있다.", "호텔 수준이 높을수록, 수익률은 더 낮다."[7] 이렇게 가격이 형편없는데도 불구하고 투자자들은 여전히 호화호텔 건설에 돈을 쏟아붓고 있다. 그래서 호텔업의 공급과잉 문제는 더 심해질 것으로 생각된다.

많은 기업과 산업에서 적절한 수익률을 달성하기 위하여 수년에 걸쳐 끝없이 토론하고 갖가지 시도를 해본다. 그러나 설비과잉이라는 근본적인 문제가 시장을 짓누르고 있는 한, 그러한 노력과 시도는 큰 효과를 발휘하지 못한다. 이런 경우에는 과감히 공급능력을 줄이는 방향으로 나아가야 한다.

힘의 분산

우리는 집중이 이익의 견인차라고 생각한다. 세계 시장을 휩쓰는 히든챔피언들 이야기는 우리의 이런 견해를 설득력 있게 뒷받침하는 좋은 증거이다. 거꾸로 말하면 '힘의 분산'은 이익 파괴자이며, 아쉽게도 많은 회사들이 이익 파괴자를 좋아하는 듯하다. 적지 않은 기업들이 적자 사업부를 오랫동안 끌고 가기 때문이다. "왜 그렇게 하시느냐?"고 물으면, 돌아오는 대답은 시너지 또는 구색 갖추기 등 대체로 뻔한 이야기다. 우리가 보기에 그들 대부분은 돈이 안 되는 사업을 처분하려는 의지가 없다. 힘의 분산이 '다각화'라는 이름으로 둔갑한 사례가 드물지 않다. 여기에 소개하는 어느 오래된 가족기업 이야기는 그 좋은 보기이다.

이 회사는 서비스, 소재, 소매, 매체 등 여러 분야에서 사업을 하고 있는데, 대부분이 전통적인 업종이다. 약 70개의 계열사를 거느리

5 진단과 처방책

고 있는 이 회사는 그 밖에도 100개 이상의 회사에 지분 참여를 하고 있다. 1년 매출액이 약 3조 3,000억 원이므로 결코 작은 규모가 아니다. 그런데 이 회사의 성장률은 2010년 이후 매년 1% 정도에 지나지 않는다. 이익을 많이 내고 또 국제화되어 있는 두 사업부가 이익을 내지 못하는 다른 온갖 사업체들을 먹여 살리는 상황이다. 그래서 그룹 전체의 순영업이익률은 2.5%밖에 안 된다.

이 회사가 자사의 자본비용을 벌지 못하는 것은 확실하다. 회사를 어떻게 운영하느냐는 물론 소유주의 자유다. 이 회사의 소유주들이 돈이 없어 쩔쩔매는 상황도 아니다. 하지만 우리는 이런 상황이 바람직하지 않다는 지적을 하지 않을 수 없다.

이와 반대로 이익을 내지 못하는 사업은 철저히 포기하는 회사들이 있다. 유럽의 대표적인 과자 회사 그리손-데-보이케레어(Griesson-de Beukelaer)가 바로 그런 회사다. 이 회사의 경영방침 중 하나는 "이익을 못 내는 사업은 하지 않는다."이다.

그리손-데 보이케레어의 뿌리는 원래 생과자였다. 몇 년 전에 이 회사의 경영진은 성수기가 짧고 가격경쟁이 심한 생과자 사업에서는 지속적으로 이익을 거둘 수 없다고 판단했다. 그리손은 생과자 사업이 전체매출액의 30%를 차지하고 있음에도 불구하고 이 분야에서 완전히 손을 뗐고, 그렇게 해서 확보한 자원을 다른 곳에 투입해 더 큰 성과를 거두었다. 이후 이 회사는 꾸준히 이익을 내며 성장하고 있다.

세계 최대의 자동차 부품회사 보쉬 역시 실적이 안 좋은 사업부서는 철저히 정리한다. 그래서 이 회사의 경영진은 2013년 초 한때 전망이 매우 밝아 보이던 태양광 산업에서 남김없이 철수하기로 결정한다. 비록 보쉬는 이 사업에 20억 유로 이상을 투자했지만 미련 없이 나온 것이다. 보쉬 가족 대변인 크리스토프 보쉬는 이에 대해 이렇게 말한다. "우리는 엄청나게 고통스러운 손실을 입었다. 손실액은 다 합해서 37억 유로에 달한다. 그리고 (태양광 산업은) 지속적으로 손실을 감수해야 하기 때문에 (계속 유지할수록) 우리의 운신의 폭이 줄어들 수밖에 없다."[8]

큰 관심을 끌고 있기는 하지만 결부된 위험을 신중히 검토해야 하는 사업은 아예 처음부터 시작하지 않는 편이 많은 경우 훨씬 더 슬기로운 선택이다. 배터리 셀(battery cell) 분야에서는 보쉬가 바로 그 방안을 택했다. 때로는 포기가 가장 슬기로운 대안이다. 마이크로소프트의 설립자 빌 게이츠는 전략에 관해 이런 명언을 한 바 있다. "좋은 전략을 세우는 데 있어서 자신이 '무엇을 원하지 않는가'를 아는 것은 '무엇을 원하는가'를 아는 것만큼 중요하다."

대체로 회사는 더욱더 엄밀한 잣대로 이익을 떨어뜨리는 사업부서를 평가하고, 퇴출 여부를 판단하는 것이 좋다. 궁극적으로는 경제이익을 벌지 못하는 모든 부서가 평가대상이 되어야 한다. 그런 곳에 묶여 있는 자본을 다른 분야에 더 효율적으로 투입할 수 있기 때문이다. 회사가 여기저기 사업을 벌이는 현상은 흔히 기업가의 개성에 기인한다. 우리는 한 사업에서 성공한 기업가가 "자신은 어떤 시장에서도 잘할 수 있다."는 환상에 빠지는 것을 여러 차례 보았다. 2가지 실례를 소개한다.

이미 대학 시절에 전자 분야에서 첫 번째 회사를 설립한 어느 기술자는 12년도 안 되는 사이에 그것을 유럽의 시장선도 기업으로 키웠다. 그는 큰돈을 받고 미국의 어느 대기업에 회사를 넘겼다. 그 돈으로 그는 몇 개의 스타트업을 만들고, 여러 분야에 걸친 기존 회사들의 최대주주가 된다. 그러나 그는 단순히 출자자 노릇을 하는 것에 만족하지 않고, 끊임없이 회사 운영에 관여했다. 몇몇 회사는 본인이 직접 최고경영자가 되어 경영을 도맡았다. 몇몇 사업부에서는 약간의 이익을 내고 있지만, 다른 데서는 적자가 쌓인다. 그룹 전체의 연결재무재표가 없어서 종합적인 재무실적은 추정할 수밖에 없지만, 우리는 이 그룹이 전체적으로는 적자를 내고 있을 것으로 추측한다. 최소한 절대로 경제이익은 못 번다고 확신한다.

두 번째 사례는 플랜트 건설업에서 시작한 어느 회사 이야기다. 핵심사업이 이익을 조금 내고 있기는 하지만, 회장은 그것을 지루해했고, 더 큰 작품을 만들고 싶은 그의 의지가 충족되지 않았다. 그래서 그는 유행을 타는 거의 모든 업종에 뛰어들었다. 인터넷은 말할 것도 없고 신생에너지, 생명공학, 소프트웨어, 여가, 건강 등 여러 분야에 속하는 27개의 회사가 그의 그룹을 이루게 되었다.

그는 이 모든 계열사에서 절대적인 권한을 갖고 있다. 그래서 전문경영인들이 의사결정을 할 수 있는 여지가 제한되어 있다. 그룹의 매출액은 7억 5,000만 유로 위아래를 오갔다. 순영업이익률은 2010년

이후 1.5% 주변을 맴돌고 몇 해 동안은 적자가 나기도 하였으며, 가장 실적이 좋았던 해의 순영업이익률은 3.1%였다.

이 두 기업가는 아주 유능한 인재들이다. 그들이 해내는 노동의 양과 강도 그리고 그들이 소화하는 엄청난 정보량 등은 보통 사람이 상상하기 힘들 정도다. 만약 그들이 이렇게 힘을 분산하지 않고 한 사업에 집중했으면 어떻게 되었을까? 잘 알려져 있다시피 히든챔피언 전략의 두 축은 집중과 세계화다. 우리는 이 두 뛰어난 기업가가 이런 히든챔피언 전략을 썼더라면, 아주 많은 이익을 올리는 세계 시장 선도기업을 일구어냈을 것이라고 본다. 그러나 그들은 여러 사업에 힘을 분산시켰으며, 그 결과 전체적으로는 경제이익조차 벌지 못하는 처지가 되었다.

여러 사업에 손을 대서 힘을 분산하는 경영방식이 가장 널리 퍼져 있는 곳은 개발도상국들이다. 다종다양한 시장에서 활동하는 이른바 거대 복합기업들(conglomerates)을 우리는 대한민국, 터키, 중국에서 쉽게 찾아볼 수 있다. 그 복합기업들이 그렇게 많은 업종에 들어가게 된 경위는 방금 소개한 두 사례와 비슷하다. 활기차게 성장하는 나라에서 기업가들은 많은 기회를 보고 또 포착한다.

이들 가운데 성공하는 경우도 꽤 있다. 예를 들어, 삼성이나 현대 같은 한국 재벌들은 실제로 성공적으로 사업 다각화를 이루어냈으며, 반도체·스마트폰·조선·자동차 등의 여러 분야에서 세계적인 경쟁력을 갖고 있다. 그러나 대부분 이들 복합기업들은 국내시장에 머무르고 만다. 자국 내에서는 막강한 시장 지위를 갖지만, 세계 시장을 선도하는 지구 규모의 기업으로는 성장하지 못한다.

힘을 분산시킨 바람에 수익률이 떨어졌다면, 처방책은 명확하다. 하나에 더 집중하고 다각화에는 힘을 덜 쏟아야 한다. 물론 이 제안이 '양날의 칼'이라는 점을 인정한다. 회사가 맞닥뜨릴 위험의 정도 (degree)도 달라질 것이기 때문이다. 그러나 위험에 관한 한 우리는 자신 있게 이와 같이 말할 수 있다. "기업이 하나 또는 극소수의 업종에 집중한다고 해서 전체적인 위험 수준이 반드시 올라간다고 단언할 수는 없다."

장기지향을 지나치게 강조하기

장기적인 이익지향을 지나치게 강조하거나 과도하게 연속성을 중시하는 것도 이익을 떨어뜨리는 원인이 될 수 있을까? 우리는 이 물음에 '그렇다' 또는 '아니다'로 대답하지 않고, 장점과 단점을 제시하고자 한다.

"단기 이익지향이 (그것이 지나치지 않아도) 과연 정말로 장기적 이익목표와 모순되는가?"에 관해 진지한 토론이 열렸다. 〈하버드 비즈니스 리뷰〉에 실린 다음의 인용문은 이런 분위기를 잘 말해주고 있다. "한편에서는, 너무나 많은 회사들이 순조롭고 믿음직한 단기이익을 위해 장기적 성장을 희생시키고 있다는 합의된 의견이 있다. 한편 회계학 문헌에 실린 대규모 표본을 바탕으로 한 연구논문들의 대다수는 조금 다른 이야기를 하고 있다. 단기이익을 관리하는 회사들은 관리하지 않는 회사들보다 실적이 더 낮다는 것이다(단기적으로만 더 낮다는 뜻은 아니다)."[9]

장기 이익지향은 연속성을 필요로 한다. 초지기(抄紙機, 종이 만드는 기계) 분야의 세계적인 회사 호이트(Voith)의 최고경영자였던 헤르무트 코르만(Hermut Kormann)은 이에 대해 이렇게 말한다. "전략의 장기지향성은 전략의 추진자가 바뀌지 않고 그의 재임기간이 충분히 길어야만 가능하다."[10]

그러나 연속성 그 자체는 좋은 것도 아니고 나쁜 것도 아니다. 무능한 최고경영자가 그 자리에 오래 앉아 있으면 그것은 명백히 회사에 크게 해롭다. 반대로 훌륭한 지도자가 한 회사를 오랫동안 이끌어 나간다면 그것은 크나큰 축복이다. 기업경영에서 이렇게 큰 의미를 갖는 '연속성'이라는 주제가 뜻밖에도 경영학 문헌에서는 아주 드물게 다루어진다. 한 가지 예외는 짐 콜린스(Jim Collins)와 제리 포라스(Jerry Porras)가 지은 《성공하는 기업들의 8가지 습관》이라는 책이다.[11]

이 책에서 두 지은이는 성공한 기업들과 덜 성공적인 기업들을 이끌어간 최고경영자들의 재임기간을 비교한다. 그들이 '최고 중의 최고(best of the best)'라고 부른 장기적으로 성공한 기업들에서는 최고경영자들의 평균 재임기간이 17.4년이었고, 덜 성공적인 회사들의 경우에는 11.7년이었다. 또 세계 시장을 석권한 히든챔피언 기업의 최고경영자들은 평균 20년간 재임했다.

이런 연구결과들은 연속성의 가치를 증명하고 있는 것으로 보인다.

반면에 이익을 내라고 단기적으로 끊임없이 압력을 넣으면 장기적으로도 수익률이 더 높아질 수 있다는 의견도 있다. 그렇게 압력을 가하면 최소한 기업이 필요한 조치를 언제까지나 미루지는 않을 것이다.

회사가 연속성을 지나치게 중시하고 전통에 너무 얽매이는 경우, 늘 평안하기만 한 조직문화를 가진 경우라면, 실제로 이익지향성이 약해질 수 있다. 이와 관련하여 다음의 인용문은 시사하는 바가 매우 크다. "대부분의 농민들에게 결국 최우선순위는 농사를 계속 지을 수 있는 것이었지 이익을 최대한 많이 얻는 것이 아니었다. 평균적 농민들의 목표는 무엇보다도 집단의 존속이었다. 그에게는 자기 가족 및 앞으로 올 세대의 생존을 확보하는 것이 1순위이고, 나머지는 모두 그다음 순위였다."[12]

이 인용문에서 '농민'을 '기업가'로 바꿔도 큰 지장이 없다. 다만 두 집단이 염두에 두는 시간의 지평(time horizon)은 서로 크게 다르다. 전통적인 농민들은 세대 단위로 생각한다. 하지만 현대의 기업 지도자들이 '장기'라고 말하는 것은 대체로 5년 또는 10년이다. 그리고 늘 그렇듯이 아마 두 극단을 피하는 것이 최선의 길일 것이다. 지나친 연속성은 지나친 단기지향과 마찬가지로 이익에 악영향을 준다.

나라마다 특수한 이익결정요인들

기업이 어느 수준의 이익을 달성할 수 있는가는 상당 부분 그 나라

특유의 요인들에 달려 있다. 그것들은 세율, 노동시장 규제, 노동조합의 세력, 시장의 크기, 산업구조, 금융제도, 경영의사결정제도, 문화적 태도 등이다.

성숙산업이 많다

성숙산업은 많은 나라에서 큰 비중을 차지하고 있다. 성숙기에 접어든 업종은 대체로 이익변동의 폭이 크지 않지만, 동시에 이익률도 더 낮은 경향이 있다. 일본에서는 자동차 산업과 가전 산업이 이 범주에 속한다. 대부분의 유럽 국가들도 자동차·기계제작·소비재 같은 전통산업에 크게 의존하고 있다. 유럽에는 세계적인 인터넷 회사가 무척 드물다. 그러나 미국은 사정이 전혀 다르다. 미국의 마이크로소프트·애플·아마존·구글·페이스북 같은 회사들은 몇 년 안 되는 사이에 웬만한 나라의 국내총생산(GDP)에 버금가는 이익과 시가총액을 달성했다. 애플·마이크로소프트·알파벳·페이스북의 2019년도 순이익을 모두 합치면 1,370억 달러였다. 이것은 독일의 주가지수 닥스에 있는 30개 회사의 이익 총계보다 많다. 그리고 포춘 세계 500대 기업 가운데 이익을 가장 적게 내는 250개 사의 이익을 모두 합친 830억 달러보다도 높은 수치다.

규모를 키우는 힘이 약하다

스타트업 창업이 얼마나 활발한가는 나라마다 사정이 다르다. 그 원인의 하나는 벤처 캐피털 시장의 활성화 여부다. 그리고 나라마다 더 큰 차이가 나는 것은 신생기업이 획기적으로 규모를 키우는 힘이다. 이 점에 관한 한, 중국과 미국이 압도적으로 강하다. [그림 5-8]은 10억 달러 이상의 기업가치를 가진 젊은 기업, 즉 유니콘(Unicorn)을 각국이 2019년에 몇 개 갖고 있었는지를 보여준다. 24개국에 모두 494개의 유니콘이 있는 것으로 파악되었는데, 그중 409개, 즉 83%가 중국 또는 미국에서 창업한 회사들이다.

고속성장 단계에서 자본을 공급받는 것은 유니콘이 되기 위한 중요한 전제조건이다. 이 점에서 벤처 캐피털 시장이 발달한 중국과 미국은 유리하다. 중국에서는 정부의 영향력도 중요한 요소다. 게다가 자국 내 시장의 크기는 결정적인 구실을 한다. 작은 나라 출신의 기업가들과 똑같은 전략을 추구하는 중국이나 미국의 기업인들은 같은 기간에 훨씬 더 크게 몸집을 불릴 수 있다. 그리하여 그들은 규모의 경제를 실현하고 더 빨리 이익을 낼 수 있는 위치에 도달하는 것이다.

작은 나라의 스타트업들은 미국의 신생기업들과 견주어볼 때 해외시장에 더 천천히 진출하고 해외에서 덜 성공적이다. 2004년에 설립된 페이스북은 불과 15년 후인 2019년에 순이익 185억 달러를 달성했다. 2009년에 생긴 우버는 2019년 5월에 주식시장에 상장할 때 기업가치가 750억 달러였다. 규모 키우기 게임에서 이 정도로 성공하기

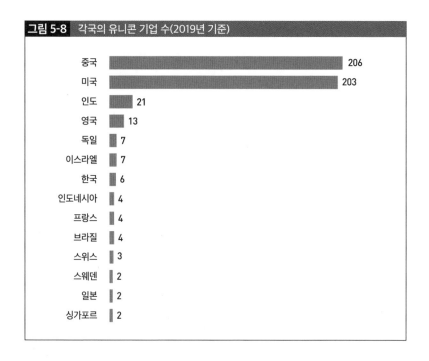

그림 5-8 각국의 유니콘 기업 수(2019년 기준)

국가	수
중국	206
미국	203
인도	21
영국	13
독일	7
이스라엘	7
한국	6
인도네시아	4
프랑스	4
브라질	4
스위스	3
스웨덴	2
일본	2
싱가포르	2

란 작은 나라에서는 상상하기 힘들다.

경영책임의 주체

누가 경영의 책임을 지는가도 나라마다 다르다. '경영책임의 주체
가 누구이냐'가 이익지향성과 실제 이익에 영향을 미친다. 미국과 프
랑스 그리고 한국에서는 최고경영자가 혼자 책임을 진다. 독일은 전
혀 다르다. 독일 국내법에 따르면, 경영은 이사회의 공동책임이다.

또한 최고경영자(CEO)와 이사회 의장의 역할도 엄격히 분리되어 있다. 한편, 일본에서는 긴 조율과정을 거쳐 의사결정하고 합의를 도출하는 경향이 강하다. 그래서 당연히 개인이 아닌 팀이 큰 구실을 한다.

우리는 책임을 팀에게 공동으로 지우기보다는 한 사람에게 몰아주는 것이 철저한 이익지향성을 확립하는 데 더 좋다고 본다. 한 팀이 공동책임을 지면 목표가 희석되기 십상이다. 특히 앞에서 논의한 '목표의 충돌' 현상이 있을 때는 더욱더 그럴 가능성이 높다. 그런데 여러 사람으로 이루어진 위원회가 책임을 공유하는 상황에서는 복수의 목표가 서로 자주 갈등을 일으키는 문제가 생긴다. 늘 그렇다고 해도 과언이 아니다.

실제로 한 사람이 경영책임을 지는 것이 좋다는 우리의 생각을 증명하듯이 소유자가 직접 경영을 하는 회사는 확실히 이익지향성이 더 강하다. 출자자가 최고경영자로 회사 경영을 총괄하면 당연히 그는 고용된 이사회보다 더 큰 영향력을 갖기 마련이고, 손해가 나면 그것은 바로 자기 자신을 덮치는 문제로 다가온다. 에리히 프레제(Erich Frese) 교수는 미국 경영자들과 독일 경영자들을 비교하면서 그들의 교육적 배경이 이익지향성에 영향을 주는 듯하다는 재미있는 의견을 제시했다.[13]

미국 회사들에 비해 독일 회사들의 고위경영층에는 전통적으로 자연과학자들과 기술자들이 더 많다. 그래서 그런지 독일 경영자들은 기술적인 목표에 더 무게를 두고 상대적으로 이익지향성은 약한 듯하다고 프레제 교수는 추측한다. 미국에서는 경영자들이 공학이나 자연과학을 전공했다고 하더라도, 많은 경우 경영학석사(MBA) 과정을 밟음으로써 자신들의 경력을 보완한다. 경영학 공부를 한 경험 덕분에 그들은 기업경영에서 이익이 하는 구실을 더 깊이 의식하게 되었을 것이다.

노동자들의 힘

노동자들의 힘과 노동조합의 구실은 나라마다 크게 다르다. 노사관계도 마찬가지다. 한국의 경우 고속성장 시대에는 노동자들의 힘이 약했고 노동조합의 구실도 미미했다. 그러나 민주화 바람이 불기 시작한 1980년대 초부터 노동운동이 활발해졌고, 그 결과 근로자들의 세력이 크게 신장했으며, 노동조합은 경제는 말할 것도 없고 정치에도 큰 영향력을 행사하는 막강한 조직으로 성장했다.

영국에서는 노조가 과거에는 엄청나게 강했으나, 마거릿 대처 수상에 의해 그 힘이 꺾였고 지금은 그 영향력이 보잘것없다. 미국 역시 노조의 세력이 과거보다 훨씬 약해졌다. 프랑스의 경우는 예나 지금이나 노조가 정치적으로 활발하게 활동하고, 그래서 정계에서 큰 구실을 하고 있다.

한편 독일은 특이한 사례다. 2,000명 이상의 종업원을 거느리는 회사에서는 이사회에서 노동자를 대표하는 이사의 수와 주주를 대표하는 이사의 수를 똑같이 하도록 법률이 규정하고 있기 때문이다. '공동결정'이라고 불리는 이 독특한 제도는 독일에만 있다(독일어로

Mitbestimmung). 이로 말미암아 대립적인 이사회 분위기가 형성될 수도 있지만, 한편으로는 회사 경영의 공동책임을 지는 노동자 대표들이 더 막중한 책임감을 갖고 의사결정에 임하는 효과도 있다. 그 결과 독일 회사들은 대체로 합의에 의한 경영을 하는 경향이 있다. 그래서 파업 일수(日數)가 적어지고, 갈등 상황에 있을 때보다는 정해진 합리화 조치를 더 쉽게 시행할 수 있다. 결과적으로 사회적 평화는 생산성에 긍정적인 영향을 줄 수도 있다. 그러나 전체적으로 볼 때, 우리는 노동자들이 힘이 있고 영향력이 강하면 기업의 이익지향성이 약해질 수 있다고 생각한다.

은행의 구실

은행제도도 나라마다 크게 다르다. 스위스에서는 3대 은행의 시장 점유율이 무려 80%이고, 프랑스는 41%, 독일은 31%, 미국은 18%, 한국은 42%이다. 이런 현상에 대해 어느 연구보고서는 이렇게 말하고 있다. "은행 부문의 시장집중도가 높으면 개별 은행의 시장지배력이 커질 수밖에 없다."[14]

그렇다면 은행의 시장집중도가 높은 나라에서는 은행들이 프로젝트의 수익성에 대해 더 엄격한 잣대를 들이대고, 또 실제로 그런 의지를 관철시킨다고 가정해도 좋을 것이다. 그런데 이런 측면에서 볼 때 독일은 상당히 재미있는 사례다. 독일은 우리나라의 저축은행 같은 작은 은행(Sparkassen)과 조합은행(Genossenschaftsbanken)이 전체 시장의 약 2/3를 차지하고 있다. 이 은행들은 모두 지역사회에 뿌리를 두기 때문에 현지 기업들과 끈끈한 관계를 맺고 있다. 특히 중소기업들과는 유난히 가까운 경우가 많다. 그래서 그런지 이러한 지역은행들은 전망이 밝지 않은 프로젝트에도 자금을 대주는 경우가 적지 않다. 아마도 이들은 힘 있는 큰 은행들보다 대출심사를 훨씬 덜 까다롭게 하는 듯하다.

은행이 어느 특정 회사에 대출을 이미 많이 해준 상태라면, 위기가 닥쳤을 때 그 회사가 망하도록 내버려두거나 대출을 회수해 발을 빼기가 힘들다. 왜냐하면 최악의 경우 기존의 막대한 대출금을 전혀 회수하지 못할 수도 있기 때문이다. 그런 지경에 빠진 은행은 이익 전망이 불투명해도 울며 겨자 먹기로 계속 자금지원을 해줄 수밖에 없다. 이런 상황은, 예를 들어 중국처럼 국가가 통제하는 은행들이 지배적인 나라에서는 아마 더 자주 일어나고 있을 것이다.

일반적으로 말해, 은행이 압력을 세게 가하는 것이 기업의 이익지향성을 강화하는 데 도움이 된다. 은행은 이런 의미에서 사태를 개선하는 데 쓸 수 있는 강력한 지렛대를 가진 셈이다.

세금

법인세율이 높으면 순이익이 줄어든다는 것은 두말할 나위도 없

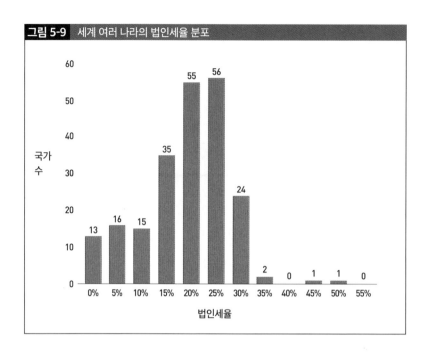

그림 5-9 세계 여러 나라의 법인세율 분포

국가
수

법인세율

다. 1장에서 설명했다시피, 궁극적으로 의미 있는 수치는 세후이익 (Earnings after Tax, EAT)이기 때문이다. [그림 5-9]는 218개국의 법인 세율 분포를 보여준다.[15] 우선 나라마다 차이가 매우 크다는 것이 눈 에 들어올 것이다. 대부분의 경제대국에서는 법인세율이 20~30% 사 이이다. 미국은 21%, 한국과 중국은 25%, 독일은 30%다. 약간 높 은 축에 속하는 일본은 31%, 프랑스는 33%이다.

작은 나라들은 대체로 세율이 낮다. 스위스는 18%, 싱가포르는 17%, 아일랜드는 12.5%이다. 나라마다 순이익이 다른 까닭은, 일 정 부분 이러한 세율의 차이에 기인한다. 100을 팔고 세전이익이 10일 때, 아일랜드에서는 순이익률이 8.75%이지만 프랑스에서는

6.7%밖에 안 된다. 그러나 세율이 주는 또 다른 영향이 있다. 이에 관해 오랫동안 홍콩에서 일한 어느 독일 기업가에게서 들은 이야기는 다음과 같다.

"세율이 높은 나라에서는 기업들이 별로 깊이 생각하지 않고 비용을 발생시킨다. 어차피 나라에서 그 비용의 상당 부분을 부담할 것이라고 생각하기 때문이다. 하지만 세율이 낮은 나라에서는 이런 사고방식이 없다. 세금을 적게 내므로 나라에서 보태어 채워주는 부분은 아예 처음부터 계산에 넣지 않는다. 기업가는 발생하는 비용의 대부분을 자기 스스로 떠안아야 한다. 이런 상황에서는 더 철저하게 이익 위주로 경영을 할 수밖에 없다."

세금이 기업인의 행동에 주는 이러한 영향은, 세율이 높은 나라의 기업이 수익률이 낮은 이유를 일부 설명해준다. 이 말을 달리 표현하면 이렇게 말할 수 있다. "높은 세율은 악착같이 이익을 극대화하려는 의지를 약화시킨다. 한편으로는 남는 이익이 별로 없고, 또 한편으로는 발생한 비용의 큰 부분을 나라가 떠안기 때문이다."

이익이라는 낱말이 주는 어감

나라마다 이익·이익극대화 등의 말이 주는 어감은 사뭇 다르다. 미국의 어떤 성명문은 이렇게 선언한다. "이익은 태도이고, 태도는 장기 수익성을 위한 기반이다."[16] 이처럼 미국인들은 전통적으로 이익에 대해서 긍정적인 태도를 갖고 있다. 하지만 다른 나라에서는 이익이란 낱말이 오히려 부정적인 어감을 준다. IBM 독일법인에서 근무했던 어느 전직 경영자가 이에 대해 우리에게 이런 편지를 보내온 적이 있다.

"나는 당신이 이야기하는 '이익지향의 필요성'을 많은 경영자들이 마음속에 깊이 새기고 매일매일 행동하지 않는다는 사실을 몇 번이고 확인했다. 여러 나라에서 '이익'이란 말이 부정적인 어감을 풍긴다는 것을 아주 자주 눈치챘습니다. 그래서 나는 의식적으로 철저히 '이익'이란 낱말을 사용했다. 동료들과 직원들에게 이런 말을 하기도 했다. '매출액으로는 살아갈 수 없다.' 나는 이 간단한 말로 무엇인가 변화를 일으켰기를 희망한다. 말할 것도 없이 나는 내가 맡은 부문의 인센티브 제도를 매출액이 아닌 이익과 연계시켰다."

이익이란 낱말의 부정적인 이미지는 어디에서 왔을까? 4장에서 논의한 시기·질투와 관련 있다고 본다. 이익을 이렇게 금기로 여기고 그 말 자체가 좋지 않은 뉘앙스를 풍기는 것이 이익지향성을 저해함은 두말할 나위도 없다. 반대로 이익에 대해 긍정적인 감정을 품고 있는 나라들도 있다. 분명 이런 태도는 철저히 이익지향적으로 기업을 경영하려는 마음가짐을 더 굳게 할 것이다.

지금까지 많은 기업이 왜 이렇게 이익이 낮은지 그 원인을 진단하고 처방책을 논의했다. 그러나 아직도 대답할 질문이 많이 남아 있다. 스위스 회사들의 순영업이익률은 어째서 독일 회사들보다는 300%, 미국 회사들보다 50%나 더 높은가? 이 엄청난 차이는 세금

요인만으로는 설명할 수 없다. 그리고 미국과는 달리 스위스의 경우에는 규모의 경제가 높은 이익의 원인이 될 수 없다. 우리는 스위스의 기업가들과 경영자들이 더 철저하게 이익지향 정신으로 무장되어 있는 것이 그 원인이 아닐까 추측한다.

한편 세율이 더 높고 국가가 경제에 더 많이 참견하는 프랑스의 기업들이 어떻게 독일 회사들보다 30%나 더 높은 순영업이익률을 달성할 수 있을까? 우리가 경험하고 확인한 바에 따르면, 프랑스 경영자들은 상대적으로 이익지향성이 더 강하다. 아마도 프랑스의 경우에도 바로 이것이 높은 이익률의 원인일 것이다. 이처럼 각 나라 특유의 문화적 요인들이 이익에 적지 않은 영향을 미친다고 볼 수 있다.

간추림

이번 장에서는 직접적인 이익동인인 가격, 판매량, 원가를 제외한 좀 더 거시적인 관점에서 낮은 이익률의 원인을 진단해보았다. 기업의 이익이 낮은 원인을 명확하게 도출하기는 쉽지 않아서 학자들도 이에 관해 머뭇거릴 때가 있다. 그래서 우리는 5장의 첫머리에서 독자들께 이익개선을 위한 처방책에 대한 기대를 너무 크게 갖지 말라고 미리 부탁드린 바 있다. 우리가 제시한 낮은 이익의 원인과 그 처방책을 간추리면 다음과 같다.

'그릇된 목표'는 아마 낮은 이익의 가장 중요한 원인일 것이다. 그동안 출간된 많은 연구논문과 우리가 직간접으로 관찰한 바에 따르면, 현실에서는 매출액·판매량·시장점유율 목표가 이익목표보다 더 중시되고 있다. 이익목표를 힘차게 추구하는 경우에도, 단기이익을 지향하는 경우가 많다. 이러한 단기 이익지향은 장기지향적인 주주가치 개념과 조화를 이루지 않는다. 발표된 각종 논문과 자료 외에도 우리는 경험을 통해 이익에 초점을 맞추지 않은 목표들이 널리 퍼져 있음을 확인할 수 있었다. 실제로 현실에서 자주 일어나는 '목표의 충돌'은 그릇된 목표에서 비롯되는 문제를 더 악화시킨다. 왜냐하면 목표의 상충으로 인해 각 부서가 서로 대립하고 각기 다른 방향으로 나아가기 때문이다.

지속가능한 이익 또는 경제이익을 거둘 확률은 기업뿐만 아니라 그 기업이 진출해 있는 업종이 어떤 것인가에도 좌우된다. 마이클 포터의 5요소 모델은 한 산업의 이익기회를 진단하는 적합한 도구이다. 현재와 같은 경쟁사·공급사·고객들의 구도 아래서는 돈을 벌기가 무척 어렵고 경제이익을 거두기는 거의 불가능한 업종들이 있다. 이런 경우에는, 만일 철수가 가능하고 퇴출 장벽이 극복할 수 없을 정도로 높지 않다면, 업종을 바꾸는 것이 좋다. 이것 이외의 대안은 인수합병·차별화·틈새시장 공략·블루오션 전략 등이다.

여러 업종에 진출하여 힘을 분산하는 것도 수익성 약화의 원인이다. 많은 회사들이 이익을 내지 못하는 사업부서를 계속 끌고 간다. 또 어느 사업에서 성공한 기업가는 적지 않은 경우에 자기가 다른 사업에서도 잘할 수 있으리라고 믿는다. 그러한 생각이 착각 또는 환상이었음을 보여주는 실제 사례는 아주 많다. 다각화는 달걀을 한 바구니에 담지 않으므로, 한편으로는 위험을 줄여준다. 그러나 이것이 또 한편으로는 이익을 떨어뜨리기 십상이다. 힘의 분산에 대한 처방책으로 우리는 집중과 세계화를 두 축으로 하는 히든챔피언 전략을 추천한다.

이러한 일반적인 요인들 외에 기업의 이익기회에 영향을 주는 각 나라 특유의 사정이 있다. 법인세율, 노동시장 규제 정도, 임금 수준, 노동조합의 세력 등이 그런 요인이다. 이것들 외에 금방 눈에 띄지 않는 원인들도 있다. 그중 하나는 성숙산업이 많다는 사실이다. 성숙산업은 대체로 이익변동의 폭이 크지 않지만, 동시에 이익률도 더 낮은 경향이 있다. 또 기업의 규모를 키우는 힘이 약한 나라들도 많다. 자국의 시장규모가 작고, 벤처 캐피털 시장이 발달하지 않은 나라에서는 해외시장에 진출하기까지 시간이 많이 걸린다. 중국과 미국은 이런 점에서 더 좋은 조건들을 갖춘 것으로 보인다. 2019년 현재 전 세계에 있던 유니콘 기업의 80% 이상이 중국과 미국에서 배출되었다는 사실은 이 두 나라가 스타트업을 만들고 키우는 데 유리한 환경임을 강하게 시사한다. 추가로 독일처럼 최고경영자가 홀로 책임을 지지 않고 이사회가 공동으로 책임을 지는 시스템은 아마도 이익을 떨어뜨리는 방향으로 작용하지 않을까 추측할 수 있다.

끝으로 지역을 기반으로 하는 작은 은행들은 큰 은행들에 비해 고객들에게 이익 위주로 경영을 하도록 압력을 덜 가하는 것으로 보인다. 또 문화적인 관점에서는 이익이란 낱말이 부정적인 어감을 주면, 그것 역시 이익지향성을 강화하는 데 도움이 안 된다.

이 장에서 논의한 진단과 각종 처방책은 기업들이, 특히 이익이 적게 나는 나라의 기업들이 이익상황을 개선하는 데 활용할 만한 다양하고 구체적인 단초가 될 것이다. 이어질 6, 7, 8장에서는 직접적인 이익동인인 가격·판매량·원가에 대해 알아보고, 이익을 더 많이 내기 위한 추가적인 여러 방책을 알아보겠다.

THE DROP OF IT

THE PROFIT 6

이익동인 : 가격

앞에서 여러 번 이야기한 것처럼 이익동인은 가격·판매량·원가, 이 3가지뿐이다. 가격에 판매량을 곱하면 매출액이 나온다. 원가는 고정원가와 변동원가로 이루어졌는데, 이 원가를 매출액에서 빼면 이익을 알 수 있다. 세 이익동인과 이익의 원칙적인 관계는 이렇게 간단하다. 반면에 가격관리의 현실은 여러 가지 이유로 복잡하다.

이익동인 가격의 특성

이익동인 중 하나인 가격은 관리·조종 가능성·효과 등의 면에서 재미있는 특성과 작용을 보여준다. 먼저 다음 질문에 답해보자. 회사가 취하는 가격 조치가 누구에게 영향을 끼치는가? 첫째로 영향받는 집단은 고객들이다. 왜냐하면 기업의 가격행동이 판매와 이익에 궁극적으로 어떤 변화를 가져오는가는 바로 고객이 결정하기 때문이다. 고객들은 가격변경에 어떻게 대응할 것인가를 정한다. 즉 고객은 값이 오르면 얼마큼 덜 살지, 반대로 값이 내리면 얼마큼 더 살지를 결정한다.

그런데 고객뿐 아니라 영업사원들 또한 가격변경의 영향을 받는다.

왜냐하면 그들은 고객들에게 회사가 왜 그런 조치를 취했는가를 설명해야 하기 때문이다. 특히 값을 올린 후에 고객과 협상해야 할 때, 영업사원에게 이것은 매우 어렵고 하기 싫은 일이 될 수 있다. 간혹 회사 경영진이 결정한 가격인상 조치에 대해 정말로 영업사원들이 반감을 품는 사례도 있다. 반대로 값을 내리는 경우에는 영업사원들도 상대적으로 고객들에게 편하게 이야기할 수 있다. 이쨌든 회사의 가격행동을 영업사원들이 전폭적으로 지지하는 것이 중요하다. 그렇지 않으면 (가격변경은) 실패로 끝나기 십상이다.

가격은 이익에 아주 큰 영향을 미친다. 이 영향은 두 경로를 따라 일어나는데, 그 하나는 공헌마진(contribution margin)을 통해 직접적으로, 또 하나는 판매량을 통해 간접적으로 발생한다. 가격이 판매량에 영향을 주는 정도를 나타내는 것이 바로 가격탄력성[1]이다. 많은 소비재의 경우 가격탄력성이 광고탄력성보다 10~20배 높다. 바꿔 말하면, 가격을 10% 바꾸었을 때 나타나는 판매효과가 광고예산을 10% 바꿨을 때보다 10~20배나 크다. 소비재가 아닌 산업재에서는 그 차이가 더 크다. 또한 가격탄력성은 영업사원들의 외근탄력성보다 8배나 더 높다. 그리고 최근 연구에 따르면, 회사가 값을 1% 내려서 얻는 판매효과와 똑같은 효과를 거두려면 광고예산을 30%나 더 늘려야 한다고 한다.[2]

빠른 실행, 빠른 효과

가격결정은 즉각 실행에 옮길 수 있다. 반면에 광고캠페인·제품 (혁신·연구개발을 통한)·유통 등을 바꾸는 데는 시간이 훨씬 더 많이 걸린다. 원가절감 조치도 시행하는 데에 꽤 시간이 걸린다. 다만 일정 기간 계약에 의해 가격이 묶여 있다든가, 또는 카탈로그에 명시되어 정해진 기간에 가격을 유지해야 하는 경우가 있다. 이런 경우에는 가격변경이 조금 늦어질 수도 있다.

이렇게 수시로 달라지는 단기적 상황에 맞춰 가격을 빨리 바꿀 수 있는 특성은 인터넷으로 말미암아 더욱 강화되었다. 과거와 달리 요즘은 손가락만 한 번 까딱하면 값을 그 자리에서 즉시 바꿀 수 있기 때문이다. 이른바 동태적 가격책정(dynamic pricing)은 시시각각 달라지는 수요-공급 상황에 맞춰 가격을 빠르게, 끊임없이 조정하는 기법이다.

보통 광고 등의 다른 마케팅믹스 변수를 바꾸었을 때보다 값을 바꾸었을 때 판매효과가 더 빨리 나타난다. 가령 동네의 한 주유소가 값을 내렸을 때 주변의 경쟁자들이 발 빠르게 대처하지 않으면, 순식간에 점유율 판도가 바뀔 수 있다. 특히 인터넷의 발달은 예전보다 훨씬 높은 수준의 가격투명성(price transparency)을 만들어냈다. 고객들은 인터넷에 접속해 단추만 누르면 여러 회사 제품의 현재 가격을 그 자리에서 알아낼 수 있고, 따라서 더 조사를 하지 않고서도 구매결정을 내릴 수 있다. 오프라인 매장에서도 마찬가지다. 고객이 가게에 진열된 제품의 코드를 자신의 스마트폰에 입력하면, 그는 같은 제품이 주변의 가게나 인터넷에서 얼마에 팔리는지 즉각 알 수 있다.

반면에 신제품 도입이나 광고캠페인 등의 다른 마케팅 행동을 취했을 경우에는, 시간이 좀 지나서야 효과가 나타나는 때가 많다. 경쟁사들은 또한 우리 회사가 광고예산을 변경할 때보다 가격을 바꿀 때 훨씬 더 강한 반응을 보인다. 어떤 연구결과에 따르면, 가격변화에 대한 경쟁사의 반응탄력성은 광고변화에 대한 (경쟁사의) 반응탄력성보다 거의 갑절이나 크다고 한다. 기업은 대체로 다른 회사가 가격 이외의 마케팅 행동을 취할 때보다 가격을 건드릴 때 더 큰 위협을 느낀다. 그래서 경쟁사의 재빠르고 강한 가격반응은 모두의 이익을 파괴하는 가격전쟁으로 번지는 경우도 많다.

컨설팅 회사 지몬-쿠허가 2019년에 이에 관해 전 세계 1,643개 회사를 상대로 조사를 해보았다. 결과를 살펴보니 그 가운데 무려 57%가 가격전쟁을 벌이고 있었다.[3] 이렇게 경쟁사들이 지체 없이 가격반응을 보일 수 있기 때문에 가격조치만으로는 지속적인 경쟁우위를 창출하기 힘들다. 그렇게 하려면 회사는 경쟁사가 가격 면에서 계속 따라올 수 없을 정도로 지속적인 원가우위를 유지하든가 아니면 막강한 재력이 있어야 한다.

회사가 취할 수 있는 여러 가지 마케팅 조치 가운데 큰돈이 들지 않는 것은 오직 가격정책뿐이다. 그래서 경영자는 신제품을 내놓을 때나 스타트업의 경우처럼 자금사정이 좋지 않을 때에도 상황에 가장 알맞은 가격전략을 쓸 수 있다. 반면에 광고나 영업사원의 활동, 신

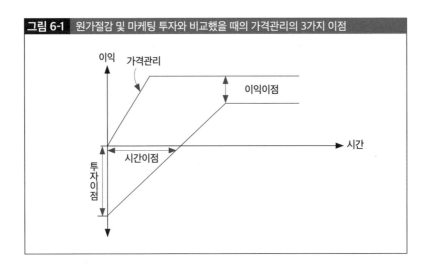

그림 6-1 원가절감 및 마케팅 투자와 비교했을 때의 가격관리의 3가지 이점

제품 개발 같은 다른 마케팅 활동들은 일단 먼저 상당한 자금을 투입해야 할 뿐 아니라, 그 효과도 나중에야 나타난다. 따라서 가격 이외의 마케팅믹스 변수에 관한 한, 재무자원이 충분치 않을 때는 필요한 조치를 제때 취하지 못할 수도 있다.

지금까지 논의한 가격의 특성을 종합해보면, 가격은 원가절감이나 광고·영업 등에 대한 마케팅 투자에 비해 시간·이익·투자 측면에서 이점이 있다([그림 6-1] 참조). 투자 측면의 이점이란 기업이 원가절감이나 광고 등에 마케팅 투자를 할 때와는 달리 가격최적화를 하는 경우에는 초기에 큰돈이 들어가지 않는다는 뜻이다. 시간의 이점이란, 가격에 의한 이익효과가 빨리 나타난다는 것을 의미한다. 끝으로 이익 측면의 이점은 가격조치를 통해 달성할 수 있는 이익의 상승폭이 특히 크다는 뜻이다.

가격에 대한 관심

가격이 이렇게 이익동인으로서 빼어난 구실을 하고 또 마케팅믹스 변수로서 앞에서 열거한 중요한 특성을 갖고 있다면, 기업가와 고위 경영자들은 당연히 가격에 많은 관심을 가져야 할 것이다. 그러나 현실에서는 그렇지 않은 듯하다. 그들은 오히려 이익동인 중 하나인 '원가'에 가장 많은 관심과 힘을 기울인다. 그들은 또 가격보다 판매, 즉 유통이나 광고 같은 마케팅 도구에 시간과 에너지를 더 많이 쓰는 경향이 있다. 많은 회사들이 가격이라는 중차대한 주제를 그 중요성에 걸맞게 진지하게 그리고 전문적으로 다루지 않는다.

어느 기계제작 회사에서 들은 이야기는 그러한 현실의 한 토막을 보여준다. 실제 거래가격이 어떻게 성립되느냐는 우리의 물음에 그 회사의 어느 고위 임원은 이렇게 대답했다. "전반적으로는 이렇게 돌아간다. 우리는 생산원가에 250%의 마진을 붙인다. 나머지는 영업부서에서 알아서 한다."

이런 방식이 근본적으로 어처구니없다고는 말할 수 없다. 그러나 이 회사를 자세히 들여다보니 건질 수 있는 상당한 액수의 이익이 사장(死藏)되고 있었다. 또 어느 큰 은행의 고위 임원이 한 다음의 발언 역시 우리에게 많은 것을 알려준다. "우리 은행은 125년의 역사를 갖고 있다. 내가 아는 한, 가격책정이란 주제를, 프로젝트를 통해 전문적으로 파고드는 것은 이번이 처음이다."

가격시스템의 복잡성

가격관리를 복잡하게 만드는 한 요소는, 회사가 가진 제품 포트폴리오(product portfolio)의 구조다. 제품 하나만을 한 가격으로 파는 회사는 사실상 없다. 거의 모든 회사가 여러 제품, 대체로 많은 제품 또는 (한 제품에서 파생된) 변형모델을 팔고 있다. 따라서 그에 상응하는 수만큼의 값을 매겨야 한다. 식품 소매점 · 약국 · 건축 자재 점포 · 산업재 회사 · 부품 회사 등에서 취급하는 품목은 수만 개에서 수십만 개에 이른다. 이것들 하나하나에 대해 값이 정해져야 하는 것이다. 은행 · 호텔 · 식당 등 서비스 업체들도 마찬가지로 수백 개의 가격이 열거된 정가표를 갖고 있다.

궁극적으로 이익을 결정하는 가격은 하나의 파라미터(parameter)일 수도 있지만, 대체로 다양한 형태를 띠고 있다. 예를 들어, 기본가격 외에 할인 · 보너스 · 특별판매 가격 · 각종 거래조건 등이 있다. 그 밖에도 고객집단별로 차별화된 가격 · 묶음 가격(price bundling) · 비선형 가격책정(non-linear pricing) 같은 다차원 가격들(multi-dimensional prices), 그리고 유통단계별 판매가격 등이 있다.

그뿐 아니라, 인터넷의 발달은 많은 혁신적인 가격결정 방식을 낳았다. 정액제(flat rates), 동태적 가격책정, 쓴 만큼 내기(pay per use), 역경매(reverse pricing, name your own price), 후리미엄(freemium), 선불요금제(prepaid systems) 등이 대표적인 예이다. 정액제란 고객이 매달 또는 매년 정해진 값을 내고 해당 제품 또는 서비스를 그 기간 동

6 이익동인 : 가격

안 원하는 만큼 쓸 수 있는 가격모델이다. 앞에서 잠깐 언급한 동태적 가격책정은 상황에 맞춰 수시로 가격을 바꾸는 기법이며, 쓴 만큼 내기는 물건을 구태여 소유하지 않고 그것이 실제로 제공하는 편익에 대해서만 값을 내는 것이다. 역경매에서는 사는 사람들이 판매자에게 가격을 제시하는데, 그 가격이 판매자가 미리 역경매 회사에 밝힌 가격 문턱(price threshold)과 같거나 그것보다 높으면 거래가 성립한다. 프리미엄(premium)이 아닌 후리미엄은 공짜를 뜻하는 후리(free)와 프리미엄의 합성어이다. 이것은 고객이 기본 서비스를 공짜로 얻거나 또는 격상된 고급 서비스를 유료로 이용할 수 있는 가격모델이다. 선불요금제는 소비자들이 해당 서비스를 쓰기 전에 미리 요금을 내는 가격모델이다. 한국의 선불 교통카드는 이것의 좋은 보기이며, 스타벅스가 파는 일정 금액이 충전된 카드도 이 모델이다. 일부 회사들은 인공지능 시스템을 도입해 사람의 개입 없이 자율적으로 값을 정하고 있다. 대표적인 예로, 항공 회사들은 인공지능 시스템을 이용해 항공료를 1년에 수백만 번씩 바꾼다.

또 사는 사람과 파는 사람의 협상을 통해 가격이 결정되는 경우도 많다. 대부분의 B2B 거래가 그렇게 이루어진다. 소비재 분야에서도 대량 구입하는 경우에는 협상에 의해 값이 정해진다. 자동차·가구 시장에서 이런 일이 자주 일어난다.

이처럼 가격은 복잡하고 독특한 특성을 많이 가졌다. 그렇다 보니 가격관리는 이익을 크게 올릴 수 있는 잠재력이 있지만, 또 한편으로는 이익을 떨어뜨릴 수 있는 위험도 있다. 왜냐하면 방금 논의한 여러 가격 요소 하나하나를 다 결정해야 하기 때문이다. 이익동인의 하나로서 가격의 역할은 전체적으로 아주 복잡하기 때문에 이 책은 특히 중요하고 핵심적인 측면만 다루겠다.

가격과 판매량

먼저 값의 변경이 판매량의 변경과 견주어볼 때 이익에 얼마만큼 영향을 미치는가를 가상의 보기를 하나 들어 살펴보자.

어느 기계부품 회사에서 '에리나졸'이라는 부품을 개당 1만 원씩에 팔고 있다. 주로 공작기계 회사에 팔았는데, 지금까지는 평균적으로 1년에 10만 개 정도를 팔았다. 이 제품의 단위당 변동비는 6,000원이고 따라서 1개당 마진은 4,000원이다. 10만 개를 팔았을 때의 매출액은 10억 원, 그리고 총 마진은 4억 원이다. 그런데 회사는 에리나졸의 고정비를 약 3억 원으로 추정하고 있기 때문에 이익은 '4억 원-3억 원=1억 원'이 된다. 따라서 영업이익률은 10%이다.

이 상황에서 개당 가격을 5% 올리면 이익이 어떻게 될까? 또 판매량이 5% 늘면 이익은 어떻게 달라질까? 단, 값이 오를 때 판매량은 변하지 않고, 또 판매량이 늘어날 때 값이 그대로라고 가정한다. [그림 6-2]는 그 결과를 보여준다.

값이 5% 오르면 매출액은 10억 5,000만 원이 된다. 그러나 판매량은 똑같으므로 변동비와 고정비를 합친 총 원가도 달라지지 않고

그림 6-2	값이 오르고 판매량이 늘어날 때의 이익에 대한 영향				
	이익동인		이익		이익상승의 정도
	변경 전	변경 후	변경 전	변경 후	
가격	1만 원	1만 500원	1억 원	1억 5,000만 원	50%
판매량	10만 개	10만 5,000 개	1억 원	1억 2,000만 원	20%

그대로 9억 원이다. 따라서 이익은 50%가 늘어 1억5,000만 원이 된다. 반면에 판매량이 5% 늘어 10만 5,000개가 팔리면, 상황이 크게 달라진다. 매출액은 값이 5% 올랐을 때와 똑같이 10억 5,000만 원이 되지만, 더 많이 팔리므로 변동비도 10만 5,000개×6,000원=6억 3,000만 원으로 올라간다. 그래서 총 원가는 9억 3,000만 원으로 올라가고, 따라서 이익은 불과 20% 늘어난 1억 2,000만 원이 된다.

그러므로 가격 또는 판매량만 5% 올라간다는 가정에서는, 더 많이 팔아서 성장하는 것보다는 값을 올려 성장하는 편이 훨씬 더 크게 이익을 늘릴 수 있다. 이 말은 물론 한계비용이 플러스일 때만 타당하다. 소프트웨어나 디지털 제품처럼 한계비용이 0이면, 같은 비율의 가격상승과 판매량 증가는 똑같은 액수의 이익증가로 이어진다.

그러면 반대로 값이 5% 떨어지고 또는 판매량도 5% 줄어든다고 하면, 이익이 어떤 영향을 받을까? [그림 6-3]이 그 결과다. 이익이 받는 영향은 마치 앞의 그림이 거울에 비친 것처럼 좌우가 반대이다. 판매량은 그대로이고 값만 5% 떨어지면, 이익이 무려 50%나 줄어든다. 반면에 값은 변하지 않고 판매량만 5% 줄어들면 이익은 20%밖

| 그림 6-3 | 값이 떨어지고 판매가 줄어들 때 이익이 받는 영향 | | | | |

	이익동인		이익		이익상승의 정도
	변경 전	변경 후	변경 전	변경 후	
가격	1만 원	9,500원	1억 원	5,000만 원	-50%
판매량	10만 개	9만 5,000개	1억 원	8,000만 원	-20%

에 줄지 않는다.

왜냐하면 변동비가 3,000만 원 줄고, 따라서 9억 원이었던 총원가가 8억 7,000만 원이 되기 때문이다. 이 두 사례가 경영자들에게 주는 시사점은 비대칭적(asymmetric)이다. 회사가 성장할 때는, 경영자가 판매보다는 가격을 통해 성장을 꾀하는 편이 이익을 늘리기에 더 낫다. 반대로 불황이 오면, 값을 내리기보다는 판매감소를 감수하는 것이 이익 보전에는 더 좋다.

따라서 경영자가 철저히 이익 중심으로 경영하고자 한다면, 나아가야 할 방향이 명확하다. 그러나 그들이 다른 목표를 추구하면, 방금 앞에서 우리가 권장한 방안과 갈등을 일으킬 수 있다. 예를 들어 불황기에 판매를 줄이면, 고용에 영향을 주고 직원들을 내보내야 할지도 모른다. 또 성장기에 가격을 통해서만 회사가 성장하면 판매량이 그대로이기 때문에 추가적인 일자리가 만들어지지 않는다. 한계비용이 0인 경우에는 가격변경과 판매변경이 이익에 똑같은 영향을 미친다.

가격의 이익탄력성

한 변수의 백분율 변화와 그 변화를 일으킨 변수의 백분율 변화의 관계를 '탄력성'이라고 부른다. 가격의 '이익탄력성'은 가격이 1% 달라질 때 이익이 몇 % 변하는가를 나타낸다. [그림 6-2]와 [그림 6-3]에서 보면, 가격의 이익탄력성은 10(=50%/5%)이고, 판매량의 이익탄력성은 4(=20%/5%)이다. 그러면 실제 현실에서의 가격의 이익탄력성은 얼마 정도일까? 가격이 1% 오르면, 포춘 500대 기업에 속한 회사들의 이익은 얼마나 달라질까? 앞에서와 마찬가지로 이 경우도 값만 1% 오르고 다른 것은 다 그대로라고 가정한다.

[그림 6-4]는 9개국 25개 회사들의 2019년 실적을 분석한 결과다. 값은 불과 1%밖에 올리지 않았는데도 이익효과는 그야말로 극적이다. 세계 최대의 자동차 부품회사 보쉬가 판매에 영향을 주지 않으면서 값을 1%만 올릴 수 있다면, 이 회사의 이익은 34.2% 늘어날 것이다. 세계 최대의 소매회사 월마트 역시 이익이 24.6% 올라갈 것이고, 아마존과 GM의 이익은 각각 16.9% 그리고 14.3% 뛸 것이다. 삼성전자도 7.5%의 이익상승을 기대할 수 있다.

현재도 이익을 엄청나게 내고 있는 애플, 알파벳, 알리바바 같은 인터넷 회사들도 1%라는 작은 가격인상으로 이익이 2.4~3.3% 정도 올라가게 된다. 이것을 절대액으로 바꾸면, 애플은 18.2억 달러, 알파벳은 11.3억 달러 그리고 알리바바는 5억 1,500만 달러의 추가적인 이익을 얻게 된다.

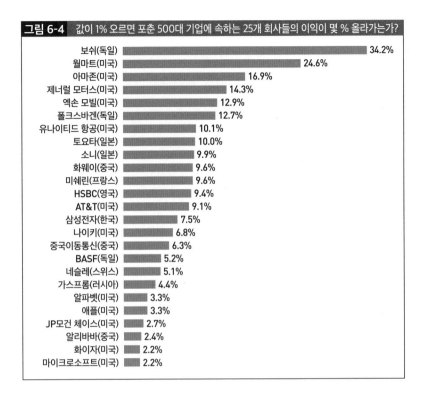

그림 6-4 값이 1% 오르면 포춘 500대 기업에 속하는 25개 회사들의 이익이 몇 % 올라가는가?

회사	%
보쉬(독일)	34.2%
월마트(미국)	24.6%
아마존(미국)	16.9%
제너럴 모터스(미국)	14.3%
엑손 모빌(미국)	12.9%
폴크스바겐(독일)	12.7%
유나이티드 항공(미국)	10.1%
토요타(일본)	10.0%
소니(일본)	9.9%
화웨이(중국)	9.6%
미쉐린(프랑스)	9.6%
HSBC(영국)	9.4%
AT&T(미국)	9.1%
삼성전자(한국)	7.5%
나이키(미국)	6.8%
중국이동통신(중국)	6.3%
BASF(독일)	5.2%
네슬레(스위스)	5.1%
가스프롬(러시아)	4.4%
알파벳(미국)	3.3%
애플(미국)	3.3%
JP모건 체이스(미국)	2.7%
알리바바(중국)	2.4%
화이자(미국)	2.2%
마이크로소프트(미국)	2.2%

　　그렇다면 "다른 조건이 같다면(ceteris paribus)"이라는 가정은 과연 얼마나 현실적일까? 가격이 바뀔 때 판매는 잠잠할까? 물론 그렇지 않다. 판매량도 역시 달라질 것이다. 그러나 가격상승률이 1% 정도로 낮으면, 판매변화도 그다지 크지 않을 것이라는 가정은 절대로 현실과 먼 이야기가 아니다. 또한 판매효과는 회사가 가격변경을 어떻게 실시하느냐에 크게 달려 있다. 특히 값을 1% 정도만 작게 올리는 경우에는, 가격변경 방법에 따라 판매효과가 많이 달라진다고 해도 거의 무방하다. 왜냐하면 이렇게 작은 가격인상은 방법에 따라 티 안 나

게 해낼 수 있기 때문이다.

우리는 수많은 컨설팅 프로젝트에서 그런 사례를 경험했다. 5장에서 '역할인 인센티브'를 도입한 어느 회사 이야기를 소개했는데, 큰 부품 납품회사인 이 회사는 영업사원들에게 할인을 적게 해줄수록 판매수수료를 더 지급하겠다고 했다. 그 결과 두 달 만에 평균할인률이 16%에서 14%로 떨어졌다. 그리고 고객이탈이나 매출감소도 없었다. 이것은 값을 2% 포인트 올리고도 판매가 줄지 않은 것과 똑같다. 이 사례에서는 이익이 16%나 올라갔으며, 절대액으로는 1억 달러 이상 늘었다. 가격은 이렇게 어마어마하게 효과적인 이익동인인 것이다. 그래서 가장 적합한 값을 매기려고 노력하는 것은 아주 중요하고 보람 있는 일이다.

이익을 가장 크게 하는 가격

이익을 가장 크게 하는 가격, 즉 '최적가격'은 그 일반적인 형태를 수학적으로 도출하여 보면 아래와 같다.

[수식 6-1]

$$최적가격 = \{가격탄력성/(1+가격탄력성)\} \times 한계비용$$

이 방정식에서 보다시피 최적가격을 결정하는 것은 한계비용과 가격탄력성이라는 두 요소뿐이다. 앞에서 말했듯이, 가격탄력성은 값이 1% 변할 때 판매량이 몇 % 달라지는가를 나타낸다. 값이 오르면 판매가 줄고, 값이 내리면 판매가 늘어나므로 가격탄력성의 부호는 마이너스가 된다. 예를 들어 가격탄력성이 −3이면 최적가격은 한계비용에 50%를 덧붙인 수치이다. −2라면 한계비용에 100%가 덧붙여진다. 가격탄력성의 절댓값이 작을수록 더 많은 마진을 붙여야 한다. 가격탄력성은 대체로 −1.5에서 −4 사이이다.

[수식 6-1]은 아직도 많은 기업에서 쓰는 원가가산 가격책정(cost-plus pricing), 즉 단위원가에 일정률의 마진을 붙여서 값을 정하는 것과는 완전히 다르다. 이 방정식은 일반적인 최적조건을 나타내는 것이다. 즉 가격탄력성은 대부분의 경우 상수(constant)가 아니고, 가격 수준이 바뀌면 덩달아 달라지는 변수이다. 한계비용도 마찬가지다.

이익을 가장 크게 하는 가격은 언제나 가격탄력성의 절댓값이 0보다 큰 영역 안에 있다. 그것의 절댓값이 작으면 값이 올라가서 마진이 커지는 긍정효과가 판매가 떨어지는 부정효과를 능가하여, 결국 이익이 늘어나게 된다. 기업이 책정한 가격이 매출액을 가장 크게 할 때는 가격탄력성이 −1이다. 이익을 극대화하는 가격은 언제나 매출액을 극대화하는 가격보다 높다. 또 [수식 6-1]을 보면 고정비가 이익을 극대화하는 가격에 아무런 영향을 주지 않음을 알 수 있다. 왜냐하면 최적조건에 고정비는 포함되어 있지 않기 때문이다.

가격과 판매량의 관계를 나타내는 가격반응함수와, 생산량과 원가의 관계를 나타내는 원가함수가 모두 선형(linear)이면,[4] 이익을 가장 크게 하는 가격은 정확히 개당 변동비와 최대가격을[5] 더해서 나온 수치의 절반이다. 이런 경우에는 또 이익과 가격의 관계를 보여주는 이익곡선이 대칭형이다. 즉, 최적가격보다 더 높은 가격도 그것보다 낮은 가격과 마찬가지로 이익에 악영향을 미친다. 흔히 알고 있는 바와는 반대로, 너무 비싼 가격도 너무 싼 가격과 비슷하게 이익을 떨어뜨린다는 뜻이다.

가격반응함수와 원가함수가 모든 선형일 때 또 다른 중요한 결과가 있다. 개당 변동비의 변동은 그 절반만 최적가격에 반영된다는 사실이다. 그래서 원가가 올라가면, 기업이 취해야 하는 가장 적합한 행동은 그 상승분의 일부만 가격에 전가하는 것이다. 마찬가지로 원가가 떨어지면, 회사는 그 혜택의 절반만 고객들에게 선사해야 한다. 관세나 환율이 달라져서 원가가 올라가거나 내려갔을 때도 마찬가지다. 따라서 이 이론은 업계에서 흔히 통용되는 아래와 같은 통념이 실은 그 근거가 탄탄함을 알려준다.

"회사는 원가가 떨어질 때는 그 혜택을, 그리고 오를 때는 그 고통을 고객들과 분담해야 한다."

실제로 회사가 원가 변동분의 일부를 고객들에게 전가하는 경우가 있다. 독일의 대형할인점 체인 알디(Aldi)는 우유의 조달가격이 10센트 오르자, 7센트만 소비자가격에 반영했다. 또 원가가 떨어지면, 그 절감의 혜택을 직접 고객들에게 드린다고 이 회사는 공언한다. 그리고 저가항공사인 라이언에어의 우두머리 마이클 오리어리(Michael O'Leary)도 비슷한 약속을 했다. "우리는 원가 절감분의 전부는 아닐지라도 대부분을 고객님들께 돌려준다."[6]

이익을 극대화하는 가격과 관련하여 지금까지 한 이야기를 간추리면 다음과 같다.

- 이익을 가장 크게 하는 가격은 가격탄력성에 따라 달라지는 마진을 한계비용에 붙인 액수이다.
- 고정비는 이익을 극대화하는 가격에 아무런 영향을 미치지 않는다. 따라서 총 원가를 바탕으로 한 가격책정은 무의미하다.
- 이익을 극대화하는 값은 언제나 매출액을 가장 크게 하는 가격보다 높다. 따라서 매출액 극대화는 의미 있는 목표가 아니다.
- 이익을 극대화하는 가격보다 더 비싼 가격은 그것보다 더 싼 가격과 마찬가지로 이익을 떨어뜨린다.
- 가격반응함수와 원가함수가 모두 선형이면, 이익을 가장 크게 하는 가격은 개당 변동비와 최대가격 사이의 정확히 한가운데에 있다.

마르크스주의 가격

우리가 만난 경영자들에게 "당신은 마르크스주의자입니까?"라고 물으면, 거의 다 "아니오."라고 대답한다. 그러면 두 번째 질문을 한다. "만일 당신이 마르크스주의자가 아니라면, 어째서 마르크스주의 방식으로 가격을 책정합니까?"

알다시피 칼 마르크스의 '노동가치설'은 오늘날 거의 모든 사람들이 배척하지만 '가격형성'이라는 면에서는 (마르크스는) 살아남았다. 참으로 기이한 현상이라고 하지 않을 수 없다! 왜 그런지 알아보자.

칼 마르크스의 가장 중요한 공헌은 노동가치설인데, 그것에 따르면 오로지 노동만이 가치를 창출한다고 한다. 그는 1865년에 쓴 글에서 이렇게 말한다. "상품의 가격은 임금에 의해 결정된다."[7] 마르크스는 생산성 및 노동자 자질의 차이를 철저히 고려하며, 그렇게 함으로써 시간단위당 창출되는 가치가 다를 수 있다는 가능성도 열어둔다. 그러나 그의 핵심은 "노동만이 가치를 창출한다."는 것이다. 따라서 '노임은 (가치를) 산정하고 값을 매기기 위한 유일한 토대'라고 그는 주장한다.

오늘날의 용어를 쓰면 우리는 이런 방식을 '원가가산 가격책정(cost-plus pricing)'이라고 부른다. 우리가 수십 년간 전 세계 다양한 업계, 많은 기업들을 만나 경험한 바에 따르면, 현재 세계 시장에서 가격의 80%는 대체로 원가를 바탕으로 정해진다고 말할 수 있다. 그리고 모든 원가는 결국은 노임이다. 변호사, 컨설턴트, 기타 대부분의 서비스업 종사자들은 투입한 시간에 따라 값을 책정한다(시간당, 일수, 달수). 자동차 회사가 공급회사로부터 부품을 받으면, 그 부품은 그것을 만들 때 투입된 노임을 가치사슬(value chain)로 계속 끌고 간다. 기본적으로는 원료비조차 노임으로 이루어져 있다. 그러고 나서 가격이 원가에 마진을 붙여 정해진다면, 우리는 이것을 큰 무리 없이 '마르크스주의 방식 가격책정'이라고 부를 수 있을 것이다.

칼 마르크스의 '노동가치설'은 케케묵은 이론으로 취급되고 거의 전 세계에서 배척받고 있다. 그럼에도 불구하고 실제 현실에서는 예나 지금이나 '원가가산 가격책정' 방식이 널리 쓰이고 있고, 이것은 마르크스주의 방식 가격형성과 다름이 없다. 마르크스주의를 믿지 않는 사람은 이러한 마르크스주의 방식 가격형성도 버려야 할 것이다. 이익의 관점에서는 그러한 방식의 폐기는 언제나 환영해야 할 일이다.

가격차별화와 이익

지금까지 우리는 회사가 한 제품을 한 가격으로만 판다고 가정했다. 이런 것을 우리는 균일가격 또는 단일가격이라고 부른다. 그러나 회사가 단 하나의 가격만으로 제품을 팔면, 건질 수 있는 잠재이익의 상당 부분을 날리게 된다.

[그림 6-5]는 이러한 상황을 보여주고 있다. 가격반응함수와 원가함수가 모두 선형이면, 잠재이익은 그림에 있는 삼각형이다. 그러나 회사가 단일가격으로 얻는 이익은 그림의 직사각형에 지나지 않는다. 이것은 이러한 구도에서는 회사가 잠재이익의 절반을 잃는다는 것을 뜻한다. 가격반응함수와 원가함수가 모두 비선형(nonlinear)이면, 이 구도가 세부적으로 다르게 보이기는 하지만 근본적으로 다르지는 않다. 만일 고객마다 지불할 용의가 있는 값이 다르다면, 회사가 값을 하나만 제시하는 한 (회사는) 얻을 수 있는 이익의 일부밖에 건질 수 없다.

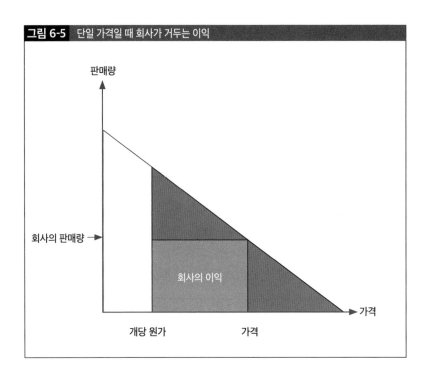

그림 6-5 단일 가격일 때 회사가 거두는 이익

[그림 6-5]에 삼각형으로 표시된 잠재이익의 더 많은 부분을 얻으려면, 차별화된 여러 가격이 필요하다. 이러한 가격차별화의 형태는 매우 다양하다.

- 개인적인 가격협상 : 바자회, 자동차 구매, 산업재 거래(B2B) 등의 경우.
- 경매 : 가장 높은 값을 부르는 사람의 지불용의가격(willingness to pay)으로 파는 것이 목표인 거래.
- 고객특성에 따른 가격차별화 : 나이, 직업, 소속된 집단에 따

라 값을 달리하는 방식.

- 구매량 : 수량할인, (현금이 아닌) 현물할인, 덤으로 주기, 비선형 가격(nonlinear price).
- 시간별 가격차별화 : 야간 전기요금, 주말 가격, 계절 가격 등.
- 지역별 가격차별화 : 국내-국외, 시내-교외, 도시-시골 등 지역에 따라 다름.
- 유통경로별 : 구멍가게, 슈퍼마켓, 기차역, 공항, 도매상, 인터넷 등 유통방식에 따라 다름
- 다차원 가격체계 : 기본 가격과 사용량에 따른 가격으로 이루어진 체계. 유명한 독일의 철도카드(BahnCard), 아마존 프라임(Amazon Prime), 신용카드, 전화요금 등.
- 복수고객가격(multi-person pricing) : 일행에 속하는 여러 손님이 같은 서비스·제품을 구입하는 경우, 두 번째 또는 몇 번째 이상의 손님에게 할인혜택을 주는 방식. 가족, 협회, 집단들에 흔히 제공됨.
- 묶음가격(price bundling) : 고객이 여러 종류의 제품을 묶어 한 다발(bundle)로 사면, 값을 깎아주는 방식. 맥도널드의 세트 메뉴(버거, 프렌치프라이, 음료로 구성), 마이크로소프트 오피스(워드, 파워포인트, 엑셀, 액세스를 포함).

[그림 6-6]은 다양한 방법으로 가격차별화를 했을 때 몇몇 보기에

그림 6-6	가격 차별화로 이익을 증가시킨 사례
가격차별화 방법	가능한 이익상승
한 가격 대신 두 가격	33%
한 가격 대신 세 가격	50%
비선형 가격(영화관)	36%
복수고객 가격(관광업)	17%
묶음 가격(소비재)	22%
묶음 가격(자동차의 추가적인 장비)	21%

서 이익이 얼마나 올라가는가를 보여준다. 단, 회사가 고객들을 그들의 지불용의가격에 따라 실제로 서로 분리할 수 있다고 가정한다.

앞에서 인터넷이 낳은 여러 혁신적인 가격결정방식을 소개했다(정액제, 후리미엄, 역경매, 쓴 만큼 내기 등). 이 밖에도 '원하는 가격 내기(pay what you want)'가 있다. 이것은 글자 그대로 고객이 자기가 원하는 값을 내고, 회사는 이 가격에 제품 또는 서비스를 제공하는 시스템이다. 몇몇 동물원·레스토랑·호텔 등에서 이 방식을 도입했고, 록 그룹 라디오헤드(Radiohead)도 이렇게 하고 있다.

이러한 인터넷을 기반으로 한 혁신적인 가격책정 방식도 새로운 형태의 가격차별화 기법들이다. 이러한 여러 가지 가격차별화 방법의 궁극적 목표는 모두 [그림 6-5]의 직사각형(단일가격으로 얻을 수 있는 이익)에서 잠재이익을 나타내는 훨씬 더 큰 삼각형으로 나아가는 것이다. 가격차별화를 성공적으로 실시하면, 이익이 꽤 많이 늘어날 수 있다.

그러나 가격차별화에는 위험이 따르게 마련이다. 회사가 고객들을 지불의향가격에 따라 나누고 분리하지 못하면 오히려 역효과가 날 수 있다. 왜냐하면 지불의향가격이 높은 고객들, 즉 비싼 가격에 살 마음이 있는 고객들이 낮은 가격에 사게 되기 때문이다. 낮은 가격은 이러한 고객들을 겨냥해서 설정된 것이 아니었으므로, 결과적으로는 단일가격으로만 팔 때보다 더 실적이 나쁠 수 있다.

가격차별화와 관련하여 이제까지 이야기한 것을 간추리면 다음과 같다.

- 가격반응함수와 원가함수가 모두 선형일 때 잠재이익은 삼각형이다. 많은 가격반응함수와 원가함수가 선형이거나 또는 선형에 가까우므로, 잠재이익이 대체로 삼각형과 비슷한 형태를 띤다고 말할 수 있다. 그런데 기업이 단일가격으로만 팔면, (기업은) 이 삼각형 안의 직사각형만큼의 이익만 올린다. 즉, 잠재이익의 큰 부분을 실제이익으로 전환시키지 못한다.
- 따라서 경영자의 큰 과제는 가능하면 삼각형에 가까이 다가가는 것이다. 매우 다양한 형태의 가격차별화 방안을 통해 이 목표를 달성할 수 있다.
- 이런 가격차별화 전략이 성공하려면 회사가 고객들의 지불의향가격에 따라 각 세부시장을 서로 떼어놓을 수 있어야 한다. 회사는 지불의향가격이 높은 고객들이 낮은 가격 덕을 보지 않고 실제로 비싼 값을 주고 사도록 각 세분시장에 서로 충분히 차별화된 제공물을 내놓고 잘 관리·통제해야 한다.

6 이익동인 : 가격

- 인터넷 덕분에 새로운 가격차별화 모델이 많이 나왔고, 또 인기를 끌고 있다. 이러한 새로운 가격차별화 모델을 시행할 때, 낮은 거래비용(transaction cost)과 자동적으로 측정하는 센서(sensor)가 핵심적인 구실을 한다.

이처럼 가격차별화와 특히 그것의 성공적인 시행은 조직의 관점에서 보면 상당히 복잡한 과정이다. 그러나 이것은 단일가격 책정과 견주어볼 때 매우 높은 이익상승을 약속해주는 보람 있는 일이다.

가격의 심리학

가격이 순수히 경제적 · 계량적으로 이익에 미치는 영향 외에, 최근 들어 가격의 심리적 측면이 크게 주목을 끌고 있다. 행동경제학(Behavioral Economics)은 이익에 큰 영향을 줄 수 있는 많은 가격 현상을 밝혀냈다. 이 분야의 연구자들이 관찰한 소비자 행동은 부분적으로 비합리적으로 보이기도 한다. 그러한 행동이 실제로 비합리적인지 아니면 그렇게 보이는 것이 실은 의사결정방식의 단순화인지는 조금 더 두고 보아야 알 수 있을 듯하다. 이러한 심리적 효과들 가운데 일부는 오래전부터 알려져 있다.

- 품질의 지표로서의 가격 : 소비자들은 가격과 품질의 상관관계

가 높다고 생각하여, 제품의 값이 비싸면 그것의 품질도 좋을 것이라고 믿는다.

- 속물효과(snob effect) 또는 베블렌 효과(Veblen effect) : 제품의 값이 비쌀수록 고객이 그것에서 느끼는 효용이 올라간다. 왜냐하면 높은 가격이 사회적 위신을 세워주는 데 도움이 될 수 있기 때문이다.

이 두 현상이 존재할 때 가격반응함수의 일부 구간에서는 기울기가 플러스일 수 있다. 즉, 이 구간에서는 값이 오르면 판매도 늘어난다. 이른바 '기펜의 역설(Giffen's Paradox)'도 비슷한 현상을 가리킨다. 돈이 별로 없는 어떤 소비자가 빵과 고기만 먹는다고 가정하자. 그런데 빵과 고기의 값이 모두 오르면 어떻게 될까? 그는 고기를 못 사거나 아주 조금밖에 살 수 없다. 그러면 허기를 면하기 위해 빵만 더 사야 할지도 모른다. 그 결과 빵값이 올랐음에도 불구하고 빵을 더 많이 사는 것이다. 이런 현상을 '기펜의 역설'이라고 일컫는데, 이것은 오늘날 빈곤 상황에서만 볼 수 있다고 해도 지나친 말이 아니다.

최근의 연구는 이렇게 잘 알려진 효과 이외에도 경제적 합리성과 배치되는 듯이 보이는 여러 다른 현상을 발견했다.

- 전거가격효과(anchor price effects) : 소비자는 어떤 제품의 값이 싸게 매겨졌는가를 판단하기 위해 기준점을 찾는다. 이 과정에서 그는 사실과는 거리가 먼 정보 또는 비교대상을 활용한다.

- 중간 가격대 선호 : 정보가 적을 때 소비자들은 흔히 중간 가격대에 있는 제품을 고른다. 어떤 사람이 맹꽁이자물쇠(padlock)를 사고자 했다. 그는 그것을 마지막으로 산 게 언제인지 생각나지 않았고, 적당한 값이 얼마인지도 모른다. 또 특별히 고급일 필요는 없지만, 그렇다고 값이 너무 싸면 기능에 문제가 없을지 믿음이 가지 않는다. 건재상에 가보니 1만 원짜리, 1만 5,000원짜리, 2만 원짜리가 있었다. 그는 1만 5,000원짜리를 산다.

- 가격범위를 넓힘 : 비슷한 사례로 어느 식당에서 지금까지 가격범위가 10만 원에서 20만 원 사이에 있는 포도주를 팔고 있었다. 그러다가 50만 원짜리 포도주를 메뉴에 추가했다. 그러자 아무도 50만 원짜리는 사지 않았지만, 20만 원짜리 포도주의 판매는 늘어났다.

- 제한된 수량 : 물건이 별로 없다는 인상을 주는 것이다. 만일 고객들이 재고가 얼마 남지 않았다든가 물건이 많지 않아 원하는 만큼 살 수 없을 듯하다는 인상을 받으면, 그들의 지불용의 가격·구매의향·구입하고자 하는 제품의 수량 등이 올라갈 수 있다.

- 대안의 수를 늘림 : 은행의 금융상품의 경우, 더 많은 대안이 제시되면 (고객들이 선택하는 상품의) 평균가격이 올라간다.

- 프로스펙트 이론(prospect theory): 프로스펙트 이론에 따르면, 사람들은 실제 가격이 준거가격보다 낮으면 그것을(실제 가격을)

이득으로 느끼고, 반대로 높으면 그것을 손실로 느낀다. 그런데 고객이 지각하는 한계효용과 한계손실 모두 준거가격에서 멀어질수록 떨어지는데, 손실에서 느끼는 비효용(disutility)이 이득에서 얻는 효용보다 더 빨리 늘어난다. 그 결과 사람들은 일정액수의 이득에서 얻는 효용보다 같은 액수의 손실에서 더 큰 고통을 느낀다. 이 이론을 자동차 보험회사에 적용하면, 고객들이 손실이라고 느끼는 보험료는 1년치를 한꺼번에 받고, 그들이 이득이라고 느끼는 보험금은 적은 액수를 여러 차례에 걸쳐 지불하는 편이 낫다.

그러나 회사가 이런 모델을 쓸 때는 신중을 기해야 한다. 다음과 같은 연구결과도 있기 때문이다. 어느 운동센터에서 연회비를 한꺼번에 낸 회원들은 다달이 내는 회원들에 비해 시간이 지나면서 센터를 점점 더 뜸하게 방문했고, 계약 갱신율도 현저히 낮았다. 하지만 다달이 회비를 내는 고객들은 돈을 낼 때마다 자산의 유출(고통)을 느끼고 따라서 회원자격을 유지하는 비용에 주목하게 된다. 반면에 일시불로 회비를 낸 고객들은 딱 한 번 돈의 유출을 느낀다. 그래서 연회비를 낸 직후에는 아직 운동센터를 방문할 의욕과 열정이 있다. 그러나 시간이 지나면서 돈이 나간 것은 점점 더 먼 과거의 일이 되고, 회비로 돈을 썼다는 생각도 갈수록 약해진다. 따라서 시간이 지날수록 매달 회비를 내는 고객들보다 계약 갱신율이 낮아진다. 이럴 경우에는 운동센터가 매달 납부방식을 장려하는 편이 더 나을 것이다.[8]

6 이익동인 : 가격

이러한 가격의 심리학적 효과를 잘 활용하면, 경우에 따라 이익을 크게 늘릴 수 있다. 그러나 아주 조심해야 한다. 왜냐하면 고객들이 속았다고 느끼고 그것을 인터넷으로 알리면 바람직스럽지 않은 사태가 일어날 수 있기 때문이다.

프리미엄 전략

현대의 시장은 점점 더 세분화되고 있다. 그래서 이제는 그 범위가 초고가 명품 시장부터 초저가 시장까지 아주 넓게 펼쳐져 있다. 그 중간에는 프리미엄 포지션과 저가 포지션이 있다. 초저가 시장은 주로 개발도상국과 신흥국에서 볼 수 있다. 명품 시장은 보통 크기는 작지만 수익률이 매우 높다. 여기서는 프리미엄 시장과 저가 시장이라는 2개의 큰 세분시장을 논의하겠다.

애플·P&G의 질레트·포르쉐·밀레(Miele) 그리고 포시즌스와 리츠칼튼 같은 호텔체인은 꾸준히 일관성 있게 프리미엄 가격전략을 실천하고 있는 회사들이다. 산업재 분야에서는 세계적인 풍력에너지 설비 회사 에네르콘(Enercon)이나 전문 주방기구 회사 라치오날(Rational) 등이 이 전략을 쓰는 것으로 유명하다. 프리미엄 가격전략은 회사가 고객들에게 뛰어난 효용을 제공해야만 지속적으로 시행할 수 있다. 그래서 결정적인 경쟁우위는 명품 제품처럼 명망(prestige)보다는 적당한 성능 대비 가격이다.

통상 성공적이며 지속가능한 프리미엄 전략은 혁신에 바탕을 두고 있다. 여기서 말하는 혁신은 획기적인 혁신은 말할 것도 없고 끊임없는 개선도 포함하는 개념이다. 그래서 쇼핑카트 시장의 선두기업인 반츨(Wanzl)은 "지속적인 혁신의 역사"라는 표현을 쓰기도 한다. 혁명적인 혁신은 이 분야에서는 극히 예외적인 현상이기 때문이다. 고급 가전제품을 생산하는 밀레의 좌우명은 "항상 더 낫게(Immer besser)"이다. 이 슬로건은 전 세계의 모든 시장에서 절대적으로 최고의 제품을 제공한다는 이 회사의 정책과 잘 어울린다. 밀레는 수많은 개선 작업을 끊임없이 이루어내고 있기 때문에 이 회사의 제품들은 사람들이 '완벽하다'고 표현하는 상태에 더 가까이 다가가고 있다. 이 전략을 써서 성공한 회사들의 큰 특징은, 제품의 품질이 좋을 뿐만 아니라 철저히 한결같다는 사실이다. 서비스도 이런 조건을 충족해야 한다.

프리미엄 가격전략을 쓰는 회사는 또한 강력한 상표를 갖고 있다. 상표의 기능은 흔히 오래가지 않는 기술적 우월을 지속적인 이미지 우위로 전환시키는 것이다. 그래서 이런 회사들은 자사 제품들의 효용과 우수성을 널리 알리기 위해 커뮤니케이션에 많은 예산을 투입한다. 어차피 고객들이 알고 인정하는 제품의 가치와 효용만이 의미가 있기 때문이다. 반면에 이런 회사들은 특별 할인판매나 판매촉진(sales promotion)에 대해서는 소극적이다. 왜냐하면 이런 마케팅 도구를 지나치게 많이 쓰면 회사의 프리미엄 가격 포지션이 흔들릴 수 있기 때문이다.

프리미엄 가격전략을 쓸 때의 관건은, 효용과 원가를 잘 저울질하는 것이다. 무게중심은 당연히 고객들에게 높은 가치·효용을 전달하는 것에 있어야 하며, 빼어난 기능적인 성능 및 품질과 더불어 포괄적인 높은 수준의 서비스도 제공되어야 한다. 그렇게 하면서도 경영자는 원가를 회사가 감당할 수 있는 액수로 유지해야 하는 것이다.

저가전략

저가전략의 성공요인은 전혀 다르다. 이 전략을 오랫동안 성공적으로 구사해온 회사들은 처음부터 낮은 가격과 많은 판매량에 경영의 초점을 맞췄다. 예를 들어 자라, 이케아, 유니클로, 알디, 사우스웨스트항공, 라이언에어, 프리마르크 등이 그런 회사들이다. 이들은 많은 경우 완전히 새로운 사업모델을 만들어내기도 했다. 이들 가운데 과거의 프리미엄 전략 회사가 변신하여 생긴 회사는 단 하나도 없다. 성공적인 저가전략 회사는 원가효율과 공정효율이 매우 높으며, 재고회전율(inventory turnover)도 높다. 이러한 원가경쟁력 덕분에 이런 회사들은 값이 싸도 충분한 마진과 이익을 얻을 수 있다.

저가전략 회사들은 충분한 수의 고객들이 받아들일 만한 수준의 품질을 한결같이 유지한다. 품질이 나쁘거나 한결같지 않으면 값이 싸더라도 지속적인 선택을 받을 수 없고, 성공을 거둘 수도 없다. 이런 회사들은 고객들에게 가장 본질적인 것만을, 즉 '효용의 핵심'만을 제공하며 기타 부가적인 혹은 불필요한 제품·서비스는 과감히 생략한다. 이들은 이렇게 원가관리에 힘을 기울이면서도 품질이 어느 한계 이하로 떨어지지 않도록 한다.

저가전략 회사들은 빠른 성장 및 높은 시장점유율을 지향한다. 성 장률과 시장점유율이 높으면 회사는 규모의 경제를 최대한 활용할 수 있다. 이 회사들은 원자재를 구매할 때 매우 까다롭고 철저하지만, 불공평한 행동을 하지는 않는다. 그들은 가능하면 은행 빚을 지지 않 고 자체 자금조달 또는 공급회사와의 신용거래를 선호한다. 그들은 또한 압도적으로 자체상표에 더 비중을 두며, 가치사슬 전체에 걸쳐 끊임없이 원가를 통제하고 줄이려는 노력을 기울인다.

저가전략 회사들이 광고를 할 때는 제품보다는 주로 가격을 강조하 고, 가능하면 돈이 덜 드는 매체를 쓰려고 한다. 이들의 가격정책은 '매일 낮은 가격(Every Day Low Pricing, 줄여서 EDLP)'이라는 말처럼, 낮은 가격을 지속적으로 유지하는 것이다. 그래서 일시적으로 값을 내리 는 이른바 '특별 할인판매'에 주안점을 두는 정책(Hi-Lo)은 이들의 저 가 포지셔닝과는 어울리지 않는다. 대부분의 시장에서는 극소수의, 많은 경우 하나 또는 두 회사만이 저가와 고수익을 동시에 달성할 수 있다. 그럼에도 불구하고 여러 회사가 이 전략을 구사하면, 파괴적인 가격전쟁이 일어날 수 있다.

지금까지의 이야기를 간추리면, 낮은 가격을 무기로 지속적으로 높 은 이익을 얻는 것은 기본적으로 가능하다. 그러나 실제로 이런 성공 을 거두는 회사는 아주 적다. 훨씬 더 낮은 원가를 지속적으로 유지할 수 있어야 하기 때문이다. 이렇게 하려면 처음부터 '근검절약'이 기업문화에 녹아 있어야 한다. 그렇지 않은 회사가 문화를 바꿔서 이런 요구조건을 충족시킬 수 있을지는 의문이다.

세계 최대의 유통회사 월마트의 창업자 샘 월튼(Sam Walton)은 이런 근검절약이 몸에 밴 사람이었다. 그는 임원들이 출장을 갈 때도 8명이 한 방에서 자게 했으며, 한때 미국에서 가장 부유한 사람이었음에도 불구하고 비행기의 일반석(economy class)을 타고 다녔다. 그는 언젠가 이런 말을 했다. "월마트가 1달러를 어리석게 쓸 때마다 그 돈은 우리 고객들의 호주머니에서 나온다."

1992년에 월튼 회장이 세상을 떠난 이후 30년 가까이 지났지만 그가 남긴 이러한 문화는 회사에 아직 생생하게 남아 있다. 그래서 회사의 주가가 크게 오른 덕분에 많은 종업원들이 백만장자가 되었지만, 임원들은 여전히 작은 사무실에서 일하면서 손수 쓰레기를 버리고, 자기 돈으로 커피를 사 마시며, 소박한 자동차를 굴린다. 이렇게 초일류 회사 월마트의 기업문화는 사치와는 정말 거리가 멀다. 바로 이런 기업문화가 저가 전략의 중요한 성공요인의 하나다.

또 하나의 중요 성공요건은 고객들에게 (최소한이 아닌) 그들이 받아들일 만한 정도의 가치를 제공하는 것이다. 기본적으로 이것은 기초적인 기능적 성능을 갖춘 핵심제품을 가리키며, 최고 수준의 원가효율로 뒷받침되어야 한다.

인터넷, 가격, 이익

앞에서도 말했듯이 인터넷은 가격을 책정하는 환경과 조건을 크게 바꾸어 놓았다. 인터넷으로 말미암은 이런 변화는 이익에도 큰 영향을 미칠 수 있다. 전자상거래에서는 값을 바꾸는 것이 기술적으로 더 간편하다. 그래서 많은 회사들이 과거에 비해 가격을 더 자주 바꾼다. 어떤 연구 결과에 따르면, 석 달 동안에 온라인 약국은 모든 품목 가격의 87%를, 전자는 67%를, 패션은 50%를, 자동차 부품은 40%를 바꾸었다고 한다.[9]

이러한 잦은 가격변경이 이익에 어떤 영향을 미치는지는 아직 알려져 있지 않다. 상황에 맞춰 수시로 가격을 바꾸는 동태적 가격책정은 회사에게 기회를 가져다주지만 한편 큰 위험을 수반하기도 한다. 특히 거의 항상 이익에 악영향을 주는 가격전쟁이 더 자주 일어날 가능성이 있다. 예를 들어 아마존에서 취급하는 약 1,000만 개의 품목을 10개월 동안 추적해 보았더니, 매일 6만 건의 가격전쟁이 있었다. 그러나 이것들의 대부분은 6시간 이내에 끝났다고 한다.[10]

인터넷이 가져온 아주 중요하면서도 이미 널리 퍼진 변화는 바로 '가격투명성'의 급격한 상승이다. (소비자들이 가격을 한 번에 검색하고 비교하게 되면서) 저가회사들이 상대적으로 유리해졌고, 회사가 실제로 값을 내리기도 쉬워졌다. 반면에 프리미엄 전략을 쓰는 회사는 불리해졌고, 가격인상을 단행하는 데 어려움을 겪게 되었다.

인터넷은 또 가치투명성(value transparency)을 높인다. 가격투명성에 비해 이 현상은 아직 초기단계에 있다. 가치투명성은 가격탄력성에 비대칭적으로 영향을 미친다. 예를 들어 어느 회사가 온라인으로 주로 부정적인 평가를 받으면, 그 회사는 공격적인 가격전략을 구사해도 이미 가망성이 없다. 가격탄력성이 내려가기 때문이다. 따라서 평판이 나빠지면 공격의 무기로서의 가격은 힘을 잃는다. 반대로 이런 회사가 값을 올리면 그야말로 파멸이다. 이때는 가격탄력성이 상승하기 때문이다.

이와는 대조적으로 온라인으로 좋은 평가를 받는 회사는 값을 건드리지 않아도 판매가 늘어나며, 큰 걱정 없이 값을 올릴 수 있다. 왜냐하면 이 경우에는 가격탄력성이 내려가고 따라서 판매가 그다지 많이 줄지 않기 때문이다. 만일 이렇게 평판이 좋은 회사가 값을 내리면 그 효과는 훨씬 더 크다. 이때는 가격탄력성이 올라가기 때문이다. 이러한 판매반응이 이익에 큰 영향을 미칠 것임은 불을 보듯 뻔하다.

이와 같이 인터넷 시대에서는 고객들로부터 긍정적인 피드백을 받는 것이 값을 매기고 이익을 달성하는 데 점점 더 중요해졌다.

새로운 가격산정 기준단위

이익을 늘리기 위한 혁신적인 접근법은, 가격을 산정하는 기준단위를 바꾸는 것이다.[11] 건자재 시장의 사례를 보면 이 방법의 잠재력을 알 수 있다. 어떤 회사가 벽을 만드는 데 쓰는 콘크리트 블록(cinder block)을 팔고 있다. 이 회사는 아래와 같은 여러 기준을 토대로 값을 정할 수 있을 것이다.

- 무게 : 톤(t)당 얼마
- 부피 : 세제곱미터(㎥)당 얼마
- 겉넓이 : 제곱미터(㎡)당 얼마
- 완성된 벽의 원가 : 완성된 벽의 제곱미터(㎡)당 얼마

어떤 기준을 쓰느냐에 따라 이 회사 제품의 값은 크게 달라질 수 있고, 그에 따라 경쟁 구도도 변할 수 있다. 실제로 이 업계의 어느 큰 회사가 자사 신제품을 무게 또는 부피에 따라 값을 매겼을 때는 경쟁 제품보다 40%가량 더 비쌌다. 그러나 콘크리트 블록의 겉넓이(surface area)를 기준으로 했을 때는 가격차이가 10%밖에 나지 않았다. 이 회사 제품을 쓰면 더 쉽고 빠르게 공사를 끝낼 수 있기 때문에 완성된 벽의 제곱미터당 가격은 오히려 경쟁제품보다 12%나 더 낮았다. 따라서 이 회사는 새 제품의 값이 완성된 벽의 제곱미터에 따라 정해질 수 있도록 가격산정 기준단위를 바꿔야 할 것이다.

스위스의 힐티(Hilti)는 전문가용 전동기 시장의 세계적인 회사이다. 전통적으로 이 업계의 회사들은 자사 제품들을 고객들에게 판다. 즉 가격산정 기준단위는 전동기 개당 가격이다. 힐티는 이런 관행을 깨고 이른바 '일괄관리(fleet management)'라는 새로운 모델을 도입했다.

고객은 자기 회사가 쓰는 힐티의 모든 제품들(fleet)에 대해 일괄적으로 매달 일정한 금액을 지불한다. 힐티는 각 고객의 필요에 맞춰 가장 적합한 제품을 골라주고, 수선·수리·배터리 교환 등을 포함한 포괄적인 서비스를 제공한다. 고객은 다달이 일정액만 내면 되므로 전동기와 관련된 잡다한 일은 다 잊고, 자신들이 핵심역량을 갖고 있는 본업에 집중할 수 있다.

도장(painting system) 분야의 세계 시장 선도기업 뒤르는 몇 년 동안 바스프(BASF)와 협조해 자동차 회사들에게 1대당 고정가격을 받고 페인트칠 서비스를 해주었다. 산업용수처리 전문회사 엔비로폴크(EnviroFalk)는 회사 장비를 고객들이 무료로 쓸 수 있도록 하고, 처리된 물의 양에 따라(세제곱미터당 얼마) 값을 매긴다. 식당용 식기세척기 분야의 세계적인 회사 빈터할터(Winterhalter) 역시 '씻은 만큼 내기(pay per wash)' 프로그램을 고객에게 제안한다. 이 회사는 이 프로그램에 대해 이렇게 주장한다. "(초기에 거금을) 투자할 필요가 없고, 위험과 고정비가 전혀 없다. 완벽하게 융통성 있고, 모든 것을 포함한다."[12]

2020년 레이저 기계(laser machines) 분야의 세계 시장 선도기업 트룸프(Trumpf)는 세계 최대의 재보험회사 뮤닉 리(Munich Re)와 함께 합작 금융회사를 설립했다. '(완성된) 부분만 내기(pay-per-part)'라고 불리는 이 회사의 독특한 금융모델 덕분에 이제 트룸프의 고객들은 더 이상 그 회사의 기계들을 사지 않는다. 그 대신 그들은 트룸프의 기계를 써서 실제로 완성된 '얇은 철판(sheet metal)' 각각에 대해 미리 합의된 고정가격을 지불한다. 즉 고객들은 그들이 필요로 하는 부분에 대해서만 돈을 내는 것이다. 이러한 '쓴 만큼 내기(pay per use)' 모델은 프랑스의 타이어 회사 미쉐린(Michelin)이 트럭 타이어의 값을 정하는 방식과 비슷하다. 고객들은 실제로 운행한 거리에 비례해서 타이어 값을 지불한다.

이러한 모델들은 고객들에게 2가지 면에서 혜택을 준다. 첫째, 고객은 자신이 부담해야 하는 원가를 더 잘 산정할 수 있다. 둘째, 고객의 재정적 부담이 줄어든다. 한편 공급회사는 현금흐름을 더 잘 예측할 수 있고, 자원을 가장 적절하게 배분할 수 있다. 이런 모델들은 또한 회사의 경쟁우위가 될 수 있다. 왜냐하면 재력이 충분하거나 강력한 파트너가 있는 회사들만이 고객에게 이러한 모델들을 제안할 수 있기 때문이다.

소프트웨어 분야에서는 클라우드 컴퓨팅(cloud computing)으로 말미암아 새로운 가격산정 기준단위들이 이제 표준이 되어가고 있다. 예전에는 고객이 소프트웨어 면허(license)를 구입한 다음 스스로 자신의 서버에 직접 설치해 사용했다.[13] 하지만 요즘은 클라우드 방식으로 소프트웨어를 인터넷상에서 필요할 때 쓸 수 있게 해주고 요금을 받는다.[14] 이러한 사업모델은 사스(SaaS, Software as a Service)라고 불린다. 예를 들어, 마이크로소프트의 오피스 365 꾸러미는 더 이상 전통적인 방법으로 판매되지 않고, 고객들은 월정액 또는 연회비를 내고 그것을 쓸 권리를 얻는다. 오피스 365 홈 프리미엄의 경우, 유럽에서는 월회비가 10유로이고 연회비는 99유로다. 이 돈을 내면 고객은 인터넷을 통해 최신판 소프트웨어에 즉시 접근할 수 있고, 기타 여러 가지 추가적 서비스를 받을 수 있다.

어도비(Adobe)는 업계의 흐름이 제품 기반 모델에서 구독 모델로 가고 있음을 보여주는 매우 흥미로운 사례다. 이 회사는 디스크에 담은 자사 소프트웨어를 넘기고 영구히 면허를 주는 방식으로 지금까지 장사해왔다. 이 모델은 상당히 수익성이 좋았으며, 어도비의 순이익률은 19%에 달했다.

그러나 한편으로 이 모델은 융통성이 없기 때문에 단점도 있었다. 즉, 회사는 고객들과 영구적인 관계를 맺을 수 없었고, 고객들은 정기적으로 최신 버전의 소프트웨어를 얻을 수 없었다. 이러한 이유들로 말미암아 어도비는 고객들에게 혁신적으로 개선된 제품을 계속적으로 제공하는 데에 어려움을 겪었다.

어도비는 그 문제를 해결하기 위해 과감히 옛날의 '디스크와 면허' 모델을 버렸다. 그리고 '어도비 크리에이티브 클라우드(Adobe Creative Cloud)'라는 클라우드 기반의 구독 모델을 고객에게 제시했다. 어도비는 이 모델을 알리기 위해 많은 돈을 쏟았고, 결과는 대단히 성공적이었다. 이 구독 모델을 처음 내놓았던 2013년 이 회사의 시가총액은 225억 달러였으나, 2020년 가을에는 2,000억 달러를 넘었다.[15]

자동차 공유 서비스(car-sharing service)의 가격산정 기준단위는 근본적으로 새로운 것은 아니지만, 그 정밀도는 기존의 자동차 대여(car rental) 모델을 훨씬 뛰어넘는다. 우선 많은 경우 분 단위로 값이 매겨진다. 그리고 기본요금에는 공짜로 달릴 수 있는 일정한 거리가 포함되어 있는데, 이것을 초과하자마자 고객은 킬로미터(km) 단위로 요금을 낸다. 디지털 기술은 고객들에게 추가적인 부담을 주지 않으면서도 이렇게 분 단위·킬로미터 단위로 계산하는 것을 가능하게 해준다.

자동차 산업이 앞으로도 충분한 수익을 올리려면, 이제 새로운 사업모델에 관해 깊이 생각해보아야 할 듯하다. 안드레아스 헤어만(Andreas Herrmann)과 발터 브렌너(Walter Brenner)는 이에 대해 의미심장한 말을 한다. "자동차 제조 회사는 보통 25만 킬로미터 정도를 뛰는 자동차 1대를 팔아서 평균 2,800달러를 번다. 이것은 1킬로미터당 대충 1센트 정도를 번다는 말이다. 그러므로 우리는 다음과 같이 권하지 않을 수 없다. '차량 1대당 이익'에 바탕을 둔 현재의 사업모델은 '운행당 이익'이라는 철학으로 바뀌어야 한다."[16]

이러한 모델이 성공을 거두려면 거래비용(transaction costs)과 감시비용 및 통제비용이 적게 들어야 한다. 특히 자전거나 전기스쿠터처럼 값싼 차량의 경우에는 더욱더 그렇다.

구글 애드워즈(AdWords)의 가격시스템도 새로운 가격산정 기준단위에 바탕을 두고 있다. 전통적인 대중매체는 도달범위(reach)에 따라 광고비를 정한다. 그러나 도달범위가 광고되는 상표의 판매와 이미지에 어떤 영향을 주는지는 늘 불확실했다. 반면에 구글의 광고비 책정 모델은 '클릭한 만큼 내기(pay-per-click)'이다. 광고주들은 이 광고비 모델이 광고효과의 인과관계를 더 잘 반영한다고 생각하는 것이 틀림없다. 지난 몇 년간 구글의 광고시장 점유율은 꾸준히 상승했기 때문이다.

앞에서도 몇 번 언급한 대표적인 히든챔피언 기업 에네르콘의 가격모델도 가히 혁신적이다. 이 회사의 유명한 서비스 프로그램인 EPK(Enercon Partner Konzept)는 고객들에게 설비를 판매한 첫해부터 12년간 변함없는 상태로 가동할 수 있도록 보장해준다. 점검에서부터 안전 서비스는 물론이고 손질과 수선에 이르기까지 모든 돌발사태를 책임지고 해결해준다는 내용이 계약서에 들어 있다. 또한 서비스 가격은 고객이 풍력발전 시설을 돌려 얻는 수익에 달려 있다. 즉 에네르콘은 고객과 위험을 분담하고, 따라서 고객이 떠안는 객관적인 위험은 현격히 줄어든다. 이러한 제안은 고객에게 최고의 매력으로 다가온다. 그래서 고객들 가운데 85%가 EPK 계약을 맺는다. 그뿐 아니라, 에네르콘은 12년의 계약기간 중 첫 6년간은 서비스 가격의 절반을 스스로 부담한다. 고객을 위한 이러한 위험부담과 보장은 비용을 수반하기 마련이다. 그러나 에네르콘은 그러한 비용을 충분히 감당할 수 있다. 왜냐하면 이 회사의 모든 제품들이 워낙 품질이 좋고 특히 기어가 없는 풍력터빈을 생산하기 때문이다. 대체로 기어는 고장을 많이 일으키고 자주 정비해야 하는데, 그것이 없으니 에네르콘은 고객들에게 97%의 가동률을 보장할 수 있다. 그러나 실제 가동률은 98% 이상이므로, 가동률 보장은 에네르콘에게 아무런 금전적 부담을 주지 않는다.

보험업에서도 새로운 가격모델이 나타나고 있다. 보험회사들은 최신 기술을 써서 사고 위험을 더 믿음직하게 헤아릴 수 있다. 따라서 더 정확한 원가계산을 바탕으로 보험료를 산정할 수 있다. 이미 여러 나라에서 자동차 보험 회사들은 다음과 같은 시스템을 운영하고 있다.

먼저 고객의 자동차에 보험회사의 GPS시스템과 연결된 블랙박스를 설치한다. 그리고 고객이 실제로 어느 시간대에, 얼마만큼의 사고위험이 있는 어떤 구간을 얼마나 자동차로 다녔는가를 체크한다. 그 결과에 따라 고객은 킬로미터 단위로 보험료를 낸다. 이러한 위험변수들은 자동차사고의 원인들을 더 잘 설명해주므로 이것들은 나이나 주소지 같은 기존의 변수들을 대치하고 있다.

또한 회사가 고객에 대해(운전습관, 운전실력 등) 더 자세히 알게 되므로, 위험성이 적은 고객들이 위험성이 큰 고객들을 금전적으로 보조해야 할 필요성이 줄어든다.[17] 미국에서는 이러한 모델이 벌써 시장의 10%를 차지하고 있다.[18]

이와 비슷한 현상이 건강보험 업계에서도 나타나고 있다. 가령 건강에 도움을 주는 활동을 하는 사람은 보험료를 덜 내도록 상품이 설계된다. 건강 분야에서는 온갖 새로운 가격산정 기준단위를 도입할 수 있는 여지가 무척 많다. 이제는 스마트 시계나 팔찌에 붙인 센서 등 여러 형태의 원격 진단장치를 통해 주요 건강지수를 쉽게 측정할 수 있다. 실제로 영국의 건강보험회사 에이아이지 다이렉트(AIG Direct)는 체질량 지수(Body Mass Index, BMI)에 연동해 월보험료를 산정한다. 단 체질량 지수가 왜곡되는 것(피보험자가 지나치게 운동을 많이 해서 근육량이 많아지는 등) 같은 특수한 경우는 예외이다.[19]

스페인 바르셀로나에 있는 테아트레네우(Teatreneu) 극장은 미래지향적인 가격모델을 도입했다. 모든 좌석에 센서가 부착되어 있고, 이 것은 관객들의 얼굴 표정을 분석한다. 센서가 인식하는 웃음 1회당 관객은 30센트를 내야 하는데, 최고 가격은 24유로이다. 즉 관객은 80번까지는 유료로 웃고, 그 이상은 무료로 웃을 수 있는 것이다! 돈은 방문객들이 스마트폰으로 지불한다. 그러자 입장료 수입이 관객 1인당 6유로가 늘었다고 한다.[20] 이 사례는 약간 엉뚱한 느낌을 주고, 아마 이것이 미래에 극장의 표준적인 입장료 모델이 되지는 않을 듯하다. 그러나 이 이야기는 기술이 무엇까지 가능하게 하는지를 아주 뚜렷하게 보여준다. 어쨌든 관객은 자신이 지루하게 본 작품보다 크게 웃고 즐겼던 작품에 더 많은 돈을 내는 것은 당연한 일 아닐까?

실제로 우리는 기존의 모든 가격산정 기준단위를 재검토할 필요가 있다. 호텔(1박)·여행사(1주일)·대중교통 회사(1개월 승차권)·박물관(연간 입장권)·장인(craftsman)(시간당 얼마) 등은 아직 시간 단위를 기준으로 값을 책정한다. 반면에 식당은 대체로 메뉴에 따라, 미용사는 건별로, 택시는 운행 거리에 비례해서 값을 부른다. 그러나 식당·미용사·택시도 시간 단위를 기준으로 값을 매기는 방식을 생각해볼 수 있다. 예를 들어, 어느 식당에서 좌석이 모자라서 병목현상이 빚어지고 있다면, 손님들이 식당에 머무르는 시간에 비례해서 값을 매긴다면 좌석 회전율이 더 높아질 것이다.

항공 회사들은 전통적으로 개별 승객에게 다른 가격을 부과한다. 즉, 승객의 나이, 과거 탑승실적, 여행하는 계절·요일·시간대 등에 따라 값이 달라진다. 2013년 사모아 항공은 전혀 다른 가격산정 기준단위를 생각해냈다. 즉 이 회사는 승객의 몸무게를 기준으로 항공료를 정했다. 예를 들어, 사모아에서 미국령 사모아(American Samoa)로 날아가려면 몸무게를 기준으로 킬로그램당 0.92달러를 내야 한다. 사모아는 세계에서 세 번째로 비만률이 높은 나라인데, 심지어 미국보다도 훨씬 더 높다. 그래서 이런 발상이 나온 것이다. 초기에는 항의가 빗발쳤지만, 그럼에도 불구하고 이 회사의 최고경영자 크리스 랭톤(Chris Langton)은 이 정책을 밀고 나가려는 결의가 대단하다. 그는 이렇게 말한다. "몸무게에 따라 돈을 내는 정책은 계속 시행될 것이다."[21]

사실 이러한 가격정책이 비논리적인 것은 아니다. 비용을 발생시키는 것은 결국 승객의 몸무게이지, 그의 나이나 사회적 지위가 아니기 때문이다. 왜 화물 운송비는 무게에 따라 정하는데 승객의 항공료는 그렇게 하지 말아야 하는가? 비슷한 방식으로 미국의 많은 항공회사들은 아주 뚱뚱한 승객들에게 꽉 찬 항공편을 이용할 때는 항공권을 2장을 사라고 요구하고 있다.

새로운 기술은 앞으로 더욱더 성과나 효과를 더 잘 반영하는 가격모델을 가능하게 할 것이다. 예를 들어, 의료 분야에서 약품이나 의료기술적 보조수단, 기타 다른 서비스의 효과를 센서가 측정하는 광경을 어렵지 않게 상상해볼 수 있다. 그러면 가격은 실제로 발생한 효과를 근거로 정해질 수 있을 것이다. 일반적으로 말해, 새로운 가격 산정 기준단위는 옛날 방식의 한계를 극복하고, 고객들에게 전달되는 값어치에 더 걸맞게 가격을 정할 수 있는 기회를 준다.

6 이익동인 : 가격

가격과 주주가치

이익과 성장은 주주가치의 견인차다. 이 두 견인차는 결정적으로 가격의 영향을 받으므로, 가격은 주주가치를 결정하는 아주 중요한 요인이다. 점점 더 많은 기업 지도자들이 이러한 관계를 인식하고 그 것을 전략기획에 반영하고 있으며, 또한 자본시장을 상대로 소통할 때도 이 관계가 영향력을 발휘하고 있다.[22] 오늘날 우리는 투자자 설명회(road shows) · 주주총회 · 분석자 설명회(analysts calls) 등에서 한 층 더 자주 가격 관련 이야기가 언급되고 있음을 보고 있다. 세계적인 투자가 워렌 버핏의 발언은 이러한 추세를 더욱 부채질하고 있다. "한 회사를 평가할 때의 가장 중요한 요소는 '가격을 정하는 힘(pricing power)'이다."[23] 또 실리콘밸리의 성공한 투자가 피터 틸도 '가격을 정하는 힘'으로 강한 시장 포지션을 일구어야 한다고 아주 강하게 말했다.[24] 즉, 가격이 주주가치에 주는 영향을 강조하고 있는 것이다. 컨설팅 회사 지몬-쿠허는 가격과 기업가치의 관계를 EVP라는 모델로 표현했다. 여기서 EVP는 '가격의 기업가치(Enterprise Value of Price)'를 뜻하며, 이것은 아래 두 변수의 비율을 가리킨다.

- 값을 1% 올림으로 말미암아 생기는 추가적인 기업가치
- 분석자들이 내다보는 앞으로 12개월 동안의 성장전망

이 모델은 앞에서 [그림 6-2]와 [그림 6-3]을 논의했을 때와 마찬

가지로 값을 1% 올릴 때 판매량이 변하지 않고, 따라서 원가도 달라지지 않는다고 가정한다. 그래서 순전히 가격상승으로 유발된 매출액 증가는 고스란히 이익에 반영된다. 그러므로 EVP는 다음과 같다.

[수식 6-2]

$$EVP=VP/VEG$$

여기서 VP는 '가격의 가치(Value of Price)'이고, VEG는 '기대성장의 가치(Value of Expected Growth)'이다.

[수식 6-3]

$$VP=R(1-s)\times0.01/(WACC-g)$$

[수식 6-4]

$$VEG=(기간 1에서의 기업가치)-(기간 0에서의 기업가치)$$

여기서 R은 매출액(sales revenue), s는 세율(tax rate), WACC는 1장의 [수식 1-13]에서 정의한 대로 '가중평균 자본이용', 그리고 g는 잉여현금흐름(free cash flow)의 성장률을 가리킨다. [수식 6-3]은 분모가 플러스일 때만, 즉 WACC가 성장률 g보다 커야만 의미가 있다. 각 기업의 고유한 WACC, 성장률 g, 그리고 기업가치는 톰슨 로이터스(Thomson Reuters) 같은 자료은행에서 찾아볼 수 있다. 바꿔 말하면, EVP는 공공연하게 접근 가능한 자료를 갖고 계산할 수 있는 것이다.

만일 EVP가 0.6이면, 이것은 회사가 값을 1% 올리면 앞으로 1년 동안 예상되는 기업가치 상승에 이 가격인상이 60% 기여한다는 뜻이다. 예를 들어 분석자들이 어느 회사의 주주가치가 앞으로 12개월 동안 30억 달러 올라간다고 예상하면, 1%의 가격인상은 그중 18억 달러의 가치상승에 기여하는 것이다. EVP가 높을수록 가격은 그만큼 주주가치 또는 그것의 상승에 더 크게 이바지한다. 따라서 그럴수록 회사는 가격 포지션을 더욱 강화하는 데 투자할 필요가 있다. 워렌 버핏의 말처럼 값을 정하는 힘을 키우는 데에 더 투자하는 편이 낫다는 뜻이다.

가격책정 과정

지금까지 이익을 올리기 위한 가격의 최적화에 관해 논의했다. 그러나 이에 못지않게 중요한 것이 가격책정 과정이다. 왜냐하면 가격으로 말미암아 실제로 이익이 늘어나느냐의 여부는 궁극적으로 회사가 정말로 시장에서 이익을 극대화하는 가격으로 파는 데 성공하느냐에 달려 있기 때문이다. 실무를 경험한 분들의 말에 따르면, 이것은 어려운 과제라고 한다. 미국에서 발표된 어느 조사 결과를 보면, 조사에 참여한 회사들 가운데 58%가 원가상승을 경험했는데 그중 약 1/3밖에 안 되는 19%만이 값을 올릴 수 있었다고 한다.[25] 또 지몬-쿠허가 전 세계의 기업들을 대상으로 설문조사를 해보니, 가격인상을 계획했던 회사 중 1/3만이 실제로 가격을 올릴 수 있었다.[26] 또 올리려고 했던 가격의 37%만이 실제 인상분에 반영되었다고 한다. 즉 회사가 값을 10% 올릴 계획을 세웠다면, 결국은 3.7% 오르는 데 그쳤다는 이야기다.

가격책정 과정은 전략에서부터 시행·감시에 이르기까지 모든 측면을 포괄한다. 기업이 가격책정 과정을 효과적으로 관리하면, 영업이익률이 통상 2~4% 포인트 올라간다. 2장에서 보았듯이 기업들의 평균 순영업이익률이 5% 정도라는 것을 생각하면, 2~4% 포인트 상승은 엄청난 향상이다. 그러나 회사가 이 정도로 실적을 개선하려면, 아주 구체적으로 깊이 파고들어야 한다.

가격책정 과정을 제대로 정립하고자 한다면 [그림 6-7]과 같은 4단계 모델을 권장한다. 이 모델은 전략적 목표수립에서 시작해 감시·통제로 끝나는데, [그림 6-7]은 많은 회사들이 가격과 관련하여 실제로 처리해야 하는 과제들을 보여준다. 그래서 이 그림은 일반적인 가격관리의 과정이기도 하다. 그러나 이것은 구체적인 사례에 응용하기에는 많이 부족하다. 우리가 경험한 바에 따르면, 가격관리 과정은 업종마다, 많은 경우에는 심지어 회사마다 각기 다른 특성이 있다. 그래서 이런 일반적인 모델은 더 상세하고 구체적으로, 더 깊이 가격관리와 관련된 과제들을 정의하기 위한 대략적인 출발점에 지나지 않는다. 가격책정 과정을 정립하는 것에 대해 미리 알아두어야 할 몇 가지를 소개한다.

- 가격책정 과정에 포함된 다양한 과제에 대해 책임소재를 분명히 해야 한다. 이렇게 하는 데 있어서 과정 내의 개별단계와 조

그림 6-7 일반적인 가격책정 과정

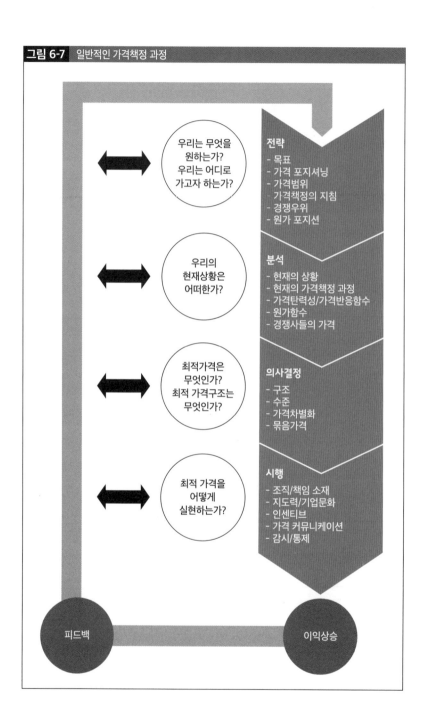

직단위는 가능하면 최대한 회사의 구체적인 사업모델에 맞춰야 한다.

- 대체로 가격책정 권한은 회사조직 내의 비교적 상층부에서 갖고 있는 편이 나은 것으로 보인다. 가격을 정하는 데 있어서, 시장을 상대하는 부서와 내부부서가 마찰 없이 협력하는 것 그리고 양쪽 사이에 정보가 원활히 흐르도록 하는 것은 그야말로 필수이다.

- 가격관리에서 최고경영자의 역할은 점점 더 중요해지고 있다. 최고경영자는 흔들림 없이 목표를 추구하고, 가격책정 과정이 최적화되도록 관리하며, 가격과 관련하여 조직 내부에 이익지향 문화를 만들어가야 한다.

- 효과적인 가격통제는 절대적으로 필요하다. 대부분의 회사에서는 정보기술의 충분한 뒷받침이 있어야만 효과적으로 값을 통제할 수 있다. 이상적으로는 가격관리의 전 과정에 가격통제 기능이 접목되는 것이 좋고, 또 이미 실현된 가격을 사후에 감시하는 것에 그쳐서는 안 된다.

전략이란 그것이 실행되는 만큼의 효과만 있다. 이 말은 가격이라는 이익동인에도 물론 적용된다. 따라서 기업 지도자들은 가격관리를 전문화하는 과정에서 가격전략의 실행에 더 주의를 기울여야 한다.

그림 6-8 전문적인 가격책정이 가져온 다양한 업종에서의 이익 향상

업종	이익향상의 주요 수단	순영업이익률의 상승 (단위 : %포인트)
은행	* 상표가치를 더 잘 활용한다. * 고객들을 상대하는 실무자들의 가격책정 역량을 향상시킨다.	1.6
관광	* 더 강력하게 차별화된 가격구조 * 지표를 통해 이익을 가져올 수 있는 기회를 포착한다.	1.6
자동차 부품납품	* 가격구조에 새로운 요소를 도입한다 * 추가적인 서비스에 대해 값을 부과한다.	1.5
소프트웨어	* 판매과정을 재정비하고, 영업지침을 만든다. * 중앙집권을 더 강화한다.	8
플랜트/건설	* 치밀한 비용 편익 분석을 통해 '지나친 정교화(overengineering)'를 줄인다. * 공정의 표준화(특히 작은 시설의 경우)	2.5
전자	* 혁신 제품들 : 원가가산 가격책정 대신 가치에 바탕을 둔 가격책정 * 장기계약을 체결할 때 앞으로의 원가추이를 더 잘 예측한다.	2.2
소비재	* 고객들이 얻는 효용을 바탕으로 값을 정한다. * 가격탄력성을 체계적으로 추정한다.	1.1
기계제작	* 고객들이 얻는 효용을 체계적으로 계량화 * 경쟁자들에 관한 더 포괄적이고 더 믿을 만한 정보를 수집.	0.8
도매업	* 가격탄력성을 바탕으로 고객들 및 제품군을 분류 * 영업에 역할인 인센티브를 도입.	2

더 나은 가격책정이 가져오는 결과

끝으로 가격을 전문적으로 책정했을 때 그로 인해 이익이 얼마나 늘어날 수 있는지를 몇 가지 실례를 통해 알아보겠다. [그림 6-8]은 여러 업종의 실제 사례다. 마지막 세로 칸에는 순영업이익률의 상승

이 %포인트로 표시되어 있다.

실제로 맨 아래 가로 열에 있는 산업재 도매회사의 경우, 순영업이익률이 4%에서 6%로 올라갔다. 2%포인트나 상승한 것이다. 그리고 '이익 향상의 주요 수단'이라고 쓴 부분을 보면, 적절한 가격 조치가 얼마나 다양한 방법으로 효과적 이익 상승에 이바지할 수 있는가를 보여준다. 가격조치의 특성의 하나는 그것의 이익상승 효과가 빨리 나타난다는 것이다. 적어도 혁신·경영합리화·조직재편 등과 견주어보면 그 효과가 틀림없이 더 빨리 나타난다.

간추림

실제 현실에서 최적가격을 찾아내고 그것을 시장에서 관철시키는 일련의 작업은 무척 복잡하다. 또 하나의 이익동인인 판매량에 비해 가격은 훨씬 더 효과적인 이익동인이다. 한계비용이 0이 아니라면 가격상승은 같은 백분율로 판매가 늘 때보다 더 많은 이익을 가져온다. 반대로 가격하락은 같은 백분율로 판매가 줄 때보다 더 크게 이익을 떨어뜨린다. 다른 마케팅 도구들에 비해 통상 가격탄력성은 더 높다. 그래서 값을 1% 바꾸면 훨씬 더 높은 백분율로 이익에 영향을 미친다.

이익을 가장 크게 하는 가격, 즉 최적가격은 고정비와는 아무런 관계가 없다. 만일 가격반응함수와 원가함수가 모두 선형이면, 최적가격은 개당 변동비와 최대가격(판매를 0으로 만드는 가격)의 정중앙에 있다. 최적가격의 일반적인 형태는 가격탄력성에 따라 달라지는 마진을 한계비용에 붙인 액수이다. 단일가격에 비해서 차별화된 가격은 한결 더 많은 이익을 얻을 기회를 준다. 기하학적으로 말하면, 직사각형에서 삼각형으로 다가가는 것이 가격차별화의 관건이다. 가격차별화를 위해 경영자들이 쓸 수 있는 유용한 방법들이 이미 많이 개발되어 있다.

순수하게 경제적인 요인 외에 심리학적 요소들도 가격을 정하는 데 큰 구실을 한다. 이미 잘 알려져 있는 속물 효과(베블렌 효과), 품질의 지표로서의 가격 외에도 행동경제학의 연구를 통해 밝혀진 여러 재미있는 현상이 있다. 예를 들어, 전거가격효과나 중앙을 선호하는 현상인 '중앙의 마술(magic of the middle)', 대안의 수를 늘렸을 때의 효과, 이득과 손실이 비대칭적으로 영향을 준다는 프로스펙트 이론 등이 그런 것들이다.

프리미엄 전략과 저가 전략은 각각 다른 역량을 요구한다. 명품이나 초저가 제품의 경우에는 특히 더 그렇다. 낮은 가격으로 팔면서도 높은 수익을 올리는 것은 틀림없이 가능하다. 그러나 저가 전략을 써서 실제로 성공하는 회사는 매우 적다. 왜냐하면 이 전략을 받쳐주는 낮은 원가를 실현하기 위해서는 상당한 '규모의 경제'가 필요하기 때문이다.

인터넷은 가격책정의 환경과 조건을 크게 바꾸어 놓았고, 이런 변화는 이익에도 큰 영향을 미친다. 가격은 더 자주 바뀌고, 그리하여 가격전쟁도 더 잦아졌다. 가격투명성이 올라가고, 따라서 가격탄력성도 상승한다. 가격투명성과 가격탄력성의 이러한 변화는 저가 전략 회사에게 유리하게 작용한다. 그러나 동시에 가치투명성도 올라가기 때문에, 높은 평가를 받는 프리미엄 회사는 운신의 폭이 더 넓어진다. 왜냐하면 평판이 좋은 회사는 값을 올려도 판매가 많이 줄지 않고, 값을 내리면 그 효과가 증폭되기 때문이다.

가격은 주주가치의 아주 중요한 결정요인이다. 공개된 자료를 써서 산정할 수 있는 EVP(가격의 기업가치)는 분석자들이 예상하는 향후 1년 동안의 주주가치 상승에 1%의 가격인상이 얼마나 기여하는가를 나타낸다. 따라서 EVP는 '가격을 정하는 힘'을 키우기 위한 투자가 얼마만큼 득이 되는가를 알려주는 지수이다.

계획한 가격정책을 잘 시행하기 위해서는 가격관리를 하나의 과정(process)으로 접근할 필요가 있다. 전형적인 가격책정 과정은 전략·분석·의사결정·시행 및 감시라는 4단계를 포괄한다. 회사가 가격 전략을 전문적으로 잘 실천에 옮기면, 순영업이익률이 대체로 2~4% 포인트 사이로 올라갈 수 있다.

THE PROFIT 7

이익동인 : 판매량

3가지 이익동인 중 하나인 판매량을 관리할 때의 관건은, 이익이 극대화되도록 또는 이익이 출발시점에 비해 더 늘어나도록 판매량을 조종하는 것이다. 만약 회사가 불황기 등을 맞이하여 어쩔 수 없이 이익이 떨어질 것으로 예상되는 때에는, '이익감소의 극소화'도 영업관리의 목표가 될 수 있다. 더 많이 파는 것은 그로 말미암아 이익이 늘어날 때만 의미가 있다. 어떤 경우에는 판매량 감소가 이익 증가로 이어질 수도 있다. 경영자는 이럴 때는 당연히 그리고 과감히 매출감소를 감수해야 한다.

이익동인으로서의 판매량의 특성

바로 앞 장에서 이익동인으로서의 가격이 갖는 여러 특성을 논의했다. 판매량 역시 이익동인으로서 몇몇 고유한 특성을 갖고 있다. 그중 몇 개는 우리가 [그림 6-1]을 논의할 때 이미 언급한 바 있다.

기업이 영업에 관련된 조치를 취하면, 누가 영향을 받을까? 가격의 경우와 마찬가지로 그 중심에는 고객이 있다. 왜냐하면 어떤 제품을 더 많이 아니면 더 적게 사는가를 결정하는 주체는 바로 고객이기 때문이다. 회사는 수요에 비해 물건이 모자라서 부족할 경우에만 그런 권한을 갖는다. 왜냐하면 그런 상황에서는 회사가 고객에게 물량을 배정해서 나누어주어야 하기 때문이다.

영업 조치의 영향을 받는 또 다른 집단은 영업사원들이다. 왜냐하면 회사가 영업 관련 조치를 취할 때는 그것이 보통 물량목표와 연계되기 때문이다. 예를 들어, 자동차 산업에서는 통상 지역별 또는 나라별로 판매목표가 주어지는데, 목표의 달성은 흔히 매력적인 인센티브와 연계되어 있다. 영업부서는 목표달성을 위해 이따금 바람직스럽지 않은 방법을 쓰기도 한다. 예를 들어, 정식 유통경로가 아닌 불법 경로(gray channel)를 통해 판다든가 또는 본사의 허락을 받지 않고 할인된 가격으로 다른 나라에 수출한다든가 하는 것들이 이에 속한다.

생산부서와 물류기능도 영업 조치의 직접적인 영향을 받는다. 왜냐하면 생산부문은 제품을 만들어내야 하고, 물류부서는 생산된 제품을 실제로 날라서 유통시켜야 하기 때문이다. 마케팅부서에서 세운 정책으로 말미암아 판매가 급증하고, 그 때문에 생산 및 물류 현장에서 큰 혼란이 일어나는 현상을 자주 볼 수 있다. 물론 그 반대의 경우도 있다. 회사가 취한 영업 조치가 물량 측면에서 원하는 만큼의 성공을 가져오지 못하면, 물류창고는 가득차고 공장은 쉬어야 한다. 이러한 경험이 주는 교훈은 회사가 영업 관련 조치를 취하려고 할 때에는 반드시 가치사슬의 앞 단계에 있는 부서나 기능들이 계획을 세우는 과정에 참여해야 한다는 것이다.

가격과는 달리 판매량은, 적어도 그것을 늘리려고 할 때, 회사가 직접 건드릴 수 있는 행동변수가 아니다. 회사는 자사가 파는 제품의 값을 직접 바꿀 수 있다. 그러나 판매량은 회사가 광고·영업활동·유통·판촉행사·특별판매 등의 도구를 써서 오직 간접적으로만 변동시킬 수 있다. 회사는 소비자들에게 자신들의 제품을 더 많이 사라고 명령할 수 없다. 더 사느냐, 덜 사느냐는 오로지 고객만이 정한다. 그러나 판매를 줄이겠다는 결정은 물론 회사가 자율적으로 내릴 수 있다. 예를 들어, 제조회사가 소매점에서 판촉행사를 할 때 때때로 각 소비자가 살 수 있는 물량을 '가정에서 정상적으로 필요로 하는 양'으로 제한하기도 한다.

가격과 비슷하게 판매량도 두 경로로 이익에 영향을 준다. 판매량은 이른바 톱라인, 즉 매출액에는 직접적으로 영향을 끼친다. 또 변동비를 통해 간접적으로 이익에 영향을 미친다. 이 간접적 영향의 강도는 원가구조와 원가함수에 달려 있다. 만일 한계비용이 0이면, 판매량은 톱라인에만 영향을 준다.

판매증가는 대체로 시간을 필요로 한다. 왜냐하면 방금 이야기한 대로 회사가 광고·영업·유통 등의 마케팅 활동을 강화하거나 또는 제품을 혁신해야 판매가 늘어나기 때문이다. 생산부서도 제조물량을 늘리려면 대체로 준비시간이 필요하다. 따라서 판매를 늘리기 위한 조치의 효과는 즉각 나타나지 않고, 어느 정도 시간이 지나고 나서야 나타난다. 반면에 판매를 줄이는 조치는 시간을 많이 들이지 않고서도 즉각 실행해 효과를 거둘 수 있다. 회사가 유통물량을 줄이기만 하면 되기 때문이다.

판매증가는 대체로 앞에서 열거한 마케팅 도구들에 대한 투자가 선행되어야 한다. 따라서 회사의 재무자원이 충분치 않을 때는, 회사가 이익을 극대화할 수 있을 정도로 마케팅 자원을 투입하기 힘들다. 그래서 실제 판매량이 최적이익을 달성하게 하는 판매량에 못 미치게 마련이다. 스타트업이나 빠르게 성장하는 기업이 특히 이런 상황에 많이 부딪히는데, 위기가 오면 대다수의 기업들이 비슷한 어려움에 처할 가능성이 커진다.

자율적인 판매성장, 가격변경이 일으킨 판매성장

판매가 자율적으로 늘었느냐 아니면 가격변경이 판매성장을 야기했느냐는 중요한 차이다. 자생적인 판매성장의 경우에는, 값이 거의 달라지지 않았는데도 더 많이 팔린다. 그러므로 판매량성장률과 매출액성장률이 같거나 거의 비슷하다. 그러나 값이 내려서 판매가 늘어나면, 매출액성장률이 판매량성장률보다 낮다.

예를 들어 출발시점에 어느 제품의 값이 10만 원이고, 100개를 팔았다고 치자. 그러면 매출액은 1,000만 원이다. 만일 값은 그대로인데 판매가 20% 증가하면, 매출액이 1,200만 원이 된다. 판매량증가율과 매출액증가율이 같다. 반면에 값을 10% 떨어뜨려 9만 원으로 하고, 그 덕분에 판매가 20% 늘어 120개가 팔렸다고 하자. 이때의 가격탄력성은 매우 현실성이 있는 −2이다. 이 경우에는 매출액이 9만 원×

120=1,080만 원이다. 즉 매출액증가율은 8%밖에 안 된다. 이렇게 판매량이 어떻게 늘어나느냐에 따라 이익에 대한 영향이 크게 달라짐은 두말할 나위도 없다.

개당 변동비가 6만 원이라고 가정하고 일단 고정비는 무시하기로 하자. 그러면 판매가 자생적으로 늘어나면, 이익이 400만 원에서 480만 원으로 올라간다. 그러나 값을 9만 원으로 떨어뜨려 120개가 팔리면, 이익이 400만 원에서 3만 원×120=360만 원으로 떨어진다. 즉 판매량이 20% 늘었음에도 불구하고, 이익이 10%나 줄어든다. 그런데 판매량의 변화는 원가에도 영향을 줄 수 있다. 만일 판매량 증가로 말미암아 개당 변동비가 5만 4,000원으로 떨어지면(규모의 경제), 값을 떨어뜨린 경우에도 이익이 400만 원에서 3만 6,000원× 120=432만 원으로 늘어난다. 이 간단한 사례에서 알 수 있듯이, 판매량과 이익의 관계는 판매가 어떤 연유로 증감했느냐에 따라 크게 달라지며, 따라서 경영자는 (영업조치와 판매전략에) 끊임없이 신중을 기할 필요가 있다. 다음에 소개하는 실제 사례는 이익동인인 판매량이 사뭇 다양하게 영향을 줄 수 있음을 보여준다.

더 많은 판매량, 더 적은 이익

소매업에서는 고객들에게 세금을 면제해주는 판촉활동이 인기다. 미국의 어떤 주에서는 고객들이 판매세를 내지 않고 물건을 살 수 있다. 유럽에서는 소매회사가 부가세를 면제해준다. 한국은 부가세율이 10%이다. 이러한 판촉활동이 어떤 효과를 올리는가를 보기 위해 연간매출액이 200억 달러가 넘는 유럽의 어느 큰 소매회사의 사례를 살펴보겠다.

그 나라는 부가세율이 19%인데, 어느 주말에 고객들에게 부가세를 면제해주었다. 그 주말에 가게를 찾은 고객수는 40%나 늘었고, 판매량과 매출액도 엄청나게 올라갔다며 담당임원은 우리에게 자랑스럽게 이야기했다. 그렇다면 가장 중요한 이익은 어떨까?

[그림 7-1]은 부가세가 있을 때와 없을 때의 상황을 보여준다. 부가세가 있을 때의 판매량을 100, 그리고 부가세를 포함한 값을 119달러로 가정해보자. 그리고 이 회사의 영업이익률이 30%라고 가정하면 개당 변동비는 70달러다. 그리고 분석을 간단히 하기 위해 고정비는 0이라고 가정한다.

이런 조건일 때 최초 상황에서 이 회사의 이익은 3,000달러다. 그리고 '부가세가 없을 때'라고 쓰인 쪽을 보면, 판매량이 같을 때 또는 이익이 같을 때 어떤 변화가 일어나는지가 나온다. 판매량이 같고 값에 부가세가 포함되지 않으면, 이익이 절반 이상 줄어든다. 최초 상황과 똑같이 3,000달러의 이익을 거두려면, 판매량이 113%, 즉 갑절 이상 늘어야 한다. 따라서 손님이 40% 늘었다는 것이 그리 자랑할 만한 일은 아니다. 설사 그들이 평소보다 조금 더 많이 산다고 하더라도 턱없이 모자라는 수준이기 때문이다. 이 회사의 경우, 부가세 면제 이벤트로 더 많이 팔았다고 해서 이익이 늘었을 가능성은 거의 없다.

그림 7-1 부가세가 면제될 때의 판매량과 이익

	부가세가 있을 때의 최초 상황	부가세가 없다	
		같은 판매량	같은 이익
판매량	100개	100개	213개
가격	119달러	100달러	100달러
부가세를 포함한 매출액	1만 1,900달러	1만 달러	2만 1,300달러
총변동비	7,000달러	7,000달러	1만 4,900달러
부가세	1,900달러	1,597달러*	3,400달러
이익	3,000달러	1,403달러	3,000달러

* 부가세를 면제해주어서 회사가 100달러를 받으면, 회사는 그중 15.97달러를 부가세로 국세청에 내야 한다.

5장에서 GM이 원래 직원들에게만 주던 가격할인 혜택을 모든 고객에게 준 사례를 언급했다. 그러자 처음 한 달 동안에 자동차 판매대수가 그 전해에 비해 무려 41.1%나 늘었고, 그다음 달에는 또 19.9% 늘었다. 즉 GM의 이 마케팅 행동으로 말미암아 판매가 엄청나게 늘어난 셈이다. 하지만 이익은 어떨까? 이 회사는 같은 사업연도에 105억 달러의 손실을 냈고, 4개월 이내에 시가총액은 40% 이상 감소했다. 그로부터 몇 달 후, GM 회장 밥 루츠(Bob Lutz)는 이 판촉활동에 대해 이렇게 말했다고 한다. "이익을 못 내면서 자동차 500만 대를 파는 것은 이익을 내면서 400만 대를 파는 것만 못하다."[1]

프리미엄 제품을 파는 회사는 판매증진을 위해 조금 더 가격에 민감한 세분시장에 진출하고 싶은 유혹에 빠질 수 있다. 그러나 이런 정책은 그 회사의 제품이 고급 이미지를 잃고 대중용 제품으로 전락할지도 모르는 위험을 안고 있다. 1929년부터 GM이 갖고 있었고 2017년 프랑스 자동차 회사 PSA(현재의 이름은 스텔란티스Stellantis다)가 인수한 오펠은 그 좋은 보기다.

1950~1960년대에 오펠은 고급 자동차의 대명사였다. 디플로매트(Diplomat)·아드미랄(Admiral)·세니터(Senator) 등 시대를 풍미하는 모델로 고객들의 열광적인 숭배를 받았던 유명한 회사였다. 그러나 그 후 1980년대 중반에 오펠은 소형차를 내놓으면서 품질불량 및 이미지 추락 문제에 시달렸고, 그 결과 회사는 길을 잃고 방황한다. 비록 판매량은 크게 늘었지만 회사는 계속해서 많은 적자를 냈다.

프랑스의 라코스테(Lacoste)도 비슷한 운명을 겪었다. 이 회사는 근대 테니스의 아버지로 불리는 테니스 스타 르네 라코스트(René Lacoste)가 1933년에 창업했다. 이 회사는 그가 디자인한 셔츠를 팔았는데, 라코스테의 독특한 악어 문양은 범접하기 어려운 멋진 이들의 명망을 상징하게 되었다. 그래서 라코스테 셔츠는 높은 가격과 높은 마진을 동시에 누리는 매력적인 제품으로 성장한다. 미국의 드와이트 아이젠하워 대통령을 비롯한 여러 명사들이 공공연히 이 회사 셔츠를 입고 다녔다. 라코스테 상표는 1980년대 초까지만 하더라도 상류층 인사들이 즐겨 입는 이미지로 유명했고, 그래서 프리미엄 포지션에 굳건히 자리매김했다.

그러나 이 회사는 시장점유율을 높이기 위해 값을 내리는 잘못을 저지르고 말았다. 그 후로 사회적 지위가 그다지 높지 않은 고객들도 라코스테를 살 수 있게 되었고, 고급 이미지는 계속 추락했다. 그 결과 판매조차 줄어들어 회사는 값을 더 낮추어야 했다. 낮은 값에서도 높은 마진을 얻기 위해 라코스테는 값싼 원단을 쓰는 치명적인 우(愚)를 범하고 만다. 그리하여 결국은 이 회사의 핵심가치라고 할 수 있는 '최고 수준의 품질'의 신화마저 깨지고 만다.

더 적은 판매량, 더 많은 이익

어느 중소 규모의 공급회사에게 그 회사의 총 판매량의 10%를 사가는 큰 고객이 있었다. 이 고객은 값을 깎아달라고 엄청나게 압력을 가할 뿐만 아니라, 컨설팅·재고비축·배달 등의 광범위한 서비스도 요구했다. 과도한 요구가 계속된 결과 회사는 이 대형고객과 거래해 보았자 남는 것이 거의 없는 지경에 이르렀다. 그리하여 이 공급회사의 경영진은 마침내 회사의 자원을 더 수익성이 높은 곳에 투입해야 한다는 결론을 내리고, 그 대형고객과의 관계를 끊었다. 그러자 판매량이 10%나 즉시 줄었다. 그러나 1년 이내에 이 회사는 새 고객을 영입할 수 있었고, 이 신규고객은 가격인하 및 부가 서비스에 대한 요구가 이전 대형고객에 비해 적었다. 비록 판매량이 완전히 옛날 수준으로 돌아가지는 않았지만, 이 공급회사는 판매량이 더 적음에도 불구하고 수익률을 1%포인트 올릴 수 있었다.

유럽의 어느 육가공 업체는 총 판매량의 1/4을 러시아에 보내고 있었다. 그런데 러시아가 2014~2015년에 불법으로 크림반도를 병합하자 서방 세계는 러시아에 경제제재를 가한다. 그리하여 이 회사는 순식간에 총 판매량의 25%를 잃었다. 그러나 이 회사는 낙망하지 않고 곧 중국시장 개척에 힘을 기울였고, 그리고 성공을 거두었다. 뿐만 아니라 이 회사는 유럽에서 팔 때보다 중국에서 더 비싼 값에 팔 수 있었다. 결과적으로 총 판매량은 러시아 경제제재가 발동되기 전보다는 줄었지만, 이익은 한결 더 많아졌다.

"많을수록 더 좋다."라는 고정관념에서 벗어나면 수익률을 더 높이려는 회사 경영진의 노력이 더욱 힘을 받을 수 있다. 데이비드 브래들리(David Bradley)가 〈디 애틀랜틱 먼슬리(The Atlantic Monthly)〉 잡지를 인수한 후에 연간 적자가 800만 달러로 불어났다. 비록 발행부수와 광고비 수입이 크게 늘었고, 각종 상을 받는 등 명성도 올라갔음에도 불구하고. 회사가 다시 이익을 내도록 하기 위해 브래들리는 여러 과감한 조치를 취한다. 우선 그는 부수를 45만 부에서 32만 5,000부로 줄인다. 그리고 광고비 요율도 그에 맞게 조정한다. 또 연간 발행 회수를 12번에서 10번으로 줄인다. 반면에 1년 구독료는 16달러에서 30달러로 올린다. 이렇게 하였더니 당연히 판매량은 떨어졌지만 잡지는 다시 이익을 내기 시작했다.

이러한 사례들을 통해 2가지를 알 수 있다. 첫째, 더 많은 판매량이 반드시 더 많은 이익을 가져오지는 않는다. 둘째, 판매량 감소가 오히려 이익을 더 높일 수 있다. 따라서 회사가 영업 관련 조치를 취하여 이익을 늘리려고 하는 경우에, 판매량 증가만이 능사가 아니다. 그러나 물론 많은 정상적인 경우에는 판매량 상승이 이익의 증가로 이어진다. 전 세계를 상대로 행해진 최근의 한 설문조사에서 응답자의 63%가 "판매량 증가 또는 매출액 증가는 이익을 늘리기 위한 자신들의 가장 중요한 방법이다."라고 대답했다고 한다.[2]

판매량의 이익탄력성

판매량의 이익탄력성이란 "판매량이 1% 달라지면 이익이 몇 % 변하는가."를 나타낸다. 6장에서 논의한 가상적인 보기에서는 판매량의 이익탄력성이 4였다. 즉 이 경우에는 판매량이 1% 올라가면 이익이 4% 상승한다. 가격의 이익탄력성은 10이었으므로 판매량의 이익탄력성은 이것보다 훨씬 낮다. 회사가 여러 종류의 제품을 판매하는 경우에는, 판매량의 이익탄력성을 계산하는 것은 별 의미가 없거나 또는 아예 불가능하다. 왜냐하면 서로 다른 종류의 제품들의 판매량을 그냥 더해서 얻은 수치에 어떤 특별한 의미를 부여하기 어렵기 때문이다. 게다가 또 제품마다 원가가 다르다. 이러한 이유 때문에 우리는 판매량의 이익탄력성의 크기에 대해 아무런 일반적인 말을 할 수 없다.

앞에서 제시한 몇몇 사례에서 벌써 이 사실을 알아차렸을 것이다. 판매량이 늘어나면 이익이 올라갈 수도 있지만, 경우에 따라서는 (이익이) 떨어질 수도 있다. 거꾸로 판매량이 줄어들면 이익이 떨어질 때가 많지만, 오히려 이익이 상승할 수도 있다.

이러한 불확실성의 가장 중요한 원인은 판매량 변동의 결과가 원가함수에 달려 있기 때문이다. 한계비용이 0인 경우를 제외하면, 판매량의 변화는 가격변동과 달리 언제나 원가도 달라지게 한다. 판매량이 늘어날 때 함께 변하는 한계비용이 일정한가, 떨어지는가, 올라가는가에 따라 이익이 받는 영향은 완전히 달라진다. 한계비용이 일정하고 즉 원가함수가 선형이고, 가격도 일정하며 또 가격이 한계비용보다 크면, 물건이 하나 더 팔릴 때마다 이익은 개당 공헌마진(unit contribution margin)만큼 올라간다.

만일 값은 그대로이고 한계비용이 줄어들면, 이 이익효과는 더욱 커진다. 거꾸로 값은 변하지 않고 한계비용이 올라가면, 판매증가가 가져오는 이익효과는 약해진다. 한계비용이 0이고 가격이 플러스이면, 판매량이 올라가면 이익도 늘 상승한다. 게다가 가격이 일정하면, 판매량 극대화는 곧 이익 극대화이다. 그러나 이 말은 바로 이런 특수한 경우에만 맞으며, 그것도 어떤한계 내에서만 성립하는 말이다. 그 한계는 회사의 생산능력 또는 주어진 가격에 시장이 소화할 수 있는 물량에 의해 결정된다.

이익을 가장 크게 하는 판매량

어떤 조건 아래서 판매증가가 늘 이익 상승을 가져오느냐를 말하는 것은 쉽다. 이익을 가장 크게 하는 판매량에 관한 일반적인 최적조건은 아래와 같다.

[수식 7-1]

(판매량에 관한) 한계수입 = (판매량에 관한) 한계비용

한계수입이 한계비용보다 크면, 판매가 늘어날 때마다 이익이 상승한다. 가격 P와 한계비용 k가 일정하고 개당 공헌마진(P-k)이 플러스이면, 추가적인 판매는 언제나 이익을 늘린다. 따라서 이럴 때는 더 많이 팔수록 항상 더 좋다. 말할 것도 없이 이 말은 어디까지나 회사의 생산능력 또는 시장수요가 그 상한선에 도달할 때까지만 들어맞는다.

반면에 값을 떨어뜨려야만 더 많이 팔 수 있다든가 또는 판매량이 올라가면서 한계비용도 올라가면, 이익은 최적 수준까지만 올라간다. 그리고 판매량이 그 이상 더 늘어나면 이익은 다시 떨어지기 시작한다. 따라서 이런 상황 아래서는 "더 많이 팔수록 더 좋다."는 모토는 최적이익이 달성될 때까지만 유효하다. 그 후의 추가적인 판매는 이익을 떨어뜨릴 뿐이다.

만일 규모의 경제 또는 경험곡선효과로 말미암아 물량이 많아질수록 한계비용이 감소하면, 이익을 가장 크게 하는 판매량은 더 올라간다. 그러나 물론 이 경우에도 최적판매량이 무한대로 올라가지는 않는다. 시장에서 받아들일 수 있는 판매물량, 해당 제품에 대한 소비자들의 지불용의가격, 쓸 수 있는 자원의 한계 등의 요인으로 언젠가는 판매상한선이 형성되기 마련이다.

지금까지 살펴본 것처럼 최적이익을 달성할 때까지 또는 방금 언급한 이 판매 상한선에 도달할 때까지는 판매가 늘어날수록 이익도 올라간다. 매출액 성장은, 특히 시장발달 단계의 초기에는 대체로 판매량 증가에 기인한다. 그래서 이어서 회사가 판매촉진을 위해 쓸 수 있는 특히 중요한 몇몇 전략을 간단히 알아보겠다.

시장침투

'시장침투'란 회사가 이미 들어와 있는 현재의 시장에서 판매량을 늘리는 것을 일컫는다. 현재의 시장이 성장하고 있느냐, 정체되어 있느냐, 아니면 쪼그라들고 있느냐에 따라 회사 이익의 상당 부분이 결정된다. 성장시장에서는 시장점유율을 유지하기만 해도 판매량이 자동적으로 증가한다. 그리고 물량이 늘어나면 흔히 단위원가가 떨어지므로, 가격이 변하지 않아도 이익은 더 많아진다.

한편 정체되어 있는 시장에서는 시장점유율을 올려야만 판매량이 상승한다. 당연히 경쟁사의 저항을 각오해야 한다. 이른바 제로섬 게임이다. 따라서 가격전쟁이 일어날 가능성도 커진다. 회사는 기껏해야 원가를 줄여야만 이익을 늘릴 수 있다. 축소되고 있는 시장에서는 경쟁이 치열하고 값이 떨어지며, 원가가 상승한다. 그래서 대체로 이런 시장에서는 판매량과 이익을 늘리기가 어렵다. 5장에서 소개한 마이클 포터의 5요소 모델은 회사가 업종 또는 산업을 고를 때 도움을 줄 수 있다.

현재 당신의 회사가 정체되어 있거나 또는 가라앉고 있는 업계에서 사업을 하고 있다면, 높은 수익률은 헛된 꿈이다. 이럴 경우에 다른 시장 또는 다른 세분시장에 진출하는 것도 하나의 대안이다. 그러나 이 전략의 성공 확률은 그다지 높지 않다. 왜냐하면 당신의 회사가 새로 들어가는 기존의 시장 또는 세분시장에는 이미 오랫동안 자리를 잘 잡은 경쟁사들이 있고, 그들은 새 경쟁사를 몹시 못살게 굴 것이기 때문이다.

더 효과적인 영업활동

지난 수십 년간 우리가 경험한 바에 따르면, 대부분 회사의 영업부서는 그렇게 효과적·효율적으로 움직이고 있지 않다. 이것은 어쩌면 불가피할지도 모른다. 왜냐하면 영업과정에는 회사가 기계처럼 마음대로 조종할 수 없는 중요한 참여자가 있기 때문이다. 바로 고객이다.

영업에서 효율성이란 있는 자원을 갖고 성취할 수 있는 최고의 영업성과를 올리는 것이다. 그리고 효과성은 영업사원들이 바른(right) 일을 함을 뜻한다. 여기서 '바른 일'이란 궁극적으로는 이익 획득을 가리키므로, 이것은 판매량 및 가격과 관계되는 활동을 당연히 포함하는 개념이다. 영업사원은 또한 원가에도 영향을 준다. 우선 그가 쓰는 영업경비는 원가에 직접적으로 반영된다. 뿐만 아니라 그가 협상하는 과정에서 고객에게 약속한 갖가지 의무사항 역시 원가에 영향을 준다.

우리는 영업 관련 프로젝트를 할 때마다 거의 매번 더 높은 영업성과, 따라서 이익상승에 이바지할 수 있는 무수한 개선점을 찾아내곤 한다. 먼저 지적해야 할 것은 영업사원들이 실제로 고객들과 함께 보내는 시간이다. 현재 이것은 영업사원들의 전체 근무시간 중 약 15% 밖에 안 된다. 이 비중을 높일수록, 즉 영업사원들이 시간이라는 희소자원을 고객을 위해 더 많이 쓸수록 같은 제품이 더 많이 팔리는 것은 물론이고, 교차판매(cross-selling), 즉 같은 회사의 다른 제품 및 서비스의 판매도 늘어나게 마련이다. 뿐만 아니라 고객과의 관계도 더 깊어진다. 고객들과의 지속적이면서도 밀접한 관계는, 그들을 위해 시간을 투자해야만 얻을 수 있는 회사의 귀중한 자산이다. 이처럼 시간이 중요한 상황임에도 불구하고, 영업사원들은 각종 보고서 작성 등의 잡무에 시달리고, 이러한 업무의 많은 부분을 최신 기술의 도움 없이 손으로 처리한다.

또 영업사원들은 고객들에게 가격을 양보해서 팔지 않고, 그 대신 고객들이 제품의 값어치를 잘 이해하도록 그들을 설득해서 거래를 성사시키는 역량이 부족하다. 그리고 많은 회사들이 아직도 이익 또는 마진이 아닌 매출액을 바탕으로 영업사원들에게 판매수수료를 지급한다. 이런 상황에서 영업사원들이 고객들과 협상하면, 그들은 (이익이 아니라) 매출액 내지는 판매량이 극대화되도록 행동할 확률이 높다. 따라서 회사가 그들을 통해 최고의 이익을 거두기는 힘들다.

이익지향적으로 영업본부를 이끌어 가려면 채용·교육·동기부여·인센티브 제공·조직관리 등의 면에서 해야 할 일이 무척 많다. 한마디로 영업 분야에는 이익을 늘릴 수 있는 여지가 굉장히 많다. 그러나 구슬이 서 말이라도 꿰어야 보배다. 경영자가 영업의 잠재적 가능성을 현실의 이익으로 승화시키는 것은 결코 쉽지 않고, 빨리 실현할 수 있는 일도 아니다. 그러나 기업은 당연히 그렇게 해야 한다.

과잉설비를 없앤다

5장에서 '설비과잉'이 이익에 얼마나 큰 악영향을 끼치는가를 알아보았다. 한 산업에서 수요에 비해 지나치게 공급능력이 크면, 그 업계는 온 힘을 다해 이 불균형을 없애야 한다. 이런 상황에서 개별회사가 더 열심히 영업활동을 펼치고 공격적으로 가격을 내려 공장가동률을 높이는 것은, 대부분의 경우 큰 의미가 없다. 이런 조치는 흔히 격렬한 경쟁 혹은 이익을 더 떨어뜨리는 가격전쟁을 일으키기 일쑤다. 그러나 과잉설비를 줄이려는 움직임에 경쟁사들이 동참하지 않거나 또는 그 틈을 타서 자신들의 시장점유율을 늘리려고 하면 당신의 회사는 어떻게 해야 할까? 경쟁사들이 업계의 수급불균형을 없애려는 노력에 협조하지 않거나 심지어 자신들의 생산시설을 더 확충하기까지 하면, 당신의 회사만 일방적으로 공급능력을 줄이는 것은 위험하다. 시장점유율이 떨어질 뿐만 아니라 장기적으로 시장에서의 위치가 위협받기 때문이다.

이런 상황을 게임이론에서는 '죄수의 딜레마'라고 부른다. 여기서 '생산설비를 줄이는 일에 동참하지 않는다'는 '자백한다(배신한다)'에 해당하고, '동참한다'는 '침묵을 지킨다'에 해당한다. 이러한 미묘한 이해관계의 일치 혹은 충돌 때문에 회사가 과잉설비를 줄이려고 할 때에는 경쟁사들의 행동을 면밀히 관찰해야 한다.

그리고 업계 전체가 공급능력 축소의 방향으로 움직이도록 법률의 테두리 안에서 힘써야 한다. '법률의 테두리 안에서'라고 말한 것은 경쟁사들끼리 묵시적 또는 명시적으로 담합하는 것은 법으로 금지되어 있기 때문이다. 그러나 신호 보내기(signaling)는 가능하다. 즉 과잉설비를 줄이겠다는 회사의 의향을 밝히는 행위는 허용된다. 따라서 회사는 공급능력 감축과 관련하여 쓸 수 있는 '신호 보내기'의 도구를 체계적으로 활용해야 한다.

하지만 경쟁사가 이 생산능력 축소를 악용하여 자기 잇속을 차리려고 하면 가차 없이 보복하겠다고 미리 발표하는 것도 괜찮다. 그래서 회사가 시장점유율을 지키겠다고 선언하는 것도 효과적인 신호 보내기가 될 수 있다.

이런 일련의 과정에서 매우 중요한 것은 언행일치이다. 시장과 업계의 신뢰를 얻으려면, 너무 꾸물대지 않고 설비감축을 실행해야 한다. 또한 회사가 공급을 줄이는 것과 관련해 영업사원들에게 내려 보낸 영업활동 제한지침을 그들이 잘 지키는 것도 필수다. 회사의 경영진이 공급을 줄이겠다고 발표했는데도 영업사원들이 여전히 공격적인 가격으로 많은 물량을 시장에 밀어 넣으면, 경쟁사들은 당연히 반격에 나설 것이다. 그러면 업계의 모든 회사들이 피해를 입게 된다.

위기가 오면 경쟁사들이 수요공급의 관계를 이해하고 자진해서 공급능력을 감축할 확률이 비교적 높다. 세계 금융위기가 왔던 2008년부터 2010년까지 실제로 많은 업종에서 업계의 전반적인 공급설비 감축이 행해졌다. 예를 들어, 세계적인 관광 회사 TUI는 이 기간 동안에 회사의 공급능력을 크게 줄였다. 또 많은 항공 회사들도 승객이 많지 않은 노선에서는 과감히 철수했다. 2020년 코로나19 위기가 오자 급격한 수요감소에 직면한 항공 회사들은 더 극단적으로 공급능력을 줄여야 했다. 이러한 공급감소가 일시적인 현상으로 끝날지 아니면 영구히 지속될지는 세월이 더 지나야 알 수 있을 듯하다.

많은 경우에 이익이 잘 안 나는 주된 원인은 과잉 공급능력이다. 이 원인이 그대로 있는 한, 이것저것 땜질 처방해보아야 별 소용이 없다. 다시 웬만큼 이익을 얻으려면, 회사는 과잉설비를 없애고 더 적은 판매량에 만족해야 한다.

디지털화

통신과 유통의 디지털화는 엄청난 성장기회를 가져다준다. 어느 국제 연구에 따르면, 응답자의 74%가 이러한 기회를 노리고 디지털화에 투자했다고 한다. 또 그들 가운데 약 절반(49%)이 "디지털화가 판매량과 매출액에 눈에 띄게 좋은 영향을 주었다."고 대답했다. 성장효과가 특히 컸던 산업은 소프트웨어(81%) · 전자(67%) · 전자상거래(66%) 그리고 자동차(61%)였다.[3]

지금부터 소개하는 가구상 이야기는 디지털화의 판매효과가 결코 인터넷 관련 업종에 국한되지 않음을 증명해준다. 이 가구상은 기존의 전통적인 가구점에서 연간 55억 원 정도의 매출액을 거두어들이고 있었다. 이 회사의 경영진은 아주 일찌감치 인터넷의 잠재력을 알아차렸고, 회사 도메인을 등록해 놓았다. 이 도메인은 별다른 설명 없이 그저 자사 제품들이 편리성과 가격 면에서 매우 매력적이라는 사실만 전달했다.

2000년대 초만 하더라도 대부분의 전문가들은 가구가 전자상거래를 하기에는 적합하지 않다고 믿고 있었는데, 이 회사는 이때에 이미 인터넷 판매를 시작했다. 오늘날 이 가구상은 온라인으로만 약 550억 원의 매출을 올리고 있다. 즉 가구점에서만 팔 때보다 10배를 더 벌고 있는 것이다.

중요한 것은 마진율도 높아졌다는 사실이다. 인터넷 판매가 매장 판매보다 값이 더 싼데 어떻게 더 높은 마진을 벌 수 있을까? 이 회사는 고객이 온라인으로 구매하면, 택배기사가 제조공장에서 가구를 받아서 직접 고객에게 배달했다. 그래서 인건비와 창고료를 절약했다. 이렇게 해서 절감된 비용의 일부가 혜택이 되어(즉, 가격을 낮춤으로써) 고객들에게 돌아가도록 했다. 그럼에도 불구하고 회사가 얻는 마진은 가구점에서 팔 때보다 더 많았다. 결과적으로 이 가구회사는 매출액이 10배나 늘었고 수익률도 더 높아졌다. 이런 기회를 가능하게 해준 것이 바로 디지털화이다.

신제품

혁신과 신제품 도입은 이익과 판매량을 늘리는 가장 효과적인 길이다. 빨리 성장하는 회사들에서 흔히 볼 수 있는 특징 가운데 하나는 그들의 판매품목에서 혁신제품이 큰 비중을 차지한다는 것이다. 그러나 그렇다고 해서 반드시 이익도 더 많아지는 것은 아니다. 이와 관련하여 지몬-쿠허가 전 세계적 규모의 조사를 실시했는데, 그 결과 모순점이 발견되었다.

경영자들은 한편으로는 혁신이야말로 시장 포지션과 값을 정하는 힘을 강화하고 수익성을 높이기 위한 가장 중요한 수단이라고 말했다. 그러나 다른 한편으로는 "시장에 내놓은 신제품의 72%가 수익 면에서 기대에 미치지 못했다."고 응답했다.[4] 즉 혁신 그 자체가 더 많은 이익을 보장하지는 않는다. 신제품 성공의 열쇠는 그것이 고객들에게 뛰어난 가치를 제공함으로써 그들이 개당 변동비보다 훨씬 더 비싼 값을 내더라도 그것을 사겠다는 마음을 내게 만드는 것이다. 바꾸어 말하면, (고객이 느끼는) 빼어난 제품가치 → 높은 지불용의가격 → 높은 마진으로 이루어진 선순환 구조를 만들어내는 것이다.

두 상표 전략

점점 더 치열해지는 경쟁에 대한 대응책으로 또는 저가 경쟁에 대항하기 위해 세계의 많은 일류회사들은 잘 알려진 기존의 고급상표를 보호하면서, 동시에 매력적인 저가 시장도 놓치지 않기 위해 두 상표(two-brand) 또는 다상표(multi-brand) 전략을 구사하고 있다. 이때 회사가 내놓는 둘째 상표를 학계와 업계에서는 흔히 '덜 비싼 대안(Less Expensive Alternative, LEA)'이라고 부른다. 두 상표 전략을 쓰려고 할 때의 가장 큰 위험은 원래 상표의 판매(이른바 '제 살 깎아먹기') 또는 그것의 이미지가 떨어질 가능성이다. 그래서 회사는 먼저 둘째 상표를 원래 상표와 충분히 다르게 해야 한다. 그런데 이러한 차별화 작업은 회사가 표적 고객들의 욕구와 그들이 해당 제품의 가격·품질·상표 등에 어느 정도의 가치를 부여하는가를 정확히 이해하고 있어야만 성공할 수 있다.

대체로 두 개의 상표를 서로 차별화하려고 할 때 특히 힘든 부분은 품질을 얼마나 다르게 하느냐와 가장 알맞은 가격을 책정하는 것이다. 회사가 값이 더 싼, 이른바 투쟁 상표(fighting brand)를 내놓을 경우, 그것의 품질이 원래의 고급 상표에 못 미쳐야 하는 것은 당연하다. 이때 새 상표의 품질은 원래 상표와 고객들이 받아들일 수 있는 품질 하한선 사이에 위치해야 한다. 고객들이 주관적으로 품질 하한선을 설정할 때, 그들이 저가 경쟁 제품 품질의 영향을 받는 것은 말할 것도 없다.

가격경쟁력이 있는 제품을 저가 시장에 내놓음으로써 그 시장에서 이익을 내면서 동시에 점유율도 높이려는 것이다. 이 경우 둘째 상표의 가격은 원래 상표의 값보다 현저하게 낮아야 하며, 궁극적으로는 다른 저가 경쟁 제품 및 현지 생산 제품의 가격에 의해 결정된다. 대부분의 경우 원래의 고급 상표와 투쟁 상표의 가격차이는 적어도 30~40%이다. 따라서 회사가 이렇게 낮은 가격에 둘째 상표를 팔 수 있으려면, 그것의 생산원가가 주력 상표보다 훨씬 낮아야 한다. 그래서 둘째 상표의 생산을 아웃소싱하거나 또는 인건비와 생산비가 적게 드는 나라로 생산 거점을 옮기는 사례가 늘어나고 있다.

국제화

지난 수십 년 동안 판매량을 늘리기 위한 아주 중요한 방법의 하나는 국제화였다. 이 전략은 크나큰 성공을 가져왔다. 특히 독일의 초일류 중소기업들, 즉 히든챔피언들이 이 전략을 써서 눈부신 성공을 거두었는데, 많은 경우 이들은 지난 20년간 판매량을 10배가량 늘렸다. 잘 알려지지 않은 이 세계 시장 선도 기업들은 철저히 명확한 '집중전략'을 쓴다. 즉, 이들은 자사의 핵심적인 강점에 집중하며 그것을 지속적으로 개선한다. 이러한 집중전략이 초일류가 되기 위한 전제조건임은 말할 것도 없다.

그러나 이러한 집중화, 즉 전문화된 제품 및 노하우에 초점을 맞추

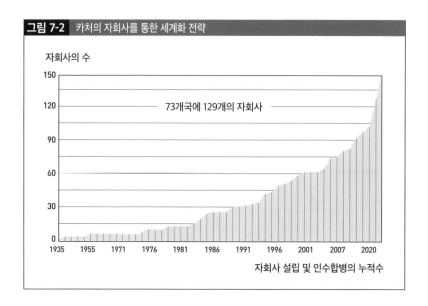

그림 7-2 카처의 자회사를 통한 세계화 전략

자회사의 수

150

120   ─────────── 73개국에 129개의 자회사 ───────────

90

60

30

0
1935   1955   1971   1976   1981   1986   1991   1996   2001   2007   2020

자회사 설립 및 인수합병의 누적수

는 전략은 시장의 크기를 작게 만든다는 단점이 있다. 그래서 이들의 두 번째 전략이 세계화다. 즉, 이들은 전문화된 제품 및 노하우를 전 세계에서 판매한다. 전 세계를 대상으로 할 때 웬만한 시장의 크기는 적어도 중소기업들에게는 충분히 크다.

히든챔피언들의 세계화 전략에서 성공요인 중 하나는, 이들이 해외 시장을 개척할 때 수입업자·중개업자·유통업자 같은 제3자에 기대지 않고 자회사를 설립해서 진출한다는 사실이다. [그림 7-2]는 고압 세척기 분야의 선두주자 카처(Kärcher)의 자회사를 통한 세계화 사례를 보여준다.

이렇게 회사의 판매기지가 전 세계에 깔려 있으면 지속적인 판매량

성장이 가능하다. 왜냐하면 많은 시장들이, 특히 개발도상국들의 시장은 포화되려면 아직 멀었기 때문이다. 해외진출 덕분에 1995년에 6억 3,300만 유로였던 카처의 매출액은 2019년에 25억 8,000만 유로로 늘어났다. 지난 5년간 이 회사의 이익은 89%나 성장했는데, 이것은 매출액 성장률 23%보다 훨씬 높은 수치이다. 이는 국제화가 이익상승에 얼마나 크게 이바지하는지를 잘 보여주는 사례다.

사업다각화

회사가 현재 들어와 있는 시장이 더 이상 성장하지 않고 시장점유율은 이익을 희생해야만 올릴 수 있다면, 판매량을 더 올릴 수 있는 길은 사업다각화뿐이다. 엄밀한 의미의 사업다각화는, 전략 분야의 대가 이고르 앤소프(Igor Ansoff)에 따르면, 기업이 새로운 제품으로 새로운 시장에서 성장하는 것이다.

이렇게 시장과 제품이 모두 생소하기 때문에 기업이 시도하는 많은 다각화 프로젝트가 기대했던 성과를 내지 못하거나 실패한다. 이것은 사실 그다지 놀라운 일이 아니다. 그래서 많은 다각화 실패사례들에 대해 미국의 투자 전문가 피터 린치는 다음과 같이 말했다. "이익을 내고 있는 회사들은 가끔 쓸데없는 기업 인수에 돈을 날려버린다. 이들은 과대평가되었거나 자신들이 전혀 이해하지 못하는 상품을 찾아 헤매고 있다."

물론 성공적으로 신규사업에 진출한 경우도 적지 않다. 삼성그룹은 제당업을 비롯한 경공업으로 시작해서 이제는 반도체를 비롯한 전자·금융·중공업 등으로 훌륭하게 변신했다. 지금은 영국의 이동통신 회사 보다폰(Vodafone)에 인수된 독일의 마네스만(Mannesmann)도 철강과 석탄을 주로 다루는 회사였는데, 기술회사로 화려하게 탈바꿈하는 데 성공했다. 그런데 신규 사업에 진출해서 좋은 성과를 거둔 회사들은 대체로 사업다각화를 몇 십 년에 걸쳐 추진하였으며, 한꺼번에 너무 많은 프로젝트를 동시에 진행시킨 적이 없다. 이들은 이렇게 함으로써 경영진의 능력이 지나치게 분산되는 것을 막았으며, 또한 단계적으로 착실하게 새 사업에 대한 노하우를 쌓을 수 있었다.

세계의 많은 회사들이 신규사업에서 갖가지 경험을 한 끝에 다시 눈을 돌리기 시작한 것이 바로 기업의 '핵심역량'이란 개념이다. 회사든 개인이든 몇 가지 부문은 아주 잘하지만 나머지 분야에선 아마추어에 지나지 않는다는 것을 겸허하게 인정해야 한다. 기업이 이런 평범한 진리를 깨닫기 위해 구태여 비싼 수업료를 낼 필요는 없다. 그렇다면 경영자는 자사의 핵심역량을 철저히 재검토하고, 주변 사업 또는 주변 부문에 대해 적절하고 과감한 조치를 취해야 할지도 모른다.

비교적 성공확률이 높은 다각화는 새로운 제품과 새로운 시장이라는 두 차원 가운데 하나만 공략하는 이른바 '부드러운(soft) 다각화'이다. 독일의 히든챔피언들이 특히 이 전략을 애호한다. 이 회사들은 그들이 집중하고 있는 주력시장에서 높은 시장점유율을 차지하고 있기 때문에 때로는 성장의 한계에 부딪힌다. 이럴 경우에 히든챔피언들은 새로운 제품을 기존 시장에서 팔거나 또는 기존 제품을 갖고 새로운 시장에 진출한다. 도로를 건설하거나 보수(補修)하기 위한 기계류 분야의 세계적인 회사 비르트겐(Wirtgen)은 전자의 길을 택했다. 2017년에 존 디어(John Deere)로 유명한 미국의 디어 앤드 컴퍼니가 인수한 이 회사는 처음에 도로 절삭기로 시작했으며, 이어서 단계적으로 도로 포장에 쓰는 돌(pavers), 도로 공사용 압착롤러, 재활용을 위한 기계, 아스팔트 믹서 등의 신제품을 기존 시장에 차근차근 도입했다. 이러한 부드러운 다각화의 결과 1990년 중반 2억 5,000만 유로였던 이 회사의 매출액이 2019년에는 30억 유로가 넘었다.

부드러운 다각화의 두 번째 유형을 택한 회사의 하나는 산악 지방용 케이블카 시장의 세계적인 선두주자인 오스트리아의 도펠마이어(Doppelmayr)다. 이 회사는 도시 및 항구의 케이블카 시장이라는 성장 잠재력이 매우 큰 신규시장을 개척하여 탄탄한 성장의 길을 달릴 수 있었다. 덕분에 지난 15년간 이 회사의 매출액은 갑절 이상 늘어나서 9억 3,500만 유로가 되었다.

수익률 관리

많은 산업에서는, 특히 고정비의 비중이 큰 업종에서는, 시설가동률이 이익을 결정하는 아주 중요한 요인이다. 수익률 관리(yield management) 또는 매출액 관리(revenue management)는 주어진 (대체로 고

7 이익동인 : 판매량

정된) 생산능력을 이익을 극대화하는 방향으로 활용하기 위하여 가격 및 생산능력을 동시에 그리고 동태적으로 조종하는 것이다. 시점에 따라 또는 주어진 조건에 따라 고객들에게 제시되는 가격대와 그것에 배정되는 서비스의 질과 양이 달라진다. 대표적인 예로 비행기 좌석은 여러 가격으로 판매되며, 대체로 각 가격대에는 서로 다른 제약조건이 붙게 마련이다. 변동비가 낮기 때문에 흔히 수익률 관리의 목표는 매출액 극대화인 경우가 많다. 만일 한계비용이 0이면 매출액 극대화는 곧 이익 극대화이기도 하다. 수익률 관리를 하고 있는 회사들은 매출액과 이익을 상당히 늘릴 수 있었다고 말하고 있다.[5]

물론 항공 회사들만 수익률 관리의 덕을 보고 있는 것이 아니다. 호텔·크루즈회사·자동차 대여 회사·온라인 서비스 회사들도 이 전략적 도구를 활용하고 있다. 수익률 관리는 점점 더 '맞춤형 주문생산' 같은 분야로 번지고 있다. 생산능력이 고정되어 있으면 (예를 들어 항공 회사, 호텔, 공장처럼) 한계비용이 낮고, 반면에 팔리지 않은 제품·서비스의 단위당 기회비용이 매우 크게 마련이다. 쉽게 말해 비어 있는 비행기 좌석이 팔리지 않으면 그것은 영원히 사라져 버린다.

수익률 관리는 제공되는 생산능력(예를 들어 비행기의 기종)을 최적화하고, 유통시스템을 연결하고 잠재고객들을 겨냥하여 그들과 소통한다. 이러한 과정에서 특히 '저장할 수 없다'는 서비스의 특성 때문에 '시간'과 '속도'는 매우 중요한 구실을 한다. 이러한 의미에서 수익률 관리는 순수한 판매 또는 가격정책이 아니라, 포괄적인 마케팅 및 경쟁의 도구다. 수익률 관리를 최선으로 하려고 한다면, 다음 질문이 매우 결정적인 문제다.

"회사의 생산능력 한 단위(예를 들어 호텔방 1개, 비행기 좌석 1개)를 이른 시점에 싸게 팔아야 할까, 아니면 급히 예약하고 더 높은 가격을 지불할 만한 고객이 올 것이라고 믿고 기다려야 할까?" 호텔 경영자의 고민도 똑같다. "방 1개가 공실로 남지 않도록 할인가격으로 지금 팔아야 할까, 아니면 제값을 다 낼 고객이 올 것이라는 희망을 갖고 더 기다려야 할까?" 이것은 서비스 업계의 궁극적인 문제다.

서비스 업계는 이러한 최적화 문제를 '수익률 관리'의 개념이 생기기 전에는 호텔이나 항공 회사들의 경영자들의 경험을 빌어 해결하곤 했다. 그러나 정보기술 및 고도의 방법론이 대두하면서 이렇게 경험에 의존하던 의사결정방식을 실증적·계량적 의사결정으로 대치할 수 있는 가능성이 매우 커졌다.

수익률 관리기법이 꾸준히 더 보급되고 있기는 하지만 아직 이것을 거의 쓰고 있지 않는 업종이 많다. 주차건물 사업도 이에 속하는데, 특히 공항이나 기차역처럼 빈 자리를 찾는 것이 무척 중요한 곳에서는 수익률 관리가 큰 힘이 될 수 있다. 주차건물 관리회사는 이 기법을 써서 고정된 주차 용량과 시간 단위당(예를 들어 하루, 1시간) 고정된 주차비 대신, 이 두 변수가 빈 주차공간이 어디에 얼마나 남아 있느냐에 따라 변하도록 한다. 예를 들어, 영국 런던의 히스로 공항 주차장은 현재 이런 시스템으로 운영된다. 즉 손님들이 언제나 빈 주차공간을 찾을 수 있도록 주차용량과 가격이 수시로 바뀐다. 경우에 따라서 주차비가 아주 비쌀 수도 있음은 말할 것도 없다. 수익률 관리가 많은 서비스 업종에서 판매량·매출액·이익 상승을 견인할 잠재력이 크다는 것은 이제 틀림없어 보인다.

서비스 확대

서비스 회사들만 서비스를 제공하지는 않는다. 많은 제조 회사들도 실은 매출액의 상당 부분을 서비스를 팔아서 벌어들이고 있다. 통상 산업재 회사들 매출액의 20% 정도는 서비스 및 부품에서 오며, 이것들의 이익 기여율은 훨씬 더 높다. 그 까닭은 보통 서비스의 마진이 제품마진보다 더 높기 때문이다. [그림 7-3]은 76개의 기계제작 업체들을 상대로 이에 관한 설문조사를 한 결과다.[6]

호황기에는 흔히 서비스 사업보다 신제품 사업이 더 주목받는다. 이것은 그리 놀랄 일이 아니다. 제품 생산물량이 달리고 납기를 지키라는 압박에 시달리면 회사는 생산과 납기에 온정신을 쏟는다. 이렇게 공급자가 우위에 서 있는 이른바 '파는 자의 시장(seller's market)'에서는 대체로 서비스는 뒷전이다. 이것은 서비스가 품고 있는 판매량 및 이익 잠재력이 활성화되지 않고 사장(死藏)됨을 뜻한다.

또한 회사가 기존에 판매한 제품이 시장에 널리 깔려 있으면, 서비스 부문 및 그것과 결부되어 있는 부품판매는 신제품 사업에 비해 위기에 덜 민감하고 경기도 덜 탄다. 많은 경우 기업들은 제한적인 서비스만 제공하고 서비스가 창출할 수 있는 광범위한 가능성을 다 활용

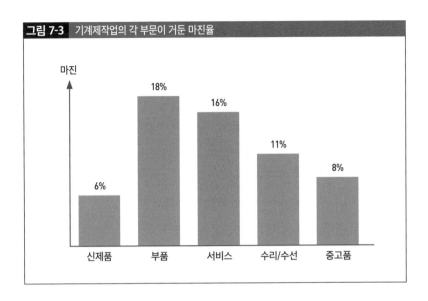

그림 7-3 기계제작업의 각 부문이 거둔 마진율

마진

18%

16%

11%

8%

6%

신제품　　부품　　서비스　　수리/수선　　중고품

하지 않고 있다.

이미 수천 채의 조립식 주택을 공급해온 한 대형 업체는 고객이 문의를 해오면 대응하는 정도였고, 적극적으로 서비스를 제공하지는 않았다. 그러나 이제 이 회사는 적극적으로 서비스를 판매하고 있다. 제공되는 서비스는 간단한 집수리부터 포괄적 에너지 현대화에 이르기까지 무척 다양하다. 포괄적인 서비스를 제공함으로써 매출을 늘릴 뿐만 아니라 높은 마진도 얻고 있는 현명한 회사들이 점점 더 많아지고 있다.

6장에서 풍력 터빈 회사 에네르콘의 포괄적인 서비스 계약 EPK를 소개했다. 에네르콘은 계약을 맺은 고객들에게 첫 12년 동안 광범위한 서비스를 제공하고 아주 높은 정상가동률을 보장한다. 전 세계 곳곳에 설치된 이 회사의 터빈 수가 급격히 늘어나고 있으므로 에네르콘의 이 서비스 사업은 경기에 덜 민감하고 위기의 영향도 덜 받을 것이 틀림없다.

고객을 위한 교육도 가치사슬을 늘리는 데 도움이 된다. 앞으로는 교육 서비스의 중요성이 더욱 커질 것이다. 그 까닭은 2가지다. 첫째는 제품이 점점 더 복잡해지는 것이고, 둘째는 직원들의 교육 수준이 높지 않은 나라에 복잡한 제품을 수출하는 사례가 늘어나고 있기 때문이다. 경우에 따라 교육을 전담하는 독립법인을 설립할 수도 있다. 그러면 관련 서비스에 별도로 요금을 부과하는 것이 한층 쉬워지며, 또한 현재 모기업의 고객이 아닌 고객들에게도 교육 서비스를 판매할 수 있을 것이다.

기업이 서비스 판매에 더 힘을 기울이면, 서비스 계약을 맺는 고객들의 비율이 꽤 높아지는 경우가 많다. 어느 기중기 회사가 좋은 본보기다. 이 회사는 주로 신규 서비스 고객들을 영입하여 3년이 채 안 되는 기간 동안에 매출액에서 서비스가 차지하는 비중을 18.4%에서 26.8%로 끌어올렸다. 이리하여 수익성이 더 좋은 추가 매출액 약 1억 4,700만 유로가 이 회사에 흘러 들어간 것이다. 네트워킹 장비 및 보안서비스 등을 판매하는 세계 시장 선도 기업 시스코(Cisco)도 비슷한 길을 갔다. 위기가 오자 시스코는 지속적으로 성장하고 회사의 재정 상황을 안정시키기 위해 서비스 부문에 더 힘을 쏟았다. 그 결과 제품 주문은 약 20% 줄었지만 서비스 수입은 10% 가량 늘었다.

묶음가격 풀기

이전에는 다발로 팔던 제품·서비스 묶음을 이제 따로따로 파는 것을 '묶음가격 풀기(unbundling)'라고 한다. 특히 전체 가격에 포함되어 있던 서비스를 따로 떼어서 팔면 매출액과 이익에 적지 않은 영향을 미칠 수 있다. 많은 기업들이 흔히 여러 종류의 서비스를 제공하면서 따로 돈을 받지 않는다. 만일 이런 회사들이 그런 서비스들을 전체 묶음에서 분리하여 개별 서비스에 각각 요금을 붙일 수 있다면 매출액 및 이익이 꽤 올라갈 수 있지만, 기업은 한편 상당히 조심해야 한다.

어떤 서비스들은 따로 값을 부과하지 않고 제공하는 것이 업계의 오랜 관행으로 굳어져 있는 경우가 많다. 고객들이 이제 그런 서비스들에 대해 돈을 따로 내야 하는 것을 알게 되면, 그들의 반응이 좋을 리 없다. 하지만 우리가 실제로 프로젝트를 해본 경험에 따르면, 고객들은 따로 요금을 내게 된 서비스가 특별 혹은 고급 서비스이거나, 제공되는 서비스의 수준이 기대보다 훨씬 높으면 대체로 이의를 제기하지 않는다. 예를 들면 특별연수·속달운송·획기적인 보장·(서비스 제공 회사의) 위험부담·소량구매에 대한 추가요금 등이 그런 서비스에 속한다.

제품 판매에서 시스템 제공으로

불황이나 위기는 흔히 공급사슬의 위쪽이나 아래쪽에 위치한 회

7 이익동인 : 판매량

사들 또는 보완재를 생산하는 업체들도 약화시킨다. 이런 상황은 제품 판매 회사가 시스템 제공 회사로 거듭날 수 있는 기회가 될 수 있다. 예를 들어, 세계적인 직물용 바늘 제조업체인 그로츠-베커르트(Groz-Beckert)는 뜨개질용 바늘과 편물기용 바늘을 만드는 회사에서 정밀부품 분야의 중요한 시스템 제공 회사로 탈바꿈했다. 이 회사는 사업영역을 재봉틀용 바늘, 펠트용 바늘, 구조를 짜주는 바늘, 양탄자 제작용 바늘, 끝으로 방직기용 부품이라는 중요한 세분시장 등으로 꾸준히 넓혀갔다. 그로츠-베커르트는 방직기용 부품시장의 세계적인 업체였던 스위스의 그룹 호르겐(Grob Horgen)과 독일의 쉬마잉(Schmeing)을 인수했다. 그러나 단순히 제품을 생산하는 업체에서 시스템 업체로 변신하는 데 걸리는 시간을 과소평가해서는 안 될 것이다.

세계적인 전문 청소기 제조업체 하코(Hako)는 기계를 팔아서 올리는 매출이 전체 매출액의 20%밖에 안 된다. 그 대신 이 회사가 임대 · 서비스 · 기획(object planning) · 상담 등으로 이루어진 종합적인 서비스 패키지를 팔아서 올리는 매출의 비중이 훨씬 더 크다. 하코는 청소 대상과 관련된 계산을 해주는 프로그램을 고객들에게 제공하고 프로그램이 산출해준 원가를 보장한다. 즉 이 회사는 고객과 위험을 공유하는 것이다. 하코의 베른트 하일만(Bernd Heilman)은 이렇게 말한다. "이제 우리 회사는 더 이상 일반적인 제조업체가 아니다. 우리는 포괄적인 시스템을 제공해주는 '서비스 업체를 위한 서비스 업체'다." 하코의 순영업이익률은 지난 5년간 6.7%에서 9.8%로 올라갔다.

란탈(Lantal)은 항공기 내부 설비를 해주는 회사로 이 시장의 선두주자다. 이 회사 역시 항공사들에게 포괄적인 시스템을 제공한다. 란탈이 판매하는 시스템은 고객의 구체적인 요망사항을 반영한 맞춤형 실내 디자인을 비롯하여 의자 덮개(seat covers), 커튼, 벽면 마감재, 머리받침대, 카펫 등을 포함한다. 하지만 란탈은 시스템의 내용을 더욱 확장하고 있다. 항공기 내부에 쓰이는 마감재가 아주 엄격한 안전기준을 충족시켜야 한다는 점에 착안하여, 란탈은 항공기에 적합한 직물과 카펫을 공식적으로 인증해주는 증명서를 발행할 수 있는 권한을 유럽항공안전국(EASA)과 미연방항공청(FAA)에 신청하여 따냈다. 복잡한 인증문제와 책임문제가 걸려 있는 사안에 관한 한, 고객들이 여러 업체보다는 한 업체하고만 상대하기를 원할 것임은 말할 것도 없다.

상업용 폭약 시장의 선두 업체인 호주의 오리카(Orica) 역시 채석장 운영업체에 포괄적인 서비스 상품을 제공한다. 오리카는 폭약판매뿐만 아니라 암석의 분석, 굴착, 발파까지 모두 해준다. 이 새로운 시스템 모델에서는 오리카가 부서진 돌을 고객에게 공급하고 그 양에 따라 작업 실적을 계산한다. 이것은 맞춤형 서비스이기 때문에 가격의 투명성은 떨어지는 대신, 고객당 매출·효율성·안전성은 올라간다.

고객은 발파 과정을 걱정할 필요가 없기 때문에 그만큼 거래를 끊기가 어려워진다. 즉 공급업체를 바꾸기가 힘들어진다는 뜻이다. 기업이 개별 제품이 아닌 시스템을 공급하면 이렇게 고객유지율이 높아진다는 또 하나의 장점이 있다. 여러 연구결과에 따르면, 한 업체로부터 여러 제품 또는 시스템 전체를 구입한 고객들은 한 가지 제품만 사는 고객들에 비해 공급업체를 바꿀 확률이 낮았다. 고객유지율이 높아지면 그만큼 사업이 안정되기 때문에 시스템 공급의 이와 같은 부수효과는 매우 환영할 만하다.

물품할인

고객들과 협상하는 과정에서 그들은 공급회사에게 으레 양보를 요구한다. 가장 흔한 요구는 값을 깎아달라고 하는 것이다. 이럴 때 회사가 값을 내리지 않는 대신 물품을 더 주는 형태로 할인해주면 더 유리하다. 이러한 물품할인은 다음과 같은 이점이 있기 때문이다.

- 가격수준이 유지된다.
- 더 많은 물량을 생산해야 하므로 고용이 유지된다.
- 같은 비율로 값을 깎아줄 때보다 이익이 덜 줄어든다.

그러면 유럽의 어느 보트회사 사례를 통해 이 효과들을 알아보자. 이 회사가 파는 보트의 값은 대당 1억 원이고, 대당 변동비는 6,000만 원이다. 회사는 소매상에게 값을 깎아주지 않고, 그 대신 5대를 사면 1대를 더 주고 있다. 소매상은 5대 값을 내고 6대를 받으므로 실질적인 가격할인은 1/6, 즉 16.7%이다. 이렇게 물품할인을 해줄 때의 결과는 다음과 같다.

매출액 = 5억 원 판매량 = 6대

총 변동비 = 3억 6,000만 원 공헌마진 = 1억 4,000만 원

반면에 값을 직접 16.7% 깎아주면, 결과는 다음과 같이 달라진다.

매출액 = 4억 1,667만 원 판매량 = 5대

총 변동비 = 3억 원 공헌마진 = 1억 1,667만 원

물품할인을 해주니까 판매량이 늘고 따라서 고용인원도 증가할 뿐만 아니라, 이익도 올라간다. 물품할인이 해고를 피하기 위한 단기조치라면, 회사는 직접 가격할인을 해줄 때보다 나중에 이것을 더 쉽게 철회할 수 있다. 반면에 값을 직접 깎아주면, 회사가 나중에 원래의 정가를 유지하기가 더 어렵다.

어느 일류 디자이너 가구 회사도 물품할인으로 좋은 경험을 했다. 이 회사의 경영진은 상표자산을 지키기 위해서는 가격의 일관성과 연속성이 매우 중요하다고 확신했다. 그런데 고객들은 정기적으로 그리고 끈질기게 가격할인을 요구한다. 이 회사는 그런 손님들에게는 다른 가구 하나를 그냥 덤으로 준다. 그러면 대부분의 경우 할인 요구는 그것으로 끝난다.

이 회사 역시 직접 가격할인을 해줄 때보다 이렇게 물건을 더 줄 때 긍정적인 고용효과가 있었고 이익도 더 많았다. 이렇게 덤으로 주어지는 가구를 회사와 고객은 서로 다르게 바라본다. 고객에게 이것의

값어치는 바로 그 제품의 가격이다. 그러나 회사가 그것으로 잃는 액수는 그 제품의 변동비이다. 따라서 회사는 고객에게 100만 원짜리 가구를 선물하며 잔뜩 생색을 내지만, 실제 그것의 원가는 60만 원밖에 안 된다. 그러나 고객에게 그것의 값어치는 100만 원이다.

반면에 만일 회사가 에누리를 통해 고객이 똑같은 액수의 혜택을 느끼도록 해주려면, 회사는 실제로 같은 금액만큼 받을 돈을 받지 말아야 한다. 즉, 위의 보기에서는 100만 원을 고스란히 희생해야 한다. 임대업에서도 이 원리가 적용된다. 임대인은 대체로 새 입주자에게 임대기간 동안의 월세를 깎아주기보다는 차라리 몇 달 동안 월세를 받지 않는 편이 더 낫다. 건물가치는 보통 '집세의 몇 배'의 형태로 산정되고, 금융기관도 대출심사를 할 때 비슷한 잣대를 들이댄다. 따라서 임대인으로서는 몇 달 동안 집세를 안 받는 한이 있더라도, 집세를 높게 책정하는 것이 중요하다. 재미있는 것은 이러한 임대업에서의 물량 할인을 임차인도 환영한다는 사실이다. 그것은 아마도 임차인이 입주를 앞두고 이사비용·가구구입 등으로 자금사정이 좋지 않기 때문일 것이다.

판매량과 주주가치

앞에서 여러 차례 "성장과 이익이야말로 주주가치의 결정적인 견인차"라고 역설했다. 특히 기업 발전의 초기단계와 시장 수명주기의 초기에는 판매량 및 고객수 증가가 이익보다 주주가치에 더 큰 영향을 미칠 수 있다. 이 책의 초반부에서 몇 번 언급한 아마존닷컴과 세일즈포스닷컴 사례는 이 사실을 설득력 있게 보여준다. 투자자들과 자본시장이 이처럼 판매량을 보고 기업을 평가하는 것에 대해 우리는 결코 비합리적이라고 말할 수는 없다. 그렇지만 고객수 또는 판매량이 자동적으로 높은 기업가치를 창출하는 것은 아니다. 기업가치는 궁극적으로 여러 다양한 요인에 의해 결정된다. 장기적으로 가장 중요한 물음은 "한 고객이 이익에 얼마나 기여하느냐?"다. 이것이 바로 '화폐화(monetization)', 즉 '돈으로의 전환'이라는 개념이다.

그런데 이와 관련하여 업계에서는 흔히 '이익기여'가 아니고 '고객당 매출액(Average Revenue Per User, ARPU)'이라는 말을 성공의 척도로 많이 쓴다. 많은 디지털 제품의 경우처럼 한계비용이 0이면, 이것도 괜찮다. 왜냐하면 매출액 극대화와 이익극대화는 결국 같은 목표가 되기 때문이다. 그러나 많은 회사들은 "언제 돈으로 전환될까?"라는 물음에 대답하지 않거나 또는 마냥 답변을 미룬다. 예를 들어 6장에서 소개한 후리미엄 모델의 경우, 회사는 후리(free) 고객들이 아닌 프리미엄(premium) 고객집단에서만 돈을 번다. 그래서 충분한 수의 후리 고객들이 프리미엄 고객으로 바뀌지 않으면 이익이 많이 날 수가 없다.

두 번째 성공요인은 고객충성도다. 고객충성도는 궁극적으로 고객의 생애가치(lifetime value)를 결정한다. 회사가 신규고객을 많이 영입했는데 그들이 얼마 후에 떠나버리면, 아무 소용이 없다. 많은 비용을 써서 새로운 고객들을 끌어왔는데 그들의 대다수가 떠나가면, 즉 이탈률이 매우 높으면, 그 결과는 참담하다.

세 번째 성공요인은 한계비용이다. 한계비용이 0이냐 아니면 이보다 상당히 큰 양수냐는 근본적인 차이를 가져온다. 한계비용이 양수이면 고객이 새로 생길 때마다 또는 판매량이 늘 때마다 이익이 악영향을 받을 수 있다. 예를 들어, 값이 한계비용보다 낮으면 이익이 떨어지게 마련이다. 방금 언급한 후리미엄 모델의 경우처럼, 고객이 아무것도 지불하지 않으면 바로 이런 상황이 형성된다. 그러나 한계비용이 0이면 사정이 완전히 달라진다. 신규고객이 아무것도 내지 않더라도 그가 최소한 이익을 떨어뜨리지는 않는다.

이러한 이익결정요인들이 앞으로 어떻게 전개될 것인가는 기업 또는 시장의 초기단계에서는 매우 불확실하기 마련이다. 그럼에도 불구하고 경영자는 시장의 환호성에 도취되지 않고 냉정한 판단을 내려야 한다. 그러기 위해서는 고객수 · 판매량 · 이익 · 주주가치 사이의 이러한 비교적 간단한 관계를 늘 유념할 필요가 있다.

간추림

이 장에서는 이익 또는 주주가치를 극대화하기 위해 '이익동인 판매량'을 어떻게 다루어야 하는가를 논의했다. 그리고 더 많이 팔수록 언제나 이익이 더 늘어나지는 않는다는 점을 역설했다. 상황에 따라서는 판매량 감소가 이익상승을 가져올 수 있다. 판매가 자율적으로 늘었느냐 아니면 값에 손을 대서 늘었느냐는 중요한 차이다. 만일 회사가 값을 떨어뜨려 판매량을 끌어올리면, 이익효과는 크지 않고 심지어는 이익이 줄어들 수도 있다.

한계수입이 한계비용과 같을 때의 판매량이 이익을 가장 크게 한다는 최적판매량의 이론적 조건은 판매량의 변화가 이익에 어떤 영향을 미치는지를 대충 알게 해준다. 만약 한계수입이 한계비용보다 크면, 판매량 증가는 이익을 늘린다. 이 조건이 성립할 때 판매량을 늘리는, 따라서 이익을 증가시키는 길은 다양하다. 시장침투·더 효과적인 영업활동·신제품 도입·이제까지 진출하지 않았던 세분시장의 개척·국제화·다각화·수익률 관리·새로운 유통경로의 활용(특히 전자상거래)·서비스 확대·시스템 제공·물품할인 등의 방법이 이에 속한다.

산업재 회사의 서비스 사업은 대체로 제품 부문보다 마진율이 더 높다. 그래서 서비스 부문을 키우면 판매량·매출액뿐만 아니라 이익도 올라간다. 회사가 단순한 제품 판매에서 시스템 제공으로 방향을 틀면 사업영역이 크게 넓어지고 동시에 고객유지율도 높아질 수 있다. 이럴 때 회사가 제공하는 시스템에는 흔히 서비스 요소가 포함되어 있다. 판매량을 늘리기 위한 이 모든 방법은 당연히 원가와 가격에 영향을 주기 때문에 이익에도 위험한 일이 발생할 수 있다. 그런 만큼 경영자는 이러한 조치를 실제로 취할 때 여러 측면을 면밀히 검토하고 신중을 기해야 한다.

기업 또는 시장의 초기단계에서는 판매량 성장이 주주가치의 결정적인 견인차가 될 수 있다. 판매량 성장과 주주가치의 이러한 관계가 정말로 맞는지는 3가지 요인에 달려 있다. 효과적인 화폐화, 높은 고객충성도, 그리고 낮은 한계비용이 그것이다. 이 3가지 조건이 충족되면, 판매량 그리고 판매량 성장은 주주가치의 효과적인 견인차가 된다.

THE PROPHET

THE PROFIT

8

이익동인 : 원가

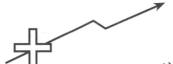

앞에서 살펴본 두 이익동인 가격과 판매량은 매출액, 이른바 톱라인과 관계된다. 반면 마지막 이익동인인 원가는 직접적으로 바텀라인, 즉 이익이라는 궁극적으로 의미 있는 수치에만 영향을 끼친다. 원가와 달리 가격과 판매량은 두 경로를 통해 간접적으로만 이익에 영향을 미친다. 첫째 경로는 말할 것도 없이 톱라인이고, 둘째 경로는 변동비다. 왜냐하면 판매량이 늘면 (한계비용이 0일 때나 원가가 매몰비용(sunk cost)의 형태를 띠는 경우는 제외하고) 변동비도 올라가기 때문이다. 회사가 값을 내리면 판매가 늘어나므로 간접적으로 같은 결과를 낳는다. 이렇게 가격·판매량·원가는 서로 복잡하게 영향을 주고받으며, 이 세 이익동인의 구체적인 움직임은 가격반응함수와 원가함수에 의해 결정된다.

이익동인으로서의 원가의 특성

가격이나 판매량과 마찬가지로 원가도 이익동인으로서 몇 가지 특성이 있다. 회사가 원가에 손을 댄다고 하면 보통 원가절감을 위한 여러 조치를 떠올린다. 이러한 조치는 누구에게 영향을 줄까? 직접적으로 가장 크게 영향을 받는 집단은 자사 직원들과 공급업체들이다. 그리고 통상 회사의 모든 기능이 영향을 받는다. 이와 관련하여 어느 저자는 이렇게 말했다. "기업 내 모든 등급의 의사결정자들은 원가관리를 자신들의 업무의 일환으로 확고히 정립해 놓아야 한다."[1]

기업이 더 많은 가치를 창출할수록, 직원들과 관련된 행동을 통해 원가를 줄일 여지가 더 많다. 가격조치나 판매량 조치와 달리 원가절감은 해고 또는 임금삭감 같은 사회적인 고통을 수반하는 경우가 많다. 경영자는 가격행동 및 판매량에 영향을 주는 행동과 견주어볼 때 원가에 대해 더 강한 통제력을 갖고 있다. 왜냐하면 앞의 둘의 경우에는 궁극적으로 고객들이 그 결과를 결정하기 때문이다. 그러나 경영자가 직원들에게 행사할 수 있는 힘도 법적 규제·노동조합의 영향 등으로 역시 한계가 있다. 그럼에도 불구하고 경영자는 대체로 고객들에 비해 직원들에 대해 더 큰 권한을 갖고 있다.

공급회사가 창출하는 가치의 비중이 더 클수록, 원가를 내릴 수 있는 여지는 공급자 쪽에 더 많다. 그런 만큼 공급회사들에 대한 원가절감 압박은 더 커진다. 이럴 때 결정적인 구실을 하는 것은 공급회사와 구매회사 사이의 상대적 힘의 균형이다. 삼성전자·현대자동차·포스코·신세계·롯데 등의 큰 제조업체와 유통회사들은 수많은 하청기업을 거느리고 있다. 이런 경우에는 구매회사가 상대적으로 힘이 훨씬 더 세므로, 납품회사들은 원가절감 스트레스에 더 시달리기 십상이다. 회사가 고객들보다는 직원들과 공급업체들에 대해 더 우월한 위치에 있다는 생각이 있기 때문에, 경영자는 이익압박이 있을 때 제일 먼저 원가를 줄일 궁리를 한다. 그다음에 그가 하는 일은 보통 판매를 늘리려고 애쓰는 것이다. 이익에 가장 큰 영향을 미치는 이익동인 가격에 그가 신경 쓰는 것은 맨 마지막이다. 사모펀드 투자자들도 그들이 회생시키려고 하는 회사를 인수하고 나면 흔히 이 순서대로, 즉 원가ㆍ영업ㆍ가격의 순으로 조치를 취해 나간다.

우리는 먼저 원가만 따로 떼어 놓고 생각하지 말라는 조언을 하고 싶다. 원가만 따로 독립적으로 고려해도 괜찮은 상황은 원가절감이 가격과 판매에 나쁜 영향을 주지 않을 때뿐이다. 이러한 목표가 정말 달성된다면 그것은 그야말로 이상적이다. 그러나 실제 현실에서는 원가삭감 조치는 대개 가격과 판매량에 부정적인 영향을 끼친다.

예를 들어 회사가 원가를 줄이기 위해 싼 원료를 쓰면, 고객들이 느끼는 제품의 품질과 값어치에 악영향을 줄 수 있다. 그러면 고객들의 지불용의가격이 내려가고 판매량이 떨어질 수 있다. 이미 자동차 업계는 이러한 부정적인 효과의 악순환을 겪은바 있다. GM과 오펠의 역사는 원가절감과 가격 및 판매량의 이러한 관계를 잘 보여주었다. 따라서 경영자는 원가절감을 위한 여러 조치가 지불의향가격이나 판매량에 미칠 수 있는 영향을 늘 염두에 두어야 한다.

가격과는 달리 원가를 줄이기 위한 조치는 그것을 시행하는 데 시간이 걸린다. 또 조치를 취하고 나서 상당한 시간이 지난 다음에야 비로소 효과가 나타나는 경우도 많다. 6장의 [그림 6-1]에서 이런 현상을 살펴보았다. 자동차 산업용 압착기(stamping presses) 분야의 세계 선두주자 슐러(Schuler)는 2019년 7월 수요부진을 이유로 일자리 500개를 줄이겠다고 발표했다. 그런데 슐러의 이 계획에 관한 한 보도에 따르면, 초기에 많은 자금이 투입되고 효과는 시간이 상당히 지난 후에 나타나기 시작한다고 한다. "이 회사의 원가절감 프로그램은 8,500만 유로가 든다. 그리고 최초의 원가절감 효과는 2020년 하반기부터 나타날 것으로 기대된다."[2]

지점망을 줄이는 형태의 원가삭감 조치 역시 시간이 지나서야 그 효과가 나타난다. 지점 유지비용의 아주 큰 부분이 임대료인데, 대개는 현재의 임대계약이 만료되어야 그것이 더 이상 지출되지 않는다. 대체로 이 '시간'이라는 차원은 원가관리에서 중대한 구실을 한다. 대부분의 경우에 원가절감 조치는 초기에 많은 예산이 들거나 투자가 필요하다. 따라서 회사는 단기적으로 유동성 문제로 어려움을 겪을 수 있다.

이러한 조치로 원가가 떨어져서 이익이 늘어나는 것은 시간이 경과한 다음의 일이다. 예를 들어, 장기근무했던 직원이 떠나갈 때 회사는 상당한 액수의 퇴직위로금을 지급한다. 또 생산원가를 낮추기 위해 새 기계류를 들여오려면 회사는 막대한 돈을 먼저 지불해야 한다.

회사가 생산수단을 어떤 형태로 투입하느냐에 따라 원가조치가 이익 및 유동성에 끼치는 영향이 크게 달라질 수 있다. 감가상각비를 올리거나 내리면 그에 따라 회계장부상의 원가도 달라지지만, 유동성은 직접적인 영향을 받지 않는다. 하지만 감가상각비를 얼마로 계상하느냐에 따라 회사가 내야 하는 세금 액수가 달라지므로, 결국은 유동성도 세금을 통한 영향을 받게 된다. 건물 같은 자산을 팔고 다시 빌려서 쓰는 경우(이른바 매각 후 임차) 임차료가 지금까지의 감가상 각비에 자본비용을 더한 금액과 같으면 이익은 변하지 않는다. 그러나 유동성은 큰 영향을 받는다. 회사가 자산을 팔면 매각대금이 한꺼번에 들어오고, 그다음에는 임차료가 정기적으로 띄엄띄엄 나가기 때문이다.

원가의 이익탄력성

가격과 판매량이 주어져 있을 때, 즉 매출액이 일정할 때 원가가 달라지면, 그 달라진 액수는 고스란히 이익에 반영된다. 그러나 이 말은 변하는 원가의 절대액에만 들어맞고, 백분율로 표시된 원가변화에는 적용되지 않는다. 이 말의 뜻을 설명하기 위해 6장의 [그림 6-2]와 [그림 6-3]에서 썼던 수치들을 다시 사용하겠다.

이 두 그림에서 값은 1만 원, 판매량은 10만 개, 개당 변동비는 6,000원이었고, 고정비는 3억 원이었다. 그래서 매출액은 10억 원이었고, 총 원가는 9억 원, 따라서 이익은 1억 원이었다. [그림 6-2]와 [그림 6-3]은 가격 또는 판매량이 5% 변하면 이익이 어떻게 달라지는가를 보여준다. 가격 또는 판매량이 달라질 때 다른 두 이익동인은 변하지 않는다고 가정했었다.

그러면 그때와 마찬가지로 다른 이익동인들은 일정하다고 가정하고 변동비 또는 고정비가 5% 변하면, 이익은 어떻게 달라지는가? 변동비가 현재의 6억 원에서 5% 줄어들어 5억 7,000만 원이 되면, 이익은 30% 늘어난다. 변동비는 5% 감소했는데 이익은 30% 증가했으니, 백분율만 보면 6배다. 즉 변동비의 이익탄력성은 −6이므로 그 절댓값은 6이다. 고정비가 3억 원에서 5% 떨어져 2억 8,500만 원이 되면, 이익은 15% 올라간다. 따라서 고정비의 이익탄력성은 3이다.

앞의 [그림 6-2]와 [그림 6-3]에서 보았다시피 가격이 5% 변하면 이익이 50% 달라졌고(이익탄력성=10), 판매량이 5% 변하면 이익이 20% 달라졌다(이익탄력성=4). 따라서 지금까지의 계산을 간추리면 각 이익동인의 이익탄력성은 다음과 같다.

- 가격 10
- 변동비 6
- 판매량 4
- 고정비 3

이 상황에서는 변동비가 가격에 이어 두 번째로 효과적인 이익동인이다. 같은 백분율로 고정비를 변화시켰을 때의 이익효과가 가장 약하다. 이 말은 물론 여기 제시한 가상의 상황에서만 들어맞는다. 한 제품의 가격·변동비·고정비·판매량·이익 등의 수치가 이 보기에 있는 정도의 비례관계에 있는 상황은 산업재 시장에서는 꽤 흔한 편이다. 현재 60:30인 변동비와 고정비의 비례관계를 거꾸로 뒤집어서

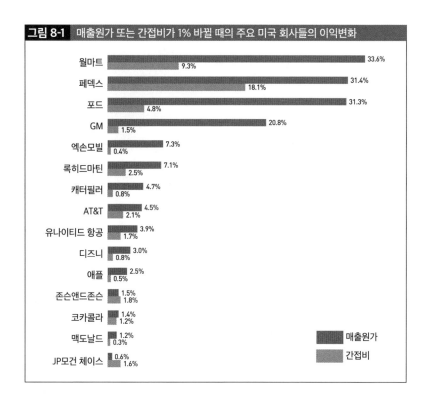

그림 8-1 | 매출원가 또는 간접비가 1% 바뀔 때의 주요 미국 회사들의 이익변화

월마트 33.6% / 9.3%
페덱스 31.4% / 18.1%
포드 31.3% / 4.8%
GM 20.8% / 1.5%
엑손모빌 7.3% / 0.4%
록히드마틴 7.1% / 2.5%
캐터필러 4.7% / 0.8%
AT&T 4.5% / 2.1%
유나이티드 항공 3.9% / 1.7%
디즈니 3.0% / 0.8%
애플 2.5% / 0.5%
존슨앤드존슨 1.5% / 1.8%
코카콜라 1.4% / 1.2%
맥도날드 1.2% / 0.3%
JP모건 체이스 0.6% / 1.6%

■ 매출원가
■ 간접비

30：60으로 하면, 고정비가 더 효과적인 이익동인이 된다.

기업의 손익계산서를 보면 여러 종류의 원가가 가진 각각의 이익탄력성을 계산할 수 있다. 미국 기업들의 손익계산서에는 제품 또는 서비스를 생산하는 데 투입된 직접경비를 뜻하는 매출원가(cost of goods sold)라는 항목이 있다. 그래서 원료비와 인건비는 여기에 포함된다.

또 간접비라는 항목이 있는데, 여기에는 연구개발비·판매비·일반관리비·기타 운영비 등이 속한다. [그림 8-1]은 미국의 주요 기업 15개사의 매출원가 또는 간접비가 1% 바뀌면 이익이 어떻게 달라지

8 이익동인 : 원가

는가를 보여준다.

이 그림에 있는 수치는 이렇게 해석할 수 있다. 만약 포드가 매출원가를 1% 내릴 수 있다면, 이 회사의 세전이익은 31.3% 올라갈 것이다. 애플의 경우 세전이익의 상승률이 2.5%밖에 안 된다. 또 포드가 간접비를 1% 줄이면, 이익은 4.8% 늘어난다. 그러나 애플은 간접비가 똑같은 비율로 내려가도, 이익증가율은 0.5%에 지나지 않는다.

우선 눈에 확 띄는 것은 이익탄력성이 회사마다 크게 다르다는 사실이다. 그 까닭의 하나는 이익의 수준이다. 이익마진이 적은 회사가 원가를 줄이면 그 이익효과가 (이익마진이 큰 회사보다) 한결 더 크다. 이익탄력성을 계산할 때 이익은 분모에 있으므로, 이익 수준이 낮으면 분모가 작아지므로 이익탄력성이 커진다.

또 이익탄력성은 업종마다 크게 다를 뿐만 아니라, 같은 업종 안에서도 꽤 큰 차이가 있다. 이것은 한 회사가 공급회사들에 얼마나 의존하는가, 그리고 부가가치 자체 생산 비율이 어느 정도인가로 설명할 수 있다. 대체로 외부에서 들여오는 원료비가 매출원가의 큰 비중을 차지하면 매출원가의 이익탄력성이 크다. 미국 회사들은 원료비와 인건비를 포함한 매출원가만을 보고하므로 원료비와 인건비의 이익탄력성을 따로따로 계산할 수 없다. 그러나 [그림 8-1]에 있는 월마트·포드·GM 같은 회사들은 외부 협력회사들에게 크게 의존하고 있고, 그래서 그림에 있는 이 회사들의 이익탄력성의 큰 부분은 원료비에 기인할 것으로 생각된다.

고정비와 변동비

원가를 고정비와 변동비로 나누는 것은, 원가변화가 이익에 영향을 주는 데 있어 몇 가지 이유로 중대한 의미를 갖는다. 원가를 이렇게 나눌 때 흔히 이 고정·변동이라는 이분법이 언제나 어느 일정기간과 관련해서만 유효하다는 사실을 등한시하곤 한다. 장기적으로는 모든 원가가 변동비다. 그러나 단기적으로는 원가의 매우 큰 부분이 고정비의 성격을 띤다.

예를 들어, 계약기간 동안은 고용이 보장되어 있는 종업원들의 임금이 이에 속한다. 그러므로 경영자가 전략·판매량·가격 등에 관한 의사결정을 하기 위해 원가자료를 활용하려고 할 때는, 항상 어떤 기간 동안의 원가를 볼 것인가를 확실히 할 필요가 있다. 경우에 따라 그 기간은 한 분기, 한 사업연도, 또는 한 제품의 전체 수명주기일 수도 있다.

그렇다면 원가가 이익에 어떤 영향을 주는지를 다루는 이번 장에서 고정비와 변동비의 구분이 왜 그렇게 중요할까? 그 까닭은 다음과 같다.

원가와 가격하한선

원가는 가격하한선을 결정한다. 가격하한선이란 회사가 제품을 팔거나 주문을 받을 때 제시할 수 있는 가장 낮은 가격이다. 그런데 장기냐 단기냐에 따라 가격하한선이 달라진다. 장기적으로 기업은 한 제품의 가격이 변동비와 고정비를 모두 충당할 수 있어야만 그것을 계속 팔 것이다. 따라서 한 제품의 장기적 가격하한선은 그것의 총 단위원가다.

그러나 단기간만 보면 이야기가 달라진다. 단기적으로 고정비는 글자 그대로 고정되어 있다. 기업은 제품을 팔아서 고정비를 최대한 많이 충당하거나 또는 충당하고도 남을 만큼 돈을 벌어야 한다. 지금까지 공헌마진이란 말을 여러 번 썼는데, 여기서 말하는 공헌은 고정비를 충당하는 데 이바지한다는 뜻의 공헌이다. 그리고 제품가격이 한계비용보다 높아야만 공헌마진이 양수임은 말할 것도 없다. 원가함수가 선형이면 한계비용은 개당 변동비와 같다.

설명을 간단히 하기 위해 우리는 원가함수가 선형인 경우만 논의할 것이다. 이런 상황에서는 단기적 가격하한선이 한계비용 또는 개당 변동비다. 그리고 가격과 개당 변동비의 차이는 개당 공헌마진이라고 부른다. 그래서 기업으로서는 단기적으로 한 제품의 개당 공헌마진이 0보다 크기만 하면, 즉 가격이 가격하한선보다 높기만 하면 그 제품을 계속 팔아도 된다고 말할 수 있다. 회사가 주문제작을 하는 경우 등에는 각 제품 단위마다 값을 다르게 매길 수 있다. 그러면 단위당 변동비가 아니고 각 제품 단위의 한계비용이 가격하한선이 된다. 이런 경우 생산시설이 충분하고 각 주문이 서로 독립적이라면, 회사는 새로 주문이 들어와서 제작하게 될 제품의 값이 한계비용보다 높은 한 추가주문을 받아들일 수 있다.

하나가 아닌 복수의 제품을 파는 회사가 추가적으로 한 제품의 주문제작을 하려면 다른 제품을 위한 생산능력을 줄여야 한다고 하자. 그러면 그 다른 제품을 제작하지 못해서 포기해야 하는 이익(이른바 기회비용)을 현재 고려하고 있는 제품의 한계비용에 더해야 하고, 그렇게 해서 나온 수치가 바로 이 제품의 가격하한선이다. 즉 이런 경우에는 한계비용과 기회비용의 합이 가격하한선이 된다.

넓은 의미의 기회비용은 여러 제품 간(interproduct)의 관계 혹은 동태적 관계에서 생산과 판매 양쪽에서 발생할 수 있다. 따라서 이런 경우에는 가격하한선이 복잡한 구조를 띠고, 그래서 우리는 그것에 관해 어떤 일반적인 규정을 할 수가 없다. 지금까지 가격하한선에 관해 논의한 핵심내용을 간추리면 아래와 같다.

- 장기적 가격하한선 : 총 단위원가
- 단기적 가격하한선 :
  - 단일가격의 경우 : 개당 변동비
  - 가격차별화를 할 경우 : 한계비용
  - 생산시설의 배분과정에서 병목현상이 일어나는 경우 : 한계비용+기회비용

원가와 손익분기점

손익분기 분석을 할 때는 먼저 가격에서 개당 변동비를 빼어 개당 마진을 구한다. 이 계산을 할 때 원가함수는 선형이라고 가정한다. 따라서 개당 변동비와 한계비용은 일정하고, 또 둘의 값이 똑같다. 개당 공헌마진의 정의는 아래와 같다. p는 가격, k는 개당 변동비, d는 마진이며 손익분기점(break-even point, BEP)은 고정비 Cfix를 마진(d)으로 나누어 얻는 수치다.

[수식 8-1]
$$d = p - k$$

[수식 8-2]
$$BEP = Cfix/d = Cfix/(p - k)$$

회사가 이만큼을 팔면, 고정비를 완전히 충당하고 이익은 없다. 그래서 손익분기점을 이익문턱(profit threshold)이라고 부르기도 한다. 따라서 어떤 제품의 판매량이 손익분기점을 넘으면 그것은 회사에 이익을 가져다주고, 거기에 못 미치면 손실이 발생한다. [수식 8-2]와 [그림 8-2]에서 알 수 있듯이, 고정비와 손익분기점의 관계는 선형이다. 반면에 개당 변동비의 변화가 손익분기점에 끼치는 영향은 비선형이다. [그림 8-2]는 앞의 보기에서 썼던 숫자들(고정비 3억 원, 가격 1만 원)을 대입했을 때의 손익분기점·고정비·변동비 사이의 이러한 관계를 보여준다.

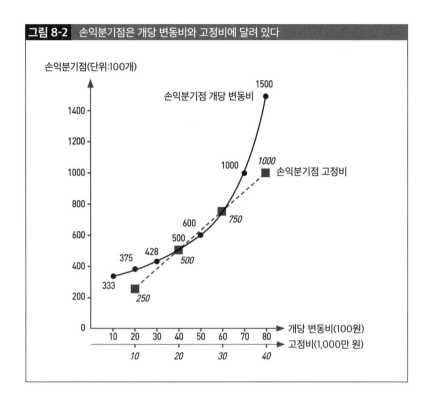

그림 8-2 손익분기점은 개당 변동비와 고정비에 달려 있다

손익분기점(단위:100개)

손익분기점 개당 변동비

1500

1000

손익분기점 고정비

1000

750

600

500

500

428

375

333

250

개당 변동비(100원)

고정비(1,000만 원)

값이 1만 원이면 손익분기점이 7만 5,000개다. 개당 변동비가 올라
가면 손익분기점은 비례 이상으로 상승한다. 반대로 개당 변동비가 떨
어지면 손익분기점은 비례 이하로 감소한다. 개당 변동비가 6,000원
일 때부터 살펴보면, 변동비가 올라가면 똑같은 비율로 고정비가 상승
할 경우보다 손익분기점을 더 빨리 밀어 올린다. 그러나 손익분기점
이 5만 개 이하일 때는 고정비의 감소가 변동비의 하락보다 손익분기
점을 더 강하게 떨어뜨린다. 따라서 변동비 또는 고정비 가운데 어느
것에 대한 조치와 투자가 손익분기점에 더 큰 영향을 주는가는 전적

8 이익동인 : 원가

으로 주어진 상황에 달려 있다.

손익분기점은 신생 기업과 신제품에 특히 중요한 의미가 있다. 왜냐하면 회사가 이만큼 팔지 못하는 한, 현금흐름은 음수이고 그래서 바깥에서 자금을 끌어와야 하기 때문이다. 가격이 주어졌을 때 손익분기점이 낮을수록 더 도달하기 쉬움은 말할 것도 없다. 그래서 회사가 이익문턱을 넘고 더 이상 외부자금에 기대지 않아도 될 확률이 올라간다. 바꿔 말하면, 개당 변동비나 고정비가 낮을수록 새 사업이나 신제품이 실패할 가능성이 줄어든다.

손익분기점 분석은 기업이 가부를 결정할 때(예를 들어 신제품 도입, 기존 제품의 철수, 스타트업의 설립 또는 인수) 쓸 수 있는 실용적인 도구이다. 그러나 손익분기점을 넘은 후의 일은 전혀 고려하지 않는다는 것이 이 기법의 한계이자 단점이다.

원가를 고정비와 변동비로 나누는 것이 중요한 의미를 갖는 또 하나의 까닭은, 한계비용만이 이익을 극대화하는 가격에 영향을 준다는 사실에서 기인한다(6장의 [수식 6-1] 참조). 이 말의 뜻을 이해하기 위해서는 "의사결정을 할 때는 그 의사결정에 달려 있는 변수만 고려해야 한다."는 일반 원칙을 상기할 필요가 있다. 그리고 고정비는 글자 그대로 고정되어 있고, 가격에도 또 판매량에도 달려 있지 않다. 그래서 경영자가 가격을 정할 때는 고정비를 고려하지 말아야 한다.

반면 [수식 6-1]에서 보다시피 한계비용(원가함수가 선형일 때는 개당 변동비)은 가격탄력성과 함께 이익을 극대화하는 가격을 결정하는 가장 중대한 요인이다. 이것은 경영자가 한계비용을 명확히 파악하지 못하면 최적가격을 정할 수 없음을 뜻한다.

원가구조

대체로 고정비와 변동비는 모두 양수다. 이 두 부류의 원가 사이의 관계는 매우 다양할 수 있고, 심지어 둘 중 하나가 0인 극단적인 경우도 있을 수 있다. [그림 8-3]은 고정비와 변동비의 3가지 크게 다른 구조 및 각 유형에 어울리는 서비스 업종을 보여준다. 각 경우에 가격은 모두 2,000원이다.

자본 집약적인 서비스 업종에서는 고정비가 20만 원이고, 개당 변동비는 0이다. 그래서 손익분기점은 20만 원/2,000원=100이다. 판매량이 이것을 넘으면 이익이 가파르게 올라간다. 왜냐하면 원가가 일정한 수준으로 고정되어 있기 때문이다.

한편 기술 집약적인 서비스 업종의 원가구조를 보여주는 가운데 그림에서는 고정비가 10만 원이고, 개당 변동비는 1,000원이다. 여기서도 손익분기점은 10만 원/(2,000원-1,000원)=100이다. 그러나 판매량이 100을 넘어도 자본 집약적인 업종에 비해서 이익이 더 천천히 올라간다.

마지막으로 노동 집약적인 서비스 업종에서는 고정비가 5만 원이고 개당 변동비가 1,330원이다. 그러면 손익분기점은 5만 원/(2,000원

그림 8-3 다양한 원가구조 및 각 경우에 어울리는 서비스업종

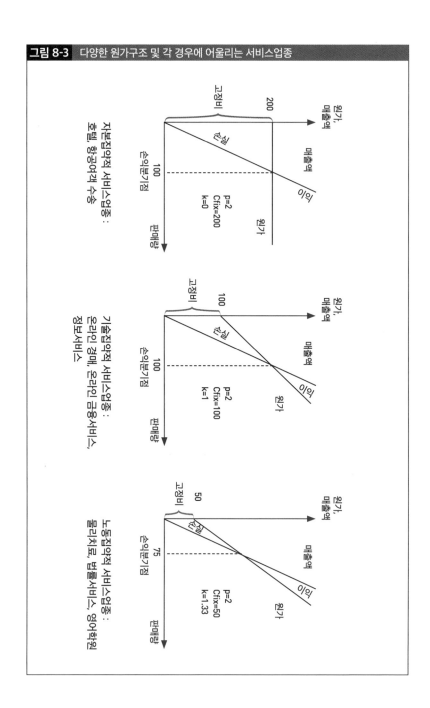

자본집약적 서비스업종 :
호텔, 항공여객 수송

기술집약적 서비스업종 :
온라인 경매, 온라인 금융서비스,
정보서비스

노동집약적 서비스업종 :
물리치료, 법률서비스, 영어학원

−1,330원)=75에 지나지 않는다. 그러나 손익분기점의 오른쪽을 보면 알 수 있듯이 이익은 눈에 띄게 서서히 상승한다.

서비스를 한 단위 더 팔 때마다 자본 집약적 업종에서는 이익이 2,000원 더 늘어나고, 노동 집약적 업종에서는 670원(2,000원−1,330원) 증가한다. 지금까지의 논의에서 알 수 있듯이 개당 변동비가(일반적으로 표현하면 한계비용이) 낮을수록, 판매증가의 이익상승 효과가 더 크다. 보통 변동비가 낮으면 고정비가 높은 경향이 있으므로, 이런 원가구조를 갖고 있는 업종에서는 판매압박과 성장압박이 매우 심할 수밖에 없다. 그래서 자본 집약적 서비스 산업에서는 높은 설비가동률을 유지하는 것이 지속적으로 이익을 내기 위한 가장 좋은 길이다.

원가구조는 재미있는 여러 전략적 대안의 가능성을 열어준다. 변동비를 줄이려면 회사는 통상 높은 고정비를 감수해야 한다. 자동화가 그 좋은 보기다. 회사가 자동화를 하면 노동이라는 생산요소를 줄일 수 있지만, 대신 기계류 등에 투자해야 하고 그 결과 고정비가 상승한다. 또 많은 명품 기업과 고급 패션 회사들이 소매상을 통한 판매에서 직영점 위주의 영업으로 방향전환을 했는데, 이런 경우에도 원가구조의 무게 중심이 변동비에서 고정비로 옮겨간다.

그러나 이러한 원가구조의 변경은 회사의 위험 프로파일(risk profile)도 바꿔놓는다. 왜냐하면 위기가 닥치면 회사는 거대한 고정비를 그대로 떠안게 되기 때문이다. 예를 들어 세계 금융위기가 절정에 달했던 2009년의 어느 날, 싱가포르의 최고급 호텔 래플스(Raffles)의 상가에는 전 세계의 모든 유명 명품 상표의 직영점들이 운영되고 있었다. 하지만 어디를 둘러봐도 손님들은 보이지 않았다.

최근에도 많은 패션 회사들이 존폐의 갈림길에 섰고, 개중에는 결국 파산한 회사도 적지 않다. 게리 베버(Gerry Weber), 에스프리(Esprit), 샤를 호겔(Charles Vögele), 밀러 앤드 먼로(Miller & Monroe) 등이 그런 회사들이다. 파산의 주요 원인 중 하나는 직영점포망을 확장해 고정비 부담이 크게 늘어난 것이었다.

이와 관련하여 덧붙이고 싶은 이야기가 하나 있다. 흔히 원가관리라고 하면 먼저 원가절감을 떠올린다. 그러나 원가절감을 위한 조치가 회사의 원가구조를 어떻게 바꾸는가를 경영자는 상대적으로 깊이 생각하지 않는 경향이 있다. 많은 경우, 원가절감을 위해 여러 가지 조치를 취한 결과 고정비가 크게 올라간다. 그런 상태에서 회사가 위기를 맞으면, 그것에 대처해야 하는 경영자의 운신의 폭이 좁아질 수밖에 없다. 회사가 지속적으로 성장하면, 경영자는 영업 대리점·독립 도매상과 소매상 또는 물류 등에서 빠르게 늘어나는 변동비를 줄이기 위해 이런 기능들을 스스로 떠맡고 싶은 유혹에 끊임없이 빠진다. 회사가 이런 기능들을 직접 수행하면 고정비가 올라가게 마련이다.

회사가 계속 성장하고 그 덕분에 판매량과 매출액이 충분히 확보되는 한, 이 전략은 괜찮다. 그러나 판매량이나 매출액이 갑자기 떨어지는 사태가 일어나면, 경영자는 이미 크게 오른 고정비를 떠안은 채로 회사를 경영해야 하므로 적자의 늪에 빠지게 된다. 그렇다고 해서 고정비를 쉽게 줄일 수 있는 것도 아니다. 왜냐하면 고정비의 상당 부분은 계약 등으로 꽤 긴 기간 묶여 있는 경우가 많아서 그 기간에는 손댈 수 없기 때문이다.

규모의 경제와 경험곡선

원가감소로 이어지는 꾸준한 생산성 향상은, 이익상승과 (이익상승이 있어야만 가능한) 기업의 생존능력 확보를 위한 필수조건이다. 원가하락을 달성하기 위한 2가지 중요한 결정요인은, 규모의 경제와 학습효과이다. 규모의 경제란 매 기간 생산량과 판매량이 늘어날수록 단위원가가 떨어지는 현상을 말한다. 더 많이 생산할수록 한층 더 단위당 생산비가 떨어진다. 그래서 이것은 정적인(static) 개념이다.

반면 학습효과는 동태적 과정에서 생겨나고, 통상 경험곡선의 형태로 표현된다. 학습효과가 있다는 말은 누적생산량이 갑절이 될 때마다 (인플레이션 효과를 제거한) 제품의 단위원가가 일정 비율로 떨어진다는 뜻이다. 그래서 학습효과, 즉 경험곡선효과를 누리려면 시간이 필요하다. 그러나 규모의 경제는 글자 그대로 규모만 커지면 그 혜택을 입는다.

규모의 경제와 학습효과 모두 똑같은 결과를 낳는다. 둘 다 경영자에게 더 많이 팔아야 한다는 부담감을 주는 것이다. 생산량 또는 판매량이 어느 정도 높은 수준에 도달하여 원가가 떨어지면, 회사는 적극적으로 값을 내릴 수 있고 그러면 판매가 더 촉진된다. 만일 경쟁사의 공격을 받으면, 회사는 원가경쟁력이 있으므로 가격인하라는 무기로 맞설 수 있다.

이상적인 시나리오는 원가가 가격보다 더 빨리 떨어져서 개당 마진도 더 커지고 판매량도 더 늘어나는 것이다. 더 높은 마진과 더 많은 판매량의 결과는 엄청난 이익증가다. 그러나 이 전략이 늘 마음먹은 대로 전개되지는 않는다. 실제로는 값이 단위원가보다 더 빨리 떨어져서 공헌마진이 줄어들고, 그 결과 더 많이 팔았음에도 불구하고 이익이 감소하는 경우가 적지 않다. 그뿐 아니라 최근의 연구결과에 따르면, 기업이 규모의 경제와 경험곡선효과를 과대평가하는 경향이 있다고 한다. 따라서 경영자가 순진하게 규모의 경제와 경험곡선효과를 믿고 최대한 많이 팔기 위해 온힘을 기울이는 것은 바람직하지 않다고 본다.

한계비용이 0이다

6장의 [수식 6-1]에서 보았듯이 한계비용은 최적가격을 결정하는 두 요인 가운데 하나다. 이익을 가장 크게 하는 가격은 가격탄력성에 따라 달라지는 수치를 한계비용에 덧붙인 금액이다. 인터넷의 특성 중 하나는 많은 경우에 한계비용이 0에 다가간다는 것이다.

하지만 한계비용이 0 또는 0에 가까운 현상이 전혀 새로운 것은 아니다. 과거에도 소프트웨어는 개발비에 비해 한계비용이 아주 낮은 경우가 허다했다. 부분적으로는 제약 산업이나 전자 산업에서도 비슷한 현상이 있었다. 항공기 좌석이나 객실이 남아돌 때도 마찬가지다. 추가적인 손님으로 말미암은 추가비용은 아주 적다.

그럼에도 불구하고 '한계비용 제로' 현상은 인터넷에서는 그야말로 차원이 다르다. 제러미 리프킨(Jeremy Rifkin)은 이것을 혁명적인 현상으로 보고, 이것으로 인해 자본주의가 위축되거나 더 나아가서는 무너질 수도 있다고 주장한다.[3] 《한계비용 제로 사회》라는 제목의 저서에서(원제는 The Zero Marginal Cost Society이다) 리프킨은 "가격은 궁극적으로 한계비용에 접근한다."는 명제로 자신의 주장을 뒷받침한다. 따라서 한계비용이 0에 다가간다면, 가격도 그렇게 될 것이라고 그는 말한다. 자본주의 사회의 어떤 기업인도 그런 가격에 상품이나 서비스를 생산하려고 하지 않을 것이다. 그러면 공기업이나 공익단체 같은 다른 조직이 생산자의 기능을 수행해야 할 것이다. 그리고 그것은 바로 자본주의의 종말일 것이다.

리프킨은 이 '한계비용 제로' 패러다임을 경제의 여러 분야로 확장시켰다. 그 가운데 하나가 이른바 온라인 공개수업(Massive Open Online Courses, MOOCs)을 통한 교육이다. 다른 예는 공유경제(Sharing Economy)와 에너지 분야(풍력, 태양)다. 공유경제에서는 쓸 수 있는 주거공간이나 자동차를 비워두거나 세워두지 않고 이용자들끼리 서로 공유한다. 완전히 새롭지는 않지만 인터넷 덕분에 요원의 불길처럼 번진 이런 현상이 한계비용에 그리고 그에 따라 사업모델과 가격모델에 상당한 영향을 끼칠 것임은 의심의 여지가 없다.

한계비용이 실제로 제로인 경우는 거의 없다. 리프킨 자신도 책에서는 책 제목과 달리 '0에 가까운 한계비용(near-zero marginal costs)'이란 표현을 쓰고 있다. 한계비용이 정말로 0이면, 이익을 가장 크게 하는 가격은 제로가 아니고 매출액을 극대화하는 가격과 같다. 매출액이 극대화될 때의 가격탄력성은 -1이다. 가격탄력성에 따라 일정 마진을 한계비용에 덧붙여 최적가격을 도출하는 [수식 6-1]은 한계비용이 제로에 그리고 가격이 매출액을 극대화하는 가격에 접근해도 여전히 유효하다. 한계비용이 아주 낮을 때는 최적가격을 구하기 위해 한계비용에 덧붙이는 마진율이 매우 높다.

한계비용 제로의 중요한 시사점은 가격상승과 판매량 증가가 다른 조건이 똑같다면, 이익에 똑같은 정도로 긍정적인 영향을 미친다는 사실이다. 왜냐하면 판매량이 늘어난다고 해서 원가도 올라가지는 않기 때문이다. 그런데 단기적 가격하한선인 한계비용이 0에 가까울 정도로 낮으면, 그로 말미암아 치열한 가격경쟁이 벌어질 수 있다. 디지털 제품의 가격이 아주 싸거나 심지어는 공짜인 경우도 자주 볼 수 있는 까닭은 바로 그 때문이다.

한계비용이 거의 제로이다시피 하면, 유동성이 절실히 필요한 상인은 0보다 조금만 높은 가격에 물건을 내다 팔아도 마진을 건지고 현금흐름을 원활히 할 수 있다. 그러나 어느 회사도 간신히 공헌마진만 벌어서는 장기적으로 살아남을 수 없다. 공헌마진으로 고정비를 충당할 수 없으면 회사는 결국 적자를 낼 수밖에 없다.

한계비용이 0에 가까울 정도로 낮으면 경영자는 판매를 늘리라는 압력을 엄청나게 받게 된다. 이런 현상은 시스템을 개발하고 운영하기 위한 고정비가 클 때 특히 더 심하다. 그러면 경영자는 하는 수 없이 이용자 수의 극대화를 목표로 삼게 된다. 고정비가 가능한 많은 이용자들에게 분배될 수 있는 업종에서는 독점이 생길 확률이 높다. 한계비용이 낮은 디지털 회사들의 순영업이익률이 아주 높은 것은 결코 우연이 아니다. 알리바바의 순영업이익률은 29.32%, 페이스북은 26.15%, 알파벳(구글)은 21.22%이다.[4] 이 수치가 세금을 낸 후의 실적이라는 점을 생각하면, 참으로 대단한 실적이 아닐 수 없다.

그뿐 아니라 극도로 낮은 한계비용은 경쟁에도 크나큰 영향을 미친다. 높은 변동비를 감수하며 제품을 팔거나 개인적 서비스를 제공하는 전통적인 회사들은 한계비용 제로인 디지털 경쟁자들과의 싸움에서 장기적으로는 도저히 이길 수가 없다. 유튜브·넷플릭스·스포티파이·부킹닷컴 등과 비슷한 서비스 회사들은 자신들의 독특한 사업 모델로 비디오가게·영화관·전통적인 라디오와 텔레비전 그리고 여행사들을 이미 벼랑 끝으로 내몰았다.

반면에 시스템 한계비용이 0과 현격히 다른 신생 회사들은 사정이 조금 다르다. 시스템 한계비용이란 디지털 중개회사가 부담하는 변동비뿐만 아니라 서비스를 제공하기 위해 시스템 전체에 발생하는 한계비용을 말한다. 우버·위워크·플릭스버스(Flixbus)·배달앱 회사들·자전거 및 스쿠터 임대 회사들 등과 비슷한 회사들이 이 부류에 속한다. 이런 회사들의 중개로 서비스가 제공되면, 운전수·차량·수리 · 감가상각 등에 대한 변동비가 발생한다. 이런 경우에 이 회사들이 과연 장기적으로 이익을 충분히 내고 자본비용을 충당할 수 있을지는 좀 더 두고 봐야 할 듯하다.

한계비용이 0에 가까운가 아니면 0과 상당히 먼가는 인터넷 회사들을 평가하는 데 있어서 근본적인 차이를 낳는다. '한계비용 제로'와 관련해 끝으로 언급하고 싶은 사항이 하나 있다. 그것은 순수한 디지털 서비스를 생산하는 경우라고 할지라도, 한계비용이 0에 가까운 상황은 언제나 한정된 구간에서만 존재한다는 사실이다. 신규 고객이 1명 들어오고, 10명 또는 100명이 더 들어오더라도, 원가는 거의 오르지 않는다. 즉 한계비용이 제로에 가깝다. 그러나 새 고객들의 수가 10만 명이 되고 100만 명이 되면, 회사는 정보기술 인프라와 데이터센터에 투자해야 한다. 즉 고객의 수가 크게 늘면, 고정비도 어느 단계에서 급격히 치솟는다. 이렇게 투자가 이루어져서 고정비가 급상승한 다음에는, 다음 단계의 투자가 있을 때까지 한계비용은 다시 0에 가까운 수준에 머무른다.

원가관리

원가관리는 원가의 구성(composition)에 관심을 가지고 대체로 원가 절감을 꾀한다. 반면에 원가계산은 원가에 대한 정보를 제공한다. 원가를 줄일 수 있는 여지를 찾아내기 위해 기업들은 그동안 여러 가지 방법을 써보았다. 벤치마킹, 목표 원가계산(target costing), 활동기준 원가계산(activity-based costing, ABC), 공통비 가치분석(overhead value analysis, OVA), 제품 수명주기 원가계산(product life cycle costing), 디자인 싱킹(design thinking), 업무 재설계(business process reengineering), 회사 간 분석(cross-company analysis) 등이 그것들이다. 현재 업계에서는 벤치마킹과 목표 원가계산을 가장 자주 쓰고 있다.

어떤 방법론을 주로 응용하느냐는 업종마다 큰 차이가 있다. 공급회사들까지 포괄하는 '회사 간 분석'은 대체로 자동차나 전자 같은 제조 산업에 국한되어 쓰인다. 1990년대에 한때 크게 화제가 되었던 '업무 재설계'는 마이클 해머(Michael Hammer)와 제임스 챔피(James Champy)가 요구한 것처럼 과감한 치료법이 된 적은 별로 없다. 대신 그들이 주창한 개념의 영향은 주로 업무과정(business process)을 세련되게 다듬는 정도에 그치고 말았다.[5]

그에 비하면 때로는 '인더스트리 4.0'으로 불리는 디지털화는 더 획기적인 업무과정 혁신을 불러일으키고 있다. 아쉽게도 아직까지 학계는 원가관리와 수익성의 관계를 증명하는 설득력 있고 대표적인 연구 성과를 내놓지 못했다. 개별적인 프로젝트의 인상적인 성공에 대해서는 자주 듣고 있지만, 이 관계에 관한 대표성 있는 연구결과는 현재까지 본 적이 없다. 한 연구자가 회계 분야의 기업 지도자들 131명을 상대로 원가절감 프로그램의 성공에 관한 설문조사를 했다. 그 자료를 바탕으로 원가절감 효과를 추정해본 결과는 다음과 같다.[6]

- 제품 원가 : 5.4%
- 업무과정 원가 : 7.7%
- 판매 후 서비스 : 2.4%
- 관리비 : 9%

관리 부문에서 가장 많이 절감할 수 있었다는 사실은 그리 놀랍지 않다. 업무과정에도 합리화할 수 있는 여지가 꽤 많은 듯하다. 이 수치들이 그렇게 대단치 않게 보일 수도 있지만, 2장에서 논의한 기업들의 수익률을 생각하면 결코 그렇지 않다. 예를 들어, 포춘 500대 기업들의 순영업이익률은 5~6% 정도다. 이런 상황에서 만약 기업이 위와 같이 원가를 내릴 수 있다면, 수익률은 크게 올라갈 것이다.

원가관리가 주주가치에 어떤 영향을 끼치는가에 관한 체계적인 증거는 더욱 빈약하다. 회사가 원가절감 프로그램을, 특히 인원감축 계획을 발표하면 주식시장은 흔히 긍정적으로 반응한다. 그러나 그러한 발표가 지속적으로 주주가치를 높이는 데 이바지하는지 여부는 말할 것도 없이 회사가 중장기적으로 그런 프로그램을 얼마나 잘 시행하느냐에 달려 있다.

원가문화

원가관리의 성공은 결코 경영자가 회사차원에서 취하는 조치에만 달려 있지 않다. 임직원들의 행태도 비슷하게 결정적인 구실을 한다. 놀랍게도 이 중요한 성공요인에 대하여 알려진 것이 별로 없다. 이 주제에 관한 매우 드문 연구를 수행한 바 있는 어느 학자는 이렇게 말한다. "내가 아는 한 원가절감이라는 특별한 맥락 속에서 행태 요인들을 실증적으로 검토하는 연구는 이것이 처음이다."[7] 이 연구는 원가문화·직원들의 참여·최고경영진의 결의가 원가절감 운동의 성공에 유의한(significant) 영향을 끼침을 실증적으로 밝히고 있다.

이 연구결과는 매우 그럴 듯하고 뜻밖의 내용은 아니었다. 원가문화는 확실히 원가절감이라는 도전을 극복하는 데 도움이 된다. 이러한 문화의 중심적 요소는 모든 경영자와 모든 종업원들이 회사의 원가절감 노력에 대해 공동책임감을 느끼는 것이다. 로빈 쿠퍼(Robin Cooper)는 이런 원가문화를 이렇게 표현한다. "원가관리는 품질처럼 사실상 회사의 모든 구성원들이 지키는 규율(discipline)이 되어야 한다. 원가의 모든 요소를 내리도록 강렬하게 압력을 가하는 시스템이 필요하다."[8]

직원들의 참여

원가를 줄이는 조치는 대체로 직원들의 저항에 부딪힌다. 특히 그것 때문에 자신들이 일자리를 잃을 가능성이 있으면 더욱더 그렇다. 회사가 원가삭감 방침을 직원들에게 제때 알리고 그 방침을 시행하는 과정에 관여하도록 하면, 직원들의 반발을 상당히 누그러뜨릴 수 있다. 그러나 직원들은 원가관리를 위해 이보다 더 능동적인 구실을 할 수 있다. 예를 들어 회사 내의 제안제도는 원가를 줄이기 위한 아이디어의 아주 중요한 원천이다. 직원들이 제안하는 개선사항들은 제품의 품질은 물론이고 근무조건, 업무과정, 그리고 원가에 영향을 준다. 자신의 업무를 묵묵히 수행하고 있는 직원들이 갖고 있는 지식은, 원가절감을 위한 아이디어의 보물창고다. 또한 품질과 관련한 각종 제안은 간접적으로 원가를 내리는 작용을 한다. 왜냐하면 불량품이 줄어들기 때문이다.

경영진의 결의

경영진의 결의와 추진력이 원가절감 정책의 성공여부를 결정함은 틀림없다. 우선 회사 경영진의 단호하고 흔들림 없는 모습만이 직원들의 반발을 잠재울 수 있다. 또한 원가를 내리기 위한 각종 조치는 효과가 금방 나타나지 않기 때문에 경영진의 긴 호흡과 지구력이 꼭 필요하다. 경영진, 특히 최고경영자는 본보기 역할을 해야 한다. 경영진의 본보기는 원가문화를 정립하고 원가절감 조치에 대한 직원들의 반응을 잘 다루는 데 있어 가히 결정적이다. 고위경영자들이 흥청망청 쓰고 다니면, 직원들은 왜 자신들만 악착같이 아껴야 하는지 도저히 이해할 수 없다. 최고경영자 역시 낭비하지 말아야 할 책무가 있다. 옛 잠언 가운데 이런 것이 있다. "최고경영자는 공장의 수도꼭지에서 물방울이 똑똑 떨어지고 있으면, 그것을 잠가야 한다."

이런 상징적인 행동이 비록 사소하게 보일지는 몰라도, 중요한 것은 작은 낭비라도 철저하게 없애려는 노력이다. 우리말에 "티끌 모아 태산"이라는 속담이 있듯이, 작은 절약을 많이 모으면 큰 액수가 된다.

지금까지 논의한 원가문화 · 직원들의 참여 · 경영진의 결의 같은 부드러운(soft) 요인들에 관한 한, 회사들의 행태는 크게 다르다. 원가문화 · 직원들의 참여 · 경영진의 결의는 원가관리와 원가절감 프로그램의 성공에 매우 큰 영향을 미친다. 때문에 당연히 이런 요인들이 기업의 수익성과 생존능력에도 크나큰 영향을 준다. 우리가 "원가절약을 잘해서 망한 회사는 아직 없다."라고까지 주장하는 것은 아니다. 실제로 회사가 지나치게 아끼면 예를 들어 품질이 크게 악영향을 받고, 그 여파로 회사가 몰락의 길을 걸을 수도 있다. 그러나 이미 많은 회사들이 원가의식이 없었기 때문에, 그리고 효과적으로 원가관리를 하지 않았기 때문에 망하고 만 것은 엄연한 사실이다.

효과성 : 비용·편익분석[9]

앞에서 설명했듯이, 효과성이란 바른(right) 일을 하는 것이고, 효율성은 일을 얼마나 잘하느냐의 문제다. 효과성을 이야기할 때는 수행한 활동의 편익이 중심을 이루고, 효율에서는 무엇보다도 수행한 활

그림 8-4	비용-편익 도표				
		편익			
		편익 변수1	편익 변수2	편익 변수3	편익 변수4
원가	원가 변수1				
	원가 변수2				
	원가 변수3				
	원가 변수4				

동의 생산성과 원가가 중시된다. 비용·편익 도표는 효과성을 높이기 위해 많이 쓰이는 검증된 도구이다. [그림 8-4]는 비용·편익 도표의 일반적인 형태다. 이 밖에도 이 일반적 형태의 여러 변형과 비용·편익 분석에 쓰이는 갖가지 방법론이 있다. 몇 가지만 열거하면 다음과 같다.

- 입력·산출 도표(Input-Output Matrix)
- 품질기능 전개(Quality Function Deployment, QFD)
- 가치공학(Value Engineering, VE)
- 활동가치 분석(Activity Value Analysis, AVA)[10]

기본적인 접근방법은 대체로 비슷하다. 입력항목에는 원가, 시간, 투자예산, 인력 등이 속한다. 이에 필요한 정보는 주로 회계부서에서 온다. 산출 또는 편익변수는 고객들에게 받아들여지는 효과를 가리키며, 품질·효율·속도·경제성 등 기타 비슷한 속성들이 대표적인 것들이다. 여기서 고객이라 함은 외부고객일 수도 있고 내부고객을 가리킬 수도 있다.

어떤 편익을 받아들일까 하는 것은 궁극적으로 고객들이 결정한다. 이익극대화에 관한 한, 출발점은 원가일 수도 있고 편익일 수도 있다. 원가에서 출발하면, 제공하는 편익을 극대화해야 한다. 반면 주어진 편익에서 출발하면, 그것을 가장 적은 원가로 생산해야 한다. 비용·편익 도표의 각 칸에 있는 계수는 이런 분석을 하는 데 중심적인 구실을 한다. 각 계수는 한 입력요소 또는 원가요소가 어떻게 고객이 느끼는 편익(가치)으로 전환되는가를 알려준다. 이 계수들은 기술적 분석을 하여(예를 들어, 더 비싼 원자재를 쓰면 제품수명이 얼마만큼 더 연장되나) 알아낼 수도 있고, 또는 전문가들의 추정에 의거하여 파악할 수도 있다. 부분적으로는 고객들을 상대로 설문조사를 하기도 한다.

이러한 도표의 각 칸이 모두 채워졌든 또는 일부만 채워졌든, 도표를 잘 검토하면 경영자는 원가절감의 귀중한 힌트를 얻을 수 있다. 고객가치에 크게 이바지하지 않는 입력요소 또는 원가변수는 제일 먼저 줄이거나 없앨 것을 고려해야 한다. 반대로 고객가치라는 면에서 높은 효과를 내는 입력요소들은 더 강화되어야 한다.

효과성이 없는 것은 없애라

앞에서 말했듯이, 효과성이란 바른 일을 함을 뜻한다. '바른 일'이란 받는 사람에게 효용(가치, 편익)을 제공해주는 활동이다. 효과성이 없으면 비용·편익 도표에서 계수가 0이거나 0에 아주 가깝다. 아래의 사례들에서 알 수 있듯이 경영현장에는 효과성이 없는 경우가 비일비재하다.

어느 큰 에너지 회사에서 우리는 회사 내부에서 제공되는 서비스들이 어떻게 쓰이고 있고 또 그것들이 회사가 염두에 두고 있는 내부고객들에게 어떤 편익을 창출하는가를 조사했다. 조사 대상은 회사에서 내부적으로 다른 부서들을 위해 제공해주고 있는 각종 서비스, 분석, 그리고 정보 등이었다. 조사해보았더니 받는 쪽의 내부고객들은 자신들에게 제공된 서비스의 상당 부분을 이용하지 않을 뿐만 아니라 그들이 그런 내부 서비스에서 얻는다고 느끼는 가치는 미미했다. 그래서 이런 서비스들 가운데 많은 것들을 회사는 줄일 수 있었고, 경우에 따라 아예 없앨 수도 있었다.

첨단 정보기술 덕분에 내부 서비스가 실제로 얼마만큼 활용되고 있는가를 경영자는 큰 비용을 들이지 않고도 꽤 정확하게 파악할 수 있다. 이러한 내부문제를 해결할 수 있는 방법 중 하나는 일본의 간반(Kanban, 간판看板) 시스템과 비슷한 '끌기 시스템(pull system)'이다. 이것의 목표는 여러 단계의 통합사슬(integration chain)로 이루어진 가치사슬의 각 생산단계에서 최적(optimal) 원가를 들여 가치가 창출되도록 조종하는 것이다.

이 시스템의 주요 특징은 내부 수요자에게 서비스를 일방적으로 안기지 않고 수요자가 필요할 때만 그것을 끌어다(pull) 쓰는 것이다. 더 좋은 방안은 제공되는 서비스에 내부이전 가격(internal transfer price)을 부과하는 것이다. 그렇게 하면 잠재적 내부 수요자가 해당 서비스를 정말로 값어치가 있다고 평가하는지 아닌지 알 수 있다.

외부고객들과의 관계에서도 효과성이 없는 경우가 있다. 어느 페인트 회사가 기업고객들에게 42가지의 서비스를 제공하고 있었다. 제품과 직접 관련이 있는 서비스들은 고객들이 높이 평가했고 그래서 수요가 많았다. 그러나 법률·세금·경영승계 또는 비슷한 문제들과 관련된 일반적인 서비스에 대해서는 고객들이 별로 관심이 없었고, 높이 평가하지도 않았다. 그런 문제가 발생하면 그들은 차라리 자신들의 세무 전문가나 변호사 또는 기타 다른 전문가들의 도움을 청했다. 이런 서비스들을 제공하려면 비용이 꽤 많이 들지만, 그로 말미암은 매출액 증가는 미미했다.

이러한 조사결과를 보고 이 회사는 기존서비스의 약 절반을 없앴다. 그리하여 상당한 비용이 절감되었지만, 고객들이 누리는 편익은 거의 변함이 없었다. 이렇게 효과성이 없는 서비스는 우리 사회에 널리 퍼져 있다. 예를 들어, 우리는 아침마다 신문에 끼어 있는 각종 광고전단지를 받는다. 이것들은 배달되자마자 쓰레기통에 들어가고, 우리에게 어떤 효용도 가져다주지 않는다. 오히려 짜증만 일으킨다. 은행이나 증권회사에서 정기적으로 보내주는 갖가지 보고서도 마찬가지다. 아주 간단한 해결책은 고객들에게 그런 문서를 받겠느냐고 물어보고 나서 받고 싶다고 하는 사람에게만 보내주는 것이다. 즉 '밀기 시스템(push system)'에서 '끌기 시스템'으로 바꾸는 것이다. 이미 많

　　　　　　　　　　　　　　8 이익동인 : 원가

은 기업과 기관이 그렇게 하고 있지만, 아직도 일방적으로 이런 서비스를 계속 제공하는 조직이 많다. 그런 조직은 이런 간단한 조치만 취해도 적지 않은 비용을 절약할 수 있다.

제품에도 이런 거품이 있다. 많은 고객들이 있는지도 모르고, 또 안다고 해도 거의 쓰지 않는 기능이 덕지덕지 붙어 있는 텔레비전 등의 가전제품이 그 대표적인 사례다. 회사는 이런 문제를 신제품 개발의 초기단계에서 살펴봐야 한다. 품질기능 전개(Quality Function Deployment) · 가치공학(Value Engineering) 같은 방법론은 제품과 관련된 거품(효과성이 없는 각종 기능)을 미리 없애는 데 도움을 준다.

그런데 많은 경우 회사는 차별화된 제공물(offer) 및 가격으로 효과성이 없는 기능을 고객이 돈을 내며 선택하는 효과성 있는 기능으로 바꿀 수 있다. BMW 7시리즈에 장착되어 있는 텔레비전 기능은 그 좋은 보기이다. 1세대 항법 시스템(navigation system)에는 이 기능이 포함되어 있었다. 그러나 많은 운전자들이 이 기능을 몰랐기 때문에, 별로 쓰이지 않았고 높이 평가받지도 못했다. 자동차 안에서 오래 기다려야 하는 개인기사가 있는 고객처럼 특수한 목표 집단에만 이 기능이 높은 값어치가 있다. 그래서 BMW는 웃돈을 받고 이 기능을 따로 제공하는 편이 낫다고 결론 내렸다. 그래서 6세대부터는 이 시스템이 1,300유로(약 177만 원)에 팔리고 있다.

이 방안을 통해 이 회사는 원가를 절약한 것이 아니라 효과성이 없었던 기능을 효과성이 있는 것으로 격상시킨 것이다. 효과성이 없는 서비스 또는 기능을 찾아내는 일은 때로는 쉽지 않다. 특히 일반적인 서비스와 경영지원 부서에서 하는 것 같은 간접기능(overhead functions) 의 경우에는 더욱더 그렇다. 제품과 직접 관련된 활동, 그리고 고객들과 소통해야 하는 활동은 상대적으로 덜 그렇다. 일반 서비스 분야에 관한 한, 우리는 더 합리화할 수 있는 여지가 아직 무척 많다고 생각한다.

효과성이 없다는 말은 결코 실패했다는 뜻이 아니다. 제약 산업의 어느 연구자를 예로 들어보자. 이 연구자가 99가지의 물질을 조사·분석해 보았는데, 이렇다 할 성과가 없었다. 그렇다면 이것은 효과성이 없는 것이 아니라, 아마 100번째 시도에서 드디어 거두게 될 성공으로 가기 위해 필연적으로 거쳐야 하는 과정일 뿐이다. 연구개발 분야에서는 효과성이 없음을 인식하기가 특히 어렵다. 새로 시장에 선보인 제품이 실패해도 일반적으로 그것을 '효과성이 없다'는 범주에 넣지 않는다. 왜냐하면 많은 경우 본격적으로 신제품을 시장에 출시해 보아야만 비로소 어느 것이 성공으로 가는 길인지 그리고 어느 것이 실패로 가는 길인지 알 수 있기 때문이다.

그렇긴 하지만, 여전히 연구개발 분야에 (특히 대기업에서는) 실효를 거두지 못하면서도 자원을 투입하는 풍조가 널리 퍼져 있다는 인상을 지울 수 없다. '특허 1건당 비용'이라는 지표가 우리의 이러한 추측을 뒷받침해준다. 히든챔피언들은 특허 1건 내는 데 약 53만 유로의 연구개발비가 든다. 반면 큰 회사들은 특허 1건당 270만 유로를 쓴다. 대기업에서 수행하는 프로젝트들이 대체로 더 포괄적이라는 사실이 이러한 차이를 부분적으로 설명해준다.

그러나 근본적으로 서로 다른 혁신과정도 큰 원인이다. 양쪽의 혁신과정의 차이를 조금 극적으로 표현하면 이렇다. 대기업은 많은 연구개발비를 프로젝트에 쏟아붓는다. 반면 히든챔피언들은 단단히 각오를 한 작은 팀들을 투입하고, 효과가 나지 않는 데는 예산을 쓰지 않으며, 따라서 더 적은 원가로 신제품을 개발한다. 뿐만 아니라 히든챔피언 방식은 2가지의 긍정적인 부수효과를 낳는다. 즉 개발속도가 빠르고, 특허 이용비율이 훨씬 더 높다. 특허 이용비율이 히든챔피언의 경우 80%인데, 대기업은 20%밖에 안 된다.

효율과 생산성

원가관리는 기업이 가치를 만들어내는 과정의 모든 측면에 관여한다. 효과성과 더불어 항상 중시되는 것이 바로 효율이다. 즉, 기업은 가능한 한 적은 자원과 비용을 들여 특정 결과를 달성해야 한다. '이익극대화'가 바로 이런 뜻이다. 경영자는 어떻게 해서든 회사의 자원·노동력·지적(intellectual) 역량 등이 낭비되는 일이 없도록 해야 한다. 이것은 책임 있는 기업 지도자라면 누구나 마음속에 새겨 두었을 법한 평범한 말이기는 하다.

하지만 경영자가 효율을 높이기 위해 손을 대야 할 곳은 아직도 무궁무진하다. 제품 혁신과 과정 혁신이 가장 중요하다. 기술진보의 큰 부분은 더 적은 원료를 투입하여 같은 성과를 올리는 것이다. 예전에는 대서양에 해저케이블을 놓는 데 12만 톤의 구리가 필요했는데, 지금은 이 비싼 원료가 800kg만 있으면 된다. 그뿐 아니라 더 적은 원료로 더 높은 전송능력을 달성하고 있다. 좋은 회사라면 효율과 생산성을 끊임없이 더 올려야 할 필요성을 잘 알고 있다.

몇 년 전 당시 하버드 경영대학원의 학장이었던 니틴 노리아가 그 학교의 교수 13명과 함께 독일의 히든챔피언들과 지멘스·에어버스·BMW 같은 몇몇 대기업을 방문한 적이 있다. 우리는 그중 몇 사람에게 어떤 인상을 받았느냐고 물어보았다. 그들은 일관되게 이런 대답을 했다.

- "모든 회사들이 해마다 끊임없이 개선하기 위해 노력하고 있다."
- "독일 사람들은 광적으로 생산성에 집착한다."

첫 번째 발언은 고급 가전제품 회사 밀레가 120년 넘게 모토로 삼고 있는 '항상 더 낫게'라는 슬로건과 딱 들어맞는다. 밀레는 회사가 하는 모든 일에서 이 철학을 실천하고 있다. 이것은 일본의 유명한 '카이젠(개선改善) 제도'의 철학과 똑같다. 카이젠 제도 역시 계속적인 개선을 지향하기 때문이다. 여기서 말하는 '계속적인 개선'은 품질이나 납기 엄수뿐만 아니라 원가에도 적용되어야 함은 말할 것도 없다.

하버드 교수들의 두 번째 답변은 BMW의 영업 담당 임원을 역임했던 미하엘 가날(Michael Ganal)의 말을 생각나게 한다. "해마다 생산성을 5% 올린다는 것은, (생산능력이 그대로이면) 내가 매년 자동차를 5% 더 팔아야 한다는 뜻이다." 가날의 이 말은 생산성과 성장의 관계를 정확하게 표현한다. 생산성이 올라가고 그래서 원가가 떨어지면, 회사가 생산능력을 늘리지 않아도 더 많이 생산할 수 있다. 게다가 이 생산성 향상과 원가 하락의 조합은 값을 내릴 수 있게 해주거나 또는 값은 고정시키고 더 높은 마진을 벌 수 있게 해준다. 회사는 긴장을 늦추지 말고 효율과 생산성을 향상시키려는 노력을 이어가야 한다. 이 세상의 어떤 회사도 이제까지 달성한 효율 및 생산성 수준에 만족하고 그것에 안주할 수 있는 여유는 없다. 왜냐하면 경쟁사들이 쉴 새 없이 도전해오기 때문이다. 기업은 개선하는 노력을 게을리한 만큼 생존의 위협이 커진다.

공급회사

때로는 공급회사가 원가절감의 가장 중요한 원천이다. 당신의 회사가 부가가치 창출에 기여하는 부분이 적을 때는 특히 이 말이 맞을 때가 많다. 그래서 회사가 원가를 내리기 위해 새로운 다짐을 할 때마다 공급회사들에 대한 압력은 커지게 마련이다. 장기계약은 흔히 원가절감 목표에 관한 조항을 포함하고 있고, 그런 조항에는 그 절감분을 구매회사에 넘겨준다는 문구가 있는 경우가 많다.

현재 폴크스바겐의 최고경영자인 헤르베르트 디쓰(Herbert Diess)는 그가 BMW의 구매 담당 임원으로 있었을 때 그런 일을 아주 잘한 것으로 알려져 있다. 그에 관한 기사를 보자. "그가 4년 반 전에 취임한 이후 BMW의 구매 담당 임원 헤르베르트 디쓰는 원료비를 약 40억 유로로 떨어뜨릴 수 있었다. 그리하여 그는 원가절감 목표를 계획보다 1년 일찍 달성했고 사내에서 스타가 되었다."[11]

하지만 협력회사들에게 극도의 압력을 가하면 중·장기적으로 그것의 폐해가 나타나는 경우도 있다. 납품원료 또는 제품의 품질이 나빠진다든가, 협력회사가 스스로 거래를 끊거나 혹은 아예 시장에서 사라져버리는 사례도 있었다. 그래서 어떤 기업인은 이렇게 말한다.

"나는 지금까지 가장 큰 고객이었던 회사에 더 이상 납품하지 않는다. 우리는 값을 글자 그대로 최대한 낮춰야 했고, 그러면서도 그 회사는 동시에 우리에게 계속해서 이것저것 더 포괄적인 서비스를 요구했다. 그들과 거래를 끊었기 때문에 쓸 수 있게 된 회사 자원을 이제 다른 고객들을 위해 이익을 내면서 활용하고 있다."

어느 서비스 회사 경영자도 같은 이야기를 했다.

"어느 큰 자동차 회사가 몇 년 전부터 우리에게 입찰에 응하라고 계속해서 요구했다. 그러나 그들은 너무 낮은 가격에 일감을 주기 때문에 우리는 응찰하지 않았다. 만일 입찰서를 내고 혹시 우리 회사에 낙찰되면, 우리는 우리의 핵심사업에서 번 돈으로 그 회사 일을 해주어야 할 것이다. 그렇게 하면 안 되는 줄 뻔히 알면서도. 우리는 그런 짓은 하지 않는다.

또 다른 이유도 있다. 우리가 한번 싸구려 프로젝트를 맡아서 하면, 다음번에 값을 올릴 수 있는 근거가 없어진다. 우리 회사 같은 고급 서비스 회사는 정말이지 우리의 시간을 딱 한 번만 팔 수 있다. 그것을 한 번 싸게 팔고 나면 다음에 비싸게 팔 수가 없다. 인건비가 싼 직원을 채용해서 저가 서비스를 제공하는 방안도 검토해 보았다. 그러나 그것은 문제해결이 아니라 더 큰 문제를 만들어낼 것이라는 결론을 내렸다. 어떤 때는 일감을 받지 않는 것이 제일 좋은 방안이다."

또 다른 기업인은 이런 일의 추가적인 측면을 이야기한다.

"고객이 값을 내리라고 너무 심하게 압력을 주면, 나는 그를 경쟁사에 보낸다. 그러면 나는 매출액이 줄어들지만, 그 일을 가져간 경쟁사는 터무니없이 낮은 가격으로 말미암아 힘이 약해진다. 그것이 바로 내가 노리는 것이다."

이런 방법은 물론 시장기반이 매우 탄탄한 공급회사만 쓸 수 있다. 그러나 장기적으로는 이러한 방식이 오히려 불리한 결과를 초래할 수도 있다.

공급회사에게 원가를 밝히라고 요구하는 풍습이 업계에 널리 퍼져 있다.[12] 많은 경우, 고객회사는 이럴 때 공급회사가 더 원가를 내릴 수 있도록 도와주기도 한다. 이러한 원가공개 요구에 대해서는 말이 많다. 물류 분야의 구매자 59명을 상대로 이와 관련된 설문조사를 하였더니 [그림 8-5]와 같은 결과가 나왔다.[13] 살펴보면, 조사대상자들의 응답은 앞뒤가 안 맞는다. 구매자들의 91%가 공급회사에 원가를 밝히라고 요구하는데, 자기 자신이 고객으로부터 그런 요구를 받으면 30%만 응할 마음이 있다고 답했다. 그리고 불과 11%만이 공급회

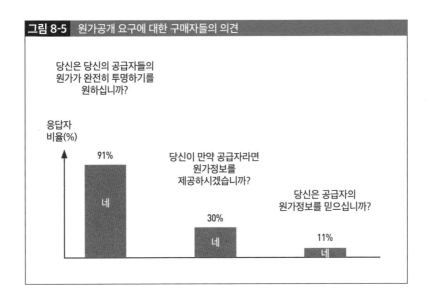

그림 8-5 원가공개 요구에 대한 구매자들의 의견

당신은 당신의 공급자들의
원가가 완전히 투명하기를
원하십니까?

응답자
비율(%)

91%
네

당신이 만약 공급자라면
원가정보를
제공하시겠습니까?

30%
네

당신은 공급자의
원가정보를 믿으십니까?

11%
네

사가 건네주는 원가정보를 믿는다. 공급회사는 물론 관계되는 제품에 될 수 있는 대로 높은 원가를 부과할 강한 동기가 있다.

지몬-쿠허가 수행했던 여러 프로젝트를 통해 우리는 꽤 많은 공급회사가 자동차 회사들에게 원가정보 제공을 거부했음을 알 수 있었다. 공급자로 하여금 원가를 내리게 할 수 있는가 여부는 궁극적으로 고객과 공급자의 상대적인 힘(의 균형)에 달려 있다. 그래서 우리는 앞으로 가격과 원가가 현실적으로 어떻게 전개될 것인가를 추정하기 위해 가끔 양쪽 사이의 역학관계를 정성적으로 분석하는 일을 하고 있다.

디지털화

　디지털화는 원가관리에 핵심적인 구실을 한다. 디지털화에 바탕을 둔 여러 조치는 원가절감을 꾀하기도 하고(예를 들어 생산시스템의 더 원활한 조정, 비싼 노동력의 절감, 재고 감소, 더 효율적인 사무관리 등) 고객가치의 증진을 노리기도 한다(예를 들어 더 빠른 배달, 더 강화된 개인화, 더 편리함). 이 둘은 흔히 동시에 달성된다.

　원가절감 및 고객가치 상승의 가능성을 완벽하게 실현하기 위해서는 대부분의 경우 가치창출의 과정을 완전히 다시 조직할 필요가 있다. 디지털화와 인공지능은 전혀 새로운 기회의 문을 열어주지만, 한편 이러한 발전의 과정에서 불가피하게 많은 일자리가 사라질 것이다. 여기서는 몇몇 실제 사례를 통해 업무과정의 디지털화로 회사가 실현할 수 있는 엄청난 개선의 가능성을 살펴보겠다.

　핀란드의 히든챔피언 파스템스(Fastems)는 이른바 '생산관리 시스템'을 제공하는 회사다. 고객은 이 시스템의 도움으로 개별 기계들을 과정 사슬(process chain)에 편입시킨다. 편입되기 전에 개별 기계의 이용률은 많은 경우에 25~30%에 지나지 않았다. 하지만 편입 후에는 이용률이 보통 50~60%로 올라간다. 바꿔 말하면, 고객사는 보유하고 있는 기계류의 절반만 써도 똑같은 성과를 올릴 수 있거나 또는 현재의 기계류로 생산량을 갑절로 늘릴 수 있다.

　금속가공을 위한 레이저 기계 시장의 세계적인 선도기업 트룸프(Trumpf)는 완전히 디지털화된 공정 덕분에 고객이 주문한 맞춤형 도구를 4시간 이내에 제작하여 배송해준다. 예전에는 이런 일이 나흘이나 걸렸다. 주문부터 배송까지의 시간이 이렇게 짧아지니 원가도 절약되고 고객가치도 올라갔다.

MK테크놀로지스(MK Technologies)는 3차원 인쇄(3D printing)의 한 대안기술인 이른바 인베스트먼트 캐스팅(investment casting)에 쓰이는 극도로 복잡한 거푸집을 만드는 시설공사를 한다. 지금까지는 그런 거푸집을 제작하는 데 1주일이 걸렸는데, 이제 이 회사의 시설을 쓰면 4시간 내에 작업이 끝난다. 일론 머스크(Elon Musk)의 회사 스페이스엑스(SpaceX)도 이 회사의 시설을 쓰고 있다. 그 외에 복잡한 서비스 분야에서도 이와 비슷한 개선 사례가 많다. '경리 전문가(Control Expert)'로 불리는 시스템은 몇 시간 안 걸려서 디지털로 자동차 손해배상 청구 건을 해결하며, 1년에 그런 사건을 900만 건 이상을 처리한다. 옛날에는 이런 과정이 몇 주일이나 걸렸다.

어떤 경우에는 순전히 원가를 절감하기 위한 목적으로 디지털화가 추진된다. 그러나 이러한 접근은 너무 시야가 좁다. 왜냐하면 디지털화의 엄청난 잠재력은 마케팅에도 있기 때문이다. 중요하지만 대체로 등한시되는 측면이 바로 '디지털화가 고객가치에 주는 영향'이다.

앞에서 언급한 사례들에서도 원가절감과 고객가치 향상이 함께 이루어졌다. 물론 그렇다고 해서 디지털화가 무조건 고객가치를 높인다는 뜻은 아니다. 스마트폰 어플리케이션(app)의 약 99%는 고객들이 쓸데없다고 생각해 실패한다. 때로는 디지털 혁신이 고객가치와 고객충성도에 어떤 영향을 주는가에 대해 기업이 별로 관심을 기울이지

지 않는 듯하다. 독자들은 이 부분을 반드시 유념해줄 것을 당부하는
바이다.

오만이라는 덫에 걸리지 말아라

기업의 지속적인 성공은 변화의 걸림돌이다. 그리고 원가관리를 어
렵게 한다. 특히 직원들을 납득시키기가 힘들다. 원가를 낮추려고 하
거나 뭔가 변화를 시도할 때 직원들은 "모든 것이 다 잘되고 있는데
왜 합리화를 하고 원가를 내려야 하나?" 하고 반발한다.

스위스의 세계적인 제약회사 노바티스(Novartis)의 전신(前身) 시바-
가이기(Ciba-Geigy)의 최고경영자였던 하이너 리푸너(Heiner Lippuner)
는 이런 상황에서 경영자가 부딪히는 도전을 다음과 같이 표현했다.
"어리석은 자가 나쁜 시절에 할 수 없이 해야 하는 일을, 슬기로운 이
는 좋은 시절에 자발적으로 한다." 말할 것도 없이 회사의 재무 사정
이 좋으면 경영자는 한결 더 수월하게 원가를 줄이기 위한 조치를 취
할 수 있다. 왜냐하면 투자나 퇴직위로금 등에 쓸 자금을 어렵지 않게
조달할 수 있기 때문이다.

그뿐 아니라 "성공은 오만의 어머니다."라는 별로 달갑지 않은 이
현상을 경영자는 절대로 과소평가하면 안 된다. 우리는 2004년에 핀
란드의 수도 헬싱키의 근교에 있는 노키아 본사를 방문한 적이 있다.
당시에 노키아는 전 세계 휴대폰 시장의 40% 이상을 차지하고 있었

다. 이 회사는 자신들이 천하무적이고 어떤 경쟁사보다 더 낫다는 자만심으로 가득 차 있었다. 노키아에서 우리는 이런 말도 들었다. "연구개발 분야에 1만 9,000명의 연구원이 있는 우리와 맞겨룰 수 있는 상대는 없다."

최고경영진이 이렇게 "우리 회사를 꺾을 수 있는 경쟁사는 없다."라는 생각을 품고 있으면 어떨까? 그런 회사의 임직원들에게서 겸허함을 갖추고, 원가를 낮추려는 마음을 기대하기 힘들다. 코닥(Kodak)은 몰락하기 불과 몇 년 전까지만 해도 기록적인 이익을 내고 있던 회사다. 이렇게 많은 이익을 내는 상황에서 경영진이 열심히 변화를 추구할까? 그렇지 않을 확률이 더 높을 것이다.

이러한 지나친 자신감의 정반대를 우리는 제트엔진 분야 세계시장 선두주자인 GE의 항공기엔진 사업부에서 경험했다. 당시 이 사업부의 우두머리였던 독일 출신 게르하르트 노이만(Gerhard Neumann)은 늘 자기 책상 뒤에 이렇게 쓰인 판을 걸어 놓고 있었다.

"불안해하라(Feel insecure)."

우리가 그를 방문했을 때 그는 끊임없이 불안감을 느끼는 것이 얼마나 중요한가를 여러 차례 강조했다. 그래야만 변화하려는 기업문화를 유지할 수 있고, 임직원들이 계속해서 원가를 의식하며 일한다는 것이다. 그러나 한편으로 조직을 불안하게 만들면 직원들이 냉소적인 태도를 갖게 될 수 있다. 유명한 MIT 명예교수 노엄 촘스키(Noam Chomsky)는 이렇게 말한다. "원가절감과 통제를 위한 고전적인 전략은 직원들을 불안하게 하는 것이다."[14]

그는 미국연방준비제도 이사회 의장을 역임한 앨런 그린스펀(Alan Greenspan)이 하원에서 했던 연설을 인용했는데, 그린스펀은 그 연설에서 노골적으로 생산성을 올리려면 직원들을 불안하게 하라고 권하고 있다. 그러나 우리는 이것이 결코 바른 전략이라고는 생각하지 않는다. 아마도 적절한 수준의 긴장감을 불어넣는 것이 제일 낫지 않을까 한다. 그럼에도 불구하고 우리는 어떤 경우에도 넘치는 교만보다는 불안감이 더 낫다고 말하지 않을 수 없다.

원가와 위기

위기가 닥치면 경영자는 확실히 원가절감 조치를 더 쉽게 시행할 수 있다. 위기라는 물이 회사의 목까지 오면, 원가를 줄이는 것밖에는 대안이 없다. 그래서 회사의 생존이 무엇보다도 소중한 모든 구성원들이 적극 협조하게 된다. 2008년 가을에 세계 금융위기가 터졌을 때 이런 일이 많이 일어났다. 앞에서도 언급한 금속가공을 위한 레이저 기계 부문의 세계 굴지의 회사 트룸프는 특히 큰 타격을 받았다. 2008~2009 사업년도에 이 회사의 매출액은 23%나 떨어졌으며, 그 이듬해에는 또 19%나 줄었다. 회사의 존망이 걸린 이런 비상사태에 트룸프의 경영진은 모범적으로 대처하였다. 회사는 근무시간 단축·특별휴가·초과근무 폐지 등 할 수 있는 일은 다했다. 어떤 때는 실제 노동시간이 제로이었지만 회사는 직원들을 내보내지 않고 오히려 그들을 교육함으로써 역량을 강화했다. 트룸프는 심지어 고객 회사의 직원들에게도 교육훈련의 기회를 제공했다. 이렇게 함으로써 이 회사는 능력 있는 직원들을 잃지 않고 유지할 수 있었다. 그래서 트룸프는 불황이 지나간 뒤에 빨리 정상으로 되돌아 갈 수 있었다. 이러한 극심한 불경기는 우리에게 3가지 교훈을 가르쳐 주었다. 첫째, 그러한 어려운 상황에서는 건설적이고 협조적인 노사관계가 매우 큰 도움이 된다. 둘째, 힘든 시기에는 정부의 적절한 재정적 지원이 큰 구실을 할 수 있다. 셋째, 회사가 위기에 처해 있어도 원가절감만이 능사가 아니고 장기적인 영향도 고려해야 한다.

간추림

원가는 회사의 이익, 경쟁력을 좌우하고, 그리하여 생존능력을 결정하는 어마어마하게 중요한 요인이다. 이익과 관련해서는 주로 원가절감이 문제다. 다른 이익동인인 가격, 판매량과 다르게 원가는 원가절감 조치가 먼저 직원들과 협력회사들에 타격을 준다는 특징이 있다. 이러한 조치를 실제로 실행에 옮길 수 있는가는 회사와 직원·공급회사들 사이의 상대적 역학관계에 달려 있다.

총 원가의 이익탄력성은 가격의 이익탄력성과 대체로 엇비슷하다. 고정비와 변동비가 각각 총 원가의 이익탄력성에 얼마만큼 기여하는가는 이 둘의 상대적인 무게에 달려 있다. 원가를 고정비와 변동비로 나눌 때는 언제나 그 분류가 유효한 기간을 명시해야 한다. 단기적으로는 원가의 대부분이 고정되어 있으나, 장기적으로는 거의 모든 원가가 변동비이다.

손익분기분석은 신제품 도입·투자 또는 (제품 포트폴리오에서) 제품 제거 여부 등을 결정할 때 쓸 수 있는 실용적인 도구이다. 변동비의 변화는 손익분기점에 비선형으로 영향을 끼치는 반면에, 고정비의 변화는 그것에 선형으로 영향을 준다.

우리는 또 원가를 바탕으로 가격하한선을 계산할 수 있다. 단기적으로는 개당 변동비 또는 (원가함수가 비선형일 때는) 한계비용이 가격하한선이다. 장기적으로는 단위 총 원가가 가격하한선이다. 단위 총 원가는 고정비와 변동비를 제품 개수로 나누어서 얻는 수치다.

한계비용은 최적 가격을 결정하는 두 요소 가운데 하나다. 최적 가격은 가격탄력성에 따라 달라지는 수치를 한계비용에 덧붙인 액수다. 고정비는 최적 가격의 결정에 아무런 영향을 미치지 않는다.

원가구조는 이익과 영업 관리에 큰 영향을 미친다. 고정비가 크고 변동비가 낮으면 영업압력이 거세지게 마련이다. 왜냐하면 개당 공헌마진이 양수이면 판매량이 늘어남에 따라 이익이 크게 올라가기 때문이다. 이 효과는 한계비용이 0이거나 0에 가까울 때 특히 두드러진다. 많은 디지털 제품 및 서비스의 경우, 이렇게 한계비용이 제로 또는 제로에 가까운 현상이 뚜렷하게 나타난다. 그러면 가격하한선도 단기적으로는 마찬가지로 0 또는 0에 가깝다. 규모의 경제와 경험곡선효과도 비슷한 영향을 준다. 즉, 판매가 늘어나면 이익이 급속히 올라간다.

원가구조를 어떻게 형성할 것인가는 경영자가 전략을 세울 때 부딪히는 여러 도전 중 하나다. 그는 두 극단 사이의 여러 가능성 가운데 가장 적합한 방안을 골라야 한다. 두 극단이란 변동비가 0, 고정비가 100%인 경우와 거꾸로 변동비가 100%이고 고정비가 없는 경우다. 선택된 원가구조에 따라 판매량의 변화가 이익에 미치는 영향 및 회사의 위험 프로파일도 달라진다.

원가계산은 원가에 대한 정보를 제공하고 원가구조를 알게 해준다. 반면 원가관리는 어떤 특정 수준의 성과를 올리는 데 드는 원가를 떨어뜨리기 위한 적극적인 노력을 일컫는다. 전체적으로 원가관리가 얼마나 성공을 거두는지에 관해서는 알려진 바가 별로 없다. 그 까닭은 무엇보다도 기업들이 학술연구를 위한 원가정보의 제공을 꺼리기 때문이다.

원가절감 조치를 통해 기업은 거의 10%까지 원가를 내릴 수 있다. 이것이 그다지 혁명적인 수치로는 보이지 않을지 몰라도, 많은 기업들의 낮은 영업이익률을 생각하면 이 정도의 수익률 개선은 대단한 것이다.

조직을 동원한 그리고 방법론을 활용한 원가절감 조치 외에도 원가문화, 경영진의 결의, 직원들의 참여 같은 부드러운 요소들도 원가관리를 성공시키는 데 크나큰 구실을 한다. 원가를 내리려는 노력은 효율(일을 제대로 한다)과 효과성(바른 일을 한다)을 모두 올리는 데에 초점을 맞춰야 한다. 이 과정에서 회사가 효과성이 없는 일을 하지 않거나 그만두면 큰 도움이 될 수 있다. 회사가 거래하는 공급자들을 상대로 원가절감 조치를 취할 수 있느냐의 여부는 양쪽 사이의 상대적 역학관계에 달려 있다.

디지털화는 어마어마한 원가절감을 가능하게 해줄 것으로 기대된다. 그뿐 아니라 여러 업무과징을 디지털화하게 되면 대부분 더 높은 고객가치를 만들어낸다. 그러나 고객들과의 개인적 접촉을 생략하는 경우 정반대의 현상이 일어날 수도 있다. 그래서 경영자는 업무과정을 디지털화하는 데 있어서 원가효과뿐만 아니라 추가적으로 그것이 고객가치에 주는 영향도 고려해야 한다.

위기가 오면 경영자는 원가절감 조치를 더 수월하게 취할 수 있다. 이런 상황에서는 건설적이고 협조적인 노사관계가 무척 중요하다. 그러나 회사가 아무리 불황기에 처해 있다고 하더라도 경영자는 원가에만 관심을 기울이면 안 된다. 위기상황에서 취하는 여러 조치가 장기적으로 수요에 어떤 영향을 미치는지도 고려해야 한다.

성공이 오만을 낳는 경우는 결코 드물지 않다. 오만은 원가에 신경 쓰려는 마음을 약하게 하고, 또 원가를 내리기 위한 조치를 기꺼이 받아들이지 못하도록 한다. 그래서 경영자는 직원들에게 어느 정도 불안감을 심어주는 것이 좋은데, 물론 지나쳐서는 안 된다. 경영자라면 원가경쟁력을 키우기 위한 끊임없는 노력만이 회사의 수익성과 생존 능력을 뒷받침해준다는 사실을 한시도 잊지 말아야 한다.

THE PROFIT

이익지향 경영 이외에 다른 대안은 없다

이 책에서 우리는 '이익지향'을 기업경영의 목표로 하고, 또 그것을 기업인들의 행동강령으로 삼아야 한다고 강력하게 주창했다. 이익지향은 그 어떤 다른 목표보다도 기업의 생존을 돕고, 소유자(주주)뿐 아니라 모든 이해관계자의 복지에 더 효과적으로 이바지한다. 기업이 이익을 내면 직원과 가치사슬의 파트너들은 물론이고 은행, 국가, 지역사회까지 행복해진다.

현재 많은 회사들이 이익을 많이 못 내고 있고, 그중 상당수가 자본비용조차 벌지 못한다. 그렇지만 또 어떤 회사들은 엄청난 이익을 올리고, 그 결과 그들의 시가총액은 어마어마하게 높다. 이익이 적은 회사들은 투자와 혁신을 추진할 힘이 약해지고, 인수의 대상이 될 수 있다. 수익률이 낮은 상태가 지속되면 기업의 생존 자체가 위협받는다. 그런 회사들은 더 철저히 이익지향 정신으로 무장하고 수익률을 올리기 위해 온 힘을 기울여야 한다.

그러나 한편 이익지향이 갖가지 문제를 일으킬 수 있다. 예를 들어, 단기와 장기를 바라보는 눈이 다를 때 갈등이 생기고, 이런 갈등은 쉽게 풀리지 않는다. 물론 단기간에 직원·협력사·고객들로부터 최대한 짜내라는 것은 결코 아니다. 그럼에도 우리는 이러한 행태를 현실에서 종종 목격한다. 기업의 이러한 행동은 결국 파탄으로 이어지게 마련이다. 이익지향은 언제나 장기적이어야 하며, 그리하여 '주주가치' 개념과 조화를 이루어야 한다. 하지만 여기서도 겸손할 필요가 있다. 왜냐하면 '장기' 또는 '장기적'이란 말이 구체적으로 얼마만큼을 뜻하는가는 흔히 명확하지 않기 때문이다. 미래는 언제나 불확실할 것이다.

기업은 윤리라는 기본바탕 위에서만 지속적으로 지도력을 발휘할 수 있다. 하버드 경영대학원의 2대 학장이 한 말, "품위 있는 이익을 품위 있게 벌어야 한다."는 이러한 사상을 더할 나위 없이 멋지게 표현한다. 그러나 여기서도 불투명한 영역이 있다. 무엇이 품위가 있고 무엇이 품위가 없다는 말인가? 시력을 잃게 할 수도 있는 희귀한 안과 질환을 치료할 수 있는 룩스투르나(Luxturna) 같은 치료제를 한 번 투여하는 값이 85만 달러(약 9억 7,000만 원)라면, 이것은 품위가 없는 것인가?

디지털화는 이익지향 우선주의를 구시대의 유물로 만들어버리는가? 2000년경, 이른바 신경제(New Economy) 붐이 일었을 때, 많은 사람이 그렇게 믿은 적도 있었다. 당시에는 경제학자들도 진지하게 이렇게 주장하곤 했다. "옛날 경제학의 법칙은 이제 더 이상 유효하지 않다. 이제는 이익이 아니고 클릭률, 이용자수 또는 자본소각률 등이 새로운 성공 요인이다." 하지만 2002년에 드디어 거품이 터지자, 이런 전문가들은 쓰라린 교훈을 가슴에 새겨야 했다.

그 효과는 그다지 오래가지 않은 듯하다. 약 20년이 지난 오늘날 상장하는 회사의 84%가 이익을 못 내는데도 불구하고 일부는 터무니없이 높게 평가받는다. 이처럼 시장이 도취감에 빠진 듯한 분위기를 우리는 또다시 경험하고 있다. 아마도 이번에는 시장이 조금 더 빨리 엄중한 현실에 눈을 뜨지 않을까 한다. 적어도 위워크 사례를 보면 그런 생각이 든다. 우버의 미래가 어떻게 전개될 것인가를 우리는 감히 예측하지 않으려 한다. 2021년 초에 테슬라의 시가총액은 나머지 자동차 산업의 전체 기업가치를 능가했다. 이것이 과연 제대로 된 평가일까? 그리고 이런 상태가 지속될까? 그 답은 아무도 모른다.

그리고 또 남는 의문이 있다. 기업이 몇 년 동안 이익을 전혀 내지 못했는데 어째서 성공을 거둘 수 있는가? 아마존과 세일즈포스닷컴은 그러한 기업들의 전형적인 보기이다. 이 물음에 대한 대답은 그다지 어렵지 않다. 투자자들이 언젠가는 이 회사들이 큰 이익을 낼 것이라고 믿고, 그래서 이들에게 계속 자본을 대고 있기 때문이다.

이러한 신뢰가 정말로 정당한 것인지, 희망과 기대가 이익의 형태로 실현될 것인지는 몇 년이 더 지나야 알게 될 것이다. 이런 사례에서는 주가상승을 노린 단기적 투기도 한몫할 수 있다. 그 배후에는 투자자들의 '이익동기'가 도사리고 있다. 디지털화가 큰 비중을 차지하는 신경제 시대에도 이익동기의 중요성은 전혀 줄어들지 않았다. 옛날 경제(Old Economy)의 법칙은 신경제에도 여전히 적용된다. 다만 한계비용이 거의 제로와 다름없는 현상 같은 신경제 특유의 성격은 고려되어야 한다.

기업인이라면 자신에게 도대체 성공이란 무엇을 뜻하는가를 스스로 정의해야 한다. 이 성공의 정의에 관한 한, 우리 저자 두 사람은 아무런 권위도 권한도 없다. 그러나 이 책을 끝맺으며 우리는 과감히

맺는말_이익지향 경영 이외에 다른 대안은 없다

아래와 같은 가설을 제시하고자 한다. "한 기업이 지속적으로 이익을 못 내고 결국 몰락하면, 그 기업은 성공했다고 말할 수 없다."

우리는 이익이 적거나 손실을 내는 회사의 경영자와 임직원들을 많이 만나보았다. 그들은 대체로 사기와 의욕을 잃고, 크나큰 좌절감과 실망감에 시달리고 있었다. 반대로 회사가 지속적으로 이익을 내면 구성원들의 사기가 올라가고 회사 분위기가 고양되며, 일할 때 신바람이 절로 난다. 이렇게 에너지가 넘치는 회사의 임직원들은 자신들이 하는 일에서 큰 보람을 느낀다. 그래서 긴 여행을 마무리하며 우리가 내리는 결론은 간단명료하다.

"민간 기업에게는 이익지향 경영 이외에 다른 대안은 없다."

왜냐하면 이익을 잘 내서 거덜 난 회사는 이제까지 하나도 없기 때문이다.

머리말 / 1. 도대체 이익이란 무엇인가?

1 Hermann Simon(2020년), 《Am Gewinn ist noch keine Firma kaputt gegangen》, Frankfurt am Main: Campus Verlag GmbH.

2 Christian Schubert, "프랑스는 임금 보너스를 강제하려고 한다", 2011년 4월 28일 자, Faz.net(Frankfurter Allgemeine Zeitung online).

3 기업경영에서 원가(cost)와 비용 또는 경비(expense)는 엄연히 서로 구분된다. 그러나 현실에서는 cost를 비용으로 부르는 풍습이 거의 정착되어 있고, 또 실은 cost에는 원가 외에 비용이라는 뜻도 있다. 그래서 이 책에서는 cost를 문맥에 따라서 어떤 때는 원가 또 어떤 때는 비용으로 표기하기로 한다.

4 Peter F. Drucker, "The Delusion of 'Profits'", 1975년 2월 5일 자, 〈The Wall Street Journal〉, p. 10.

5 현금소각률은 주로 신생 벤처기업과 관련하여 쓰이는 용어이며, 한 기업이 자기 회사의 재무자원을 줄어들게 하는 속도를 일컫는다. 보통 해당 기업이 '매월 쓰는 현금'으로 이 개념을 표시한다.

6 2011년 12월 12일 Finn Mayer-Kuckuk이 헤르만 지몬 박사에게 보낸 이메일.

7 2019년부터 위워크는 자사를 "The We Company"라고 부르고 있다.

8 Georg Giersberg, "Gewinn vor Kosten", 2017년 1월 19일 자, 〈Frankfurter Allgemeine Zeitung〉.

9   Georg Giersberg의 2013년 1월 6일 자 이메일.

10   내부수익률(internal rate of return, IRR)이란 어떤 투자액의 순현재가치(net present value, NPP)를 0으로 만드는 이자율이다. 즉 내부수익률로 투자를 하면 아무런 실익이 없다. 독일 사람들은 내부수익률 대신 내부이자율(interner Zinsfuss)이라는 말을 쓰는데, 경영학 관점에서는 이 용어가 더 적합하다. 기업의 관점에서는 투자가치를 0으로 만드는 내부수익률보다 이자율이 더 높으면 투자위험이 훨씬 더 커지기 마련이다.

11   Marshall, A.(1890년), 《Principles of Economics》, 1st edition, London: MacMillan.

12   Harry M. Markowitz(1971년), 《Portfolio Selection, Efficient Diversification of Investments》, New Haven: Yale University Press.

13   William F. Sharpe(1970년), 《Portfolio Theory and Capital Markets》, New York: McGraw Hill.

14   2021년 2월 15일 자, 〈조선일보〉, B1.

15   2018년 11월 독일 프랑크푸르트에서 열린 TIS Customer Day에서 발표한 Carsten Linz의 글 23쪽에서 인용.

16   "The Biggest Burners", 2019년 7월 29일 자, 〈Fortune〉, pp. 16-17.

17   "Herd Instincts", 2019년 4월 20일 자, 〈The Economist〉, pp. 23-26.

2. 이익을 찾아서

1   Survey from May 2013, https://www.aei.org/carpe-diem/the-public-thinks-the-average-company-makes-a-36-profit-margin-which-is-about-5x-too-high/

2   https://www.lifepr.de/inaktiv/raiffeisenlandesbank-oberoesterreich-aktiengesellschaft/Wir-muessen-das-Schmuddelimage-des-Gewinns-ueberwinden/boxid/233688

3   경제협력개발기구(Organization for Economic Cooperation Development).

4   산업기업(industrial firm)의 정의는 다음과 같다. "Company that produces on a large scale with up-to-date technology."

5   이것은 2003년에서 2010년까지의 자료인데, 2010년 이후에는 관련 자료의 출간이 중지되었다.

6   R^2=0.694, 유의수준(significance level) 99%.

7   R^2=0.718, 유의수준 90%.

8   기업이 부가가치를 생산하는 과정에서 얼마나 많은 부분을 외주에 의존하지 않고 자체 생산하는가를 나타내는 지표. 독일의 초우량 중소기업들, 즉 히든챔피언들은 다른 회사들보다 이것이 매우 높다.

9   http://pages.stern.nyu.edu/~adamodar/New_Home_Page/datafile/margin.html

10 "Top 500 F&E: Werinvestiert am meisten in Innovationen", EY, 2019년 7월.

11 https://de.statista.com/statistik/daten/studie/510433/umfrage/netto-umsatzrenditen-globaler-fast-fashion-filialisten/

12 2021년 5월 17일 자, 〈조선일보〉, A6.

13 가중평균 자본비용(Weighted Average Cost of Capital), 1장 참고.

14 https://www.bridgewater.com/research-library/daily-observations/peak-profit-margins-a-global-perspective/peak-profit-margins-a-global-perspective.pdf

15 "Superstars – The Dynamics of Firms, Sectors, and Cities Leading the Global Economy", Discussion Paper, McKinsey Global Institute, 2018년 10월. 다음의 요약 버전 참고.
    https://www.mckinsey.com/featured-insights/innovation-and-growth/what-every-ceo-needs-to-know-about-superstar-companies.

16 "Greife nie in ein fallendes Messerr" 영어로 직역하면 "Never catch a falling knife"이다.

17 2019년 포춘 500대 기업 가운데 한국 회사는 16개였고, 그중 가장 순위가 높은 삼성전자는 15위였다.

18 https://www.mckinsey.com/featured-insights/asia-pacific/getting-the-measure-of-corporate-asia?cid=podcast-eml-alt-mip-mck&hlkid=a7ed7ae31b7e4407ab929ac029f838b7&hctky=10318136&hdpid=9408c2be-66dc-41d3-8451-3d2b3f72abd3

19 산업재 회사들(industrial companies)의 세계에서는 실제로 자본회전율이 1 안팎인 경우가 많다.

20 자기자본수익률=총자산수익률/(1-타인자본비율)
    =(영업이익률×자본회전율)/(1-부채/(자기자본+부채))
    =(영업이익률×자본회전율)/(자기자본/(자기자본+부채))
    =(영업이익률×자본회전율)×(자기자본+부채)/자기자본
    =(영업이익률×자본회전율)×(1+부채/자기자본)
    =(영업이익률×자본회전율)×(1+부채비율)

21 월마트: 6.30×(1+1.75)=17.33%
    AT&T: 2.53×(1+1.73)=6.91%
    애플: 16.3×(1+1.12)=34.56%

22 http://pages.stern.nyu.edu/~adamodar/New_Home_Page/datafile/roe.html

3. 목표

1   "Profit is a condition of survival. It is the cost of the future, the cost of staying in business" Peter F. Drucker(2001년), 《The Essential Drucker》, New York: Harper Business, p. 38.

2   다음의 책은 이 분야의 대표적인 저서이다.
    Ralph L. Keeney, Howard Raiffa(1993년), 《Decisions with Multiple Objectives: Preferences and Value Tradeoffs》, Cambridge: Cambridge University Press.

3   Robert S. Kaplan, David P. Norton(1996년), 《The Balanced Scorecard: Translating Strategy into Action》, Boston: Harvard Business School Press.

4   "to first dominate a specific niche and then scale to adjacent markets." Peter Thiel(2014년), 《Zero to One - Notes on Startups or How to Build the Future》, London: Virgin Books, Kindle position 591.

5   Paul W. Farris, Michael J. Moore(2004년), 《The Profit Impact of Marketing Strategy Project: Retrospect and Prospects》, Cambridge: Cambridge University Press.

6   Ailawadi, K. L., Farris, P. W., Parry, M. E.(1999년), "Market Share and ROI: Observing the Effect of Unobserved Variables", 〈International Journal of Research in Marketing〉, Vol. 16, No. 1, p. 31.

7   Lee, J.(2009년), "Does Size Matter in Firm Performance? Evidence from US Public Firms", 〈International Journal of the Economics of Business〉, Vol. 16, No. 2, p. 200.

8   Edeling, A., Himme, A.(2018년), "When Does Market Share Matter? New Empirical Generalizations from a Meta-Analysis of the Market Share-Performance Relationship", 〈Journal of Marketing〉, Vol. 82, No. 3, pp. 1-24.

9   2015년 10월 Edeling이 독일 쾰른대학의 경제사회학부에서 working paper로 발표한 다음의 논문을 참조. "Does Market Share Matter? New Empirical Generalizations from a Meta-Analysis", working paper, Economics and Social Science Faculty, University of Cologne.

10 F. A. Sklenarz, A. Himme, A. Edeling이 2019년 독일 함부르크에서 열린 유러피언 마케팅 아카데미(European Marketing Academy) 연차회의에서 발표한 다음의 논문 참조. 〈Digital Transformation and Marketing Performance Measurement - How the 'Old' Market Share-Performance Relationship Does Not Hold Anymore〉.

11 이 분야의 대표적인 연구는 다음과 같다.
    - Lanzillotti, R. F.(1958년), "Pricing Objectives in Large Companies", 〈The American Economic Review〉, 48(5), pp. 921-940.
    - Scott, J. A., Kesten C. Green(2007년), "Competitor-Oriented Objectives: The Myth of Market Share", 〈International Journal of Business〉, 12(1), pp.

117-136.

– Armstrong, J. S., Collopy, F.(1996년), "Competitor Orientation: Effects of Objectives and Information on Managerial Decisions and Profitability", 〈Journal of Marketing〉, 33(2), pp. 188-199.

– Rego, L. L., Morgan, N. A., Fornell, C.(2013년), "Reexamining the Market Share – Customer Satisfaction Relationship", 〈Journal of Marketing〉, 77(5), pp. 1-20.

– Miniter, R.(2002년), 《The Myth of Market Share: Why Market Share is the Fool's Gold of Business》, New York: Crown Business.

12 Cespedes, F. V.(2014년), Aligning Strategy and Sales: The Choices, Systems, and Behaviors that Drive Effective Selling. Harvard Business Press, p. 45.

13 대표적인 논문은 다음과 같다. Chu, W., Chen, C. N., Wang, C. H.(2008년). "The Market Share – Profitability Relationships in the Securities Industry", 〈The Service Industries Journal〉, Vol. 28, No. 6, pp. 813-826.

14 Rieger, W.(1928년), 《Einführung in die Privatwirtschaftslehre》.

15 Alfred, R.(1986년), 《Creating Shareholder Value: The New Standard for Business Performance》, New York: The Free Press.

16 "Chinas Kaffeehausketteexpandiert – Luckin will Starbucks auf den zweiten Platz verdrängen", 2019년 1월 4일 자, 〈Frankfurter Allgemeine Zeitung〉, p. 19.

17 "YouTube CEO takes on TV, Web Rivals", 2016년 6월 8일 자, 〈The Wall Street Journal〉, p. B5.

18 Mankins, M.(2017년), "Stop Focusing on Profitability and Go for Growth", 〈Harvard Business Review〉, May 1, https://hbr.org/2017/05/stop-focusing-on-profitability-and-go-for-growth.

19 이런 가격을 네거티브 프라이스(negative price), 즉 마이너스 가격이라고 부른다.

20 Mizik, N., Jacobson, R.(2007년). "The Cost of Myopic Management", 〈Harvard Business Review〉, 7·8월호, p. 22.

21 2013년 6월 5일, 독일 코블렌츠에 있는 경영대학원 WHU에서 Klaus Brockhoff가 한 다음의 강연 참조. "주주가치란 도대체 무슨 뜻인가(Was bedeutet eigentlich Shareholder Value)?"

22 "Efficiencies of Scale May Be a Myth", 〈Harvard Business Review〉, 2019년 3·4월 호.

4. 이익의 윤리

1 Zitelmann, R.(2019년), 《The Power of Capitalism》, London: LID Publishing.

2 Werner Plumpe(2019년), 《Das kalteHerz. Kapitalismus: Die Geschichteeinerandauernden Revolution》, Berlin: Rowohlt, p. 640.

3 2019년 4월 2일 자 〈Frankfurter Allgemeine Zeitung〉, p. 16.

4 Müller-Armack, A.(1947년), 《Wirtschaftslenkung und Marktwirtschaft, Hamburg: Verlag fürWirtschaft und Sozialpolitik》, p. 65.

5 "Peugeot verspricht Opel Hilfe zur Selbsthilfe", 2017년 3월 8일 자 〈Frankfurter Allgemeine Zeitung〉, p. 19.

6 Milton Friedman, 1970년 9월 13일 자, 〈The New York Times Magazine〉.

7 피터 드러커의 글 "The Delusion of Profits", 1975년 2월 5일 자, 〈Wall Street Journal〉, p. 10.

8 Emunds, B.,Hockerts, H. G.(2015년), 《Den Kapitalismusbändigen: Oswald von Nell-Breunings Impulse für die Sozialpolitik》, Paderborn: Ferdinand Schöning.

9 1986년 10월 6일 뒤르가 독일경영연구원(German Management Institute)에서 했던 강연.

10 2010년 9월 7일 독일 프랑크푸르트에서 열린 Simon-Kucher Partners의 창립 25주년 기념행사 때 바움 교수가 했던 강연.

11 2019년 5월 6일 자, 〈Frankfurter Allgemeine Zeitung〉, p. 22.

12 "Bosch preschtbeim Klima vor", 2019년 5월 10일 자, 〈Handelsblatt〉, p. 18.

13 "Der exzentrischeVermieter", 2019년 5월 8일 자, 〈Frankfurter Allgemeine Zeitung〉, p. 20.

14 같은 기사.

15 Kotler, P.(2019년), 《Advancing the Common Good: Strategies for Businesses, Governments, and Nonprofits》, New York: Praeger ABC-CLIO.

16 Cowen, T.(2019년), 《Big Business: A Love Letter to an American Anti-Hero》, New York: St. Martin's Press, p. 6.

17 같은 책, p. 39.

18 Simon-Kucher Trend Radar - The Rating Economy, Bonn, 2019.

19 "We want to educate leaders who make a decent profit decently"

20 《50 Jahre Bosch - 1886-1936》, Stuttgart: Bosch Eigenverlag 1936.

21 Dietmar Paland, "Der Goldjunge von Novartis", 〈Manager Magazin〉, 2019년 6월, p. 42.

22 http://www.spiegel.de/fotostrecke/umfrage-ergebnisse-deutschland-im-wahl-und-krisenjahr-fotostrecke-48256-11.html

23 2018년 10월 17일 자, 〈Frankfurter Allgemeine Zeitung〉, p. 22.

24 "Was darf das Leben kosten(목숨의 값은 얼마이어야 하는가)?", 2018년 12월 19일

자, ⟨Handelsblatt⟩, p. 1.

25 "Roche Nears Deal to Buy Spark Therapeutics for Close to $5 Billion", 2019년 2월 24일 자, ⟨The Wall Street Journal online⟩.

26 OtfriedHöffe, "DürfenUnternehmerGewinnemachen?", ⟨Frankfurter Allgemeine Zeitung⟩, 2016년 8월 12일 자, p. 20.

27 Manfred Hoefle, "Wie AbschöpfungUnternehmen und Gesellschaft ruiniert", Denkschrift Nr. 11, Managerismus. 다음 책도 참조 Manfred Hoefle(2010년), ⟪Managerismus: Unternehmensführung in Not⟫, Weinheim, Wiley.

28 Martin Rhonheimer, "WelcheWirtschafttötet?", 2015년 5월 17일 자, ⟨Frankfurter Allgemeine Zeitung⟩, p. 18.

29 Zitelmann, R.(2019년), ⟪The Power of Capitalism⟫, London, LID Publishing.

30 Kahan, A. S.(2010년), ⟪Mind vs. Money: The War between Intellectuals and Capitalism⟫, New York, Routledge.

31 Mazzucato, M.(2018년), ⟪The Value of Everything: Making and Taking in the Global Economy⟫, London, Penguin Random House, p. 4.

32 Stiglitz, J. E.(2012년), ⟪The Price of Inequality: How Today's Divided Society Endangers our Future⟫, London, Allen Lane.

33 Zitelmann, R.(2018년), ⟪The Wealth Elite: A Groundbreaking Study of the Psychology of the super rich⟫, London, LID Publishing.

34 Karl-Heinz Johnen, ⟨Handelsblatt⟩, 2013년 10월 7일 자.

35 2009년 3월 12일 자, ⟨Financial Times⟩.

36 2009년 3월 14일 자, ⟨Süddeutsche Zeitung⟩, p. 28.

37 https://www.germanboardnews.de/tops/2019/03/wolfgang-reitzle-wegbereiter-einer-exzessiven-shareholder-value-kultur/

38 2015년 7월 28일 자, ⟨Wall Street Journal Europe⟩, p. 1.

39 https://opportunity.businessroundtable.org/ourcommitment/

40 2019년 8월 21일 자, ⟨Frankfurter Allgemeine Zeitung⟩, p. 15.
    Hans-Jürgen Jakobs, "Morning Briefing.", 2019년 8월 20일 자, ⟨Handelsblatt⟩.

41 https://www.morningbrew.com/daily/stories/2019/08/19/business-roundtable-changes-course

42 Drucker institute, 2019년 8월 20일 자 이메일.

43 https://www.weforum.org/agenda/2019/12/davos-manifesto-2020-the-universal-purpose-of-a-company-in-the-fourth-industrial-revolution/

44 Irmela Büttner, "Reich, weil er guteLöhnezahlte", 2016년 3월 호, ⟨Chrismon⟩, p. 49.
    https://chrismon.evangelisch.de/artikel/2016/32022/der-soziale-unternehmer-robert-bosch

45 Drucker, P. F.(2020년), ⟪The essential drucker⟫, Routledge, p. 58.

46 Ryan Derousseau, "When Workers and Investors Share the Wealth", ⟨Fortune⟩, 2019년 1월 1일 자, pp. 22-23.

https://fortune.com/author/ryan-derousseau/

47 Justin Fox, Jay W. Lorsch의 아래 논문에서 인용.
Fox, J., Lorsch, J. W.(2012년), "What good are shareholders?", 〈Harvard Business Review〉, 90(7/8), p. 54.

48 Benoit, D.(2019년), "Move over, shareholders: Top CEOs say companies have obligations to society", 〈Wall Street Journal〉, p. 19.

5. 진단과 처방책

1 Simon-Kucher & Partners, Global Pricing Study, Bonn, 2012년.

2 2020년 2월 1일 자, 〈Frankfurter Allgemeine Zeitung〉, p. 22.

3 근로자들은 계약에 명시된 근무시간을 초과하여 일한 시간을 시간계정에 쌓을 수 있다. 그러다가 일감이 적어지면 그 쌓인 시간을 근무시간으로 전용할 수 있다. 따라서 기업은 주문물량이 들쭉날쭉할 때 시간계정을 활용하여 탄력성 있게 대처할 수 있다.

4 "Empty Cores in Airline Markets" 2002년 2월 14~15일 독일 함부르크에서 열린 Hamburg Aviation Conference에서 Kenneth Rutton이 했던 강연.

5 2013년 1월 31일 자, 〈Frankfurter Allgemeine Zeitung〉, p. 11.

6 2012년 4월 호, 〈Produktion〉, p. 23.

7 "Untereinemschlechten Stern", 2013년 3월 20일 자, 〈Handelsblatt〉.

8 보쉬의 인터뷰 기사, 2019년 5월 6일 자, 〈Frankfurter Allgemeine Zeitung〉, p. 22.

9 Sarah Cliffe, "A Partial Defense of Our Obsession with Short-Term Earnings", 2015년 5월 7일 자, 〈Harvard Business Review〉.

10 Hermut Kormann, "Gibt es so etwaswietypischmittelständischeStrategien?", Discussion Paper Nr. 54, University of Leipzig, Economics Faculty, 2006년 11월.

11 Jim Collins, Jerry I. Porras(2004년), 《Built to Last: Successful Habits of Visionary Companies》, 3rd edition, New York: Harper Collins.

12 Geert Mak(2014년), "Wie Gott verschwandausJorwerd, Der Untergang des Dorfes in Europa", München: Pantheon, p. 50.

13 Erich Frese, "German Managers' Organizational Know-how in the Interwar Period 1918-1939", VierteljahresschriftfürSozial- und Wirtschaftsgeschichte, 2016년 2월, pp. 145-177.

14 https://www.econstor.eu/bitstream/10419/203677/1/1676920420.pdf

15 OECD, Table II. 1. Statutory corporate income tax rate; KPMG, Corporate tax rates table; some jurisdictions researched individually.

16 https://www.concreteconstruction.net/producers/profit-is-an-attitude_o

6. 이익동인 : 가격

1 가격탄력성의 정의는 다음과 같다.
  가격탄력성=판매의 변화율(%) / 가격의 변화율(%)

2 Raj Sethuraman, Gerard J. Tellis, Richard A. Briesch, "How Well Does Advertising Work? 3 Generalizations from Meta-Analysis of Brand Advertising Elasticities", 2011년 3호, 〈Journal of Marketing Research〉, 48, pp. 457-471.

3 Simon-Kucher & Partners, Global Pricing Survey 2019, London, 2019년.

4 이렇게 원가함수와 가격반응함수가 모두 선형이면, 개당 변동비는 한계비용과 똑같다.

5 최대가격에서는 값이 너무 비싸 판매가 0이다.

6 "Die Luft wird dünner", 〈General-Anzeiger〉, Bonn, 2015년 2월 9일 자, p. 7.

7 Karl Marx(1951년), 《Wages, Prices, and Profits》, Moscow, p. 28.

8 John T. Gourville, Dilip Soman, "Payment Depreciation: The Behavioral Effects of Temporally Separating Payments from Consumption", 〈Journal of Consumer Research〉, 25(2)/1998년, pp. 160-174.

9 2018년 8월 7일 자, 〈Frankfurter Allgemeine Zeitung〉, p. 7.

10 같은 기사.

11 가격산정 기준단위를 영어로는 price metric이라고 한다.

12 2020년 11월 10일 자, http://www.pay-per-wash.biz/de_de/

13 이러한 방식을 on-premise라고 부른다.

14 이러한 방식을 on-demand라고 부른다.

15 2020년 11월 4일 어도비의 시가총액은 2,337억 2,000만 달러였다.

16 Andreas Herrmann, Walter Brenner, Rupert Stadler(2018년), 《Autonomous Driving: How the Driverless Revolution will Change the World》, London, Emerald Publishing, p. 29.

17 Kerstin Friemel and Ingo Malcher, "Gewusstwie", 〈McKinsey Wissen〉, 18, 2006년, pp. 18-25.

18 Christian Siedenbiedel, "Revolution der KfZ-Versicherung", 2014년 1월 13일 자, FAZ.net.

19 Shoshana Zuboff, "Die Vorteile der Nachzügler", 2015년 3월 23일 자, 〈Frankfurter Allgemeine Zeitung〉, p. 15.

20 Evgeny Morozov, "Unser Leben wirdumgekrempelt", 2013년 11월 2일 자, 〈Frankfurter Allgemeine Zeitung〉, p. 14.

21 Lucy Craymer, "Weigh More, Pay More on Samoa Air", 2013년 4월 3일 자, 〈Wall Street Journal Online〉.

22 Shuba Srinivasan, Koen Pauwels, Jorge Silva-Risso and Dominique M. Hanssens, "Product Innovations, Advertising, and Stock Returns", 2009년 1월 호, 〈Journal of Marketing〉, 73, pp. 24-43.

23 워런 버핏이 2010년 5월 26일 FCIC(Financial Crisis Inquiry Commission)에서 했던 인터뷰.

24 Peter Thiel(2014년), 《Zero to One. Notes on Startups or How to Build the Future》, New York, Crown Publishing Group.

25 "Wall Street braced for 'earnings recession' as margins fall, US companies struggle to pass on rising labour, transportation and raw material costs", 2019년 3월 26일 자, 〈Financial Times〉.

26 Simon-Kucher & Partners, Global Pricing Study 2014, Bonn, 2014년.

7. 이익동인 : 판매량

1 "GM's Employee-Discount Offer on New Autos Pays Off", 2005년 6월 29일 자, 〈USA Today〉.

2 Simon-Kucher & Partners, Global Pricing Survey 2019, London, 2019년.

3 Klaus Meitinger, "Wegeaus der Krise", 2009년 3월 호, 〈Private Wealth〉, pp. 26-31.

4 Simon-Kucher & Partners, Global Pricing Study 2014, Bonn, 2014년.

5 Robert L. Phillips(2005년), 《Pricing and Revenue Optimization》, Stanford: Stanford University Press.
   Peter O'Connor, Jamie Murphy, "Hotel Yield Management Practices Across Multiple Electronic Distribution Channels", 〈Information Technology & Tourism〉, 10(2), 2008년, pp. 161-172.

6 Study of 76 machinery manufacturing companies, conducted by Simon-Kucher & Partners.

8. 이익동인 : 원가

1 Alexander Himme, "Kostenmanagement: Bestandsaufnahme und kritische-Beurteilung der empirischenForschung", ZeitschriftfürBetriebswirtschaft, 2009년 9월, pp. 1051-1098.

2 "Schuler strengthens international sites and reduces capacities in Germany", 2019년 7월 29일 자 보도자료.

3 Jeremy Rifkin(2015년), 《The Zero Marginal Cost Society》, New York, Griffin.

4 2020년 8월 10일 자, 〈Fortune〉.

5   Michael Hammer, James Champy(1993년), 《Reengineering the Corporation: A Manifesto for Business Revolution》, New York, Harper Business.

6   Alexander Himme, "Critical Success Factors of Strategic Cost Reduction", 〈Journal of Management Control〉, 2012년, p. 200. The percentage cost reductions were calculated by me based on the ranges provided; they are therefore approximations.

7   같은 기사.

8   Robin Cooper(1995년), 《When Lean Enterprises Collide : Competing through Confrontation》, Boston, Harvard Business School Press, p. 7.

9   여기서의 cost도 실은 원가를 뜻하지만 '비용-편익'이란 말이 워낙 널리 쓰이므로 우리도 여기서는 cost를 비용으로 표기하기로 한다.

10   Ioannis Chalkiadikis(2019년), 《New Product Development with the Use of Quality Function Deployment》, Beau Bassin, Lambert Academic Publishing.

11   2011년 8월 15일 자, 〈Handelsblatt〉.

12   이것을 영어로는 open-book pricing(OBP) 또는 open-book accounting이라고 부른다.

13   Andreas Hoffjan, Sebastian Lührs and Anja Kolburg, "Cost Transparency in Supply Chains: Demystification of the Cooperation Tenet", 2011년 3월 호, 〈Schmalenbach Business Review〉.

14   "Wir flexibilisieren uns zu Tode", 2015년 1월 7일 자, 〈Frankfurter Allgemeine Zeitung〉, p. N4.

이익이란 무엇인가?

2022년 3월 15일 초판 1쇄 | 2022년 7월 14일 7쇄 발행

지은이 헤르만 지몬, 유필화
펴낸이 박시형, 최세현

책임편집 최세현 **디자인** 박선향 **편집진행 및 내용정리** 기수경
마케팅 양근모, 권금숙, 양봉호, 이주형 **온라인마케팅** 신하은, 정문희, 현나래
디지털콘텐츠 김명래, 최은정, 김혜정 **해외기획** 우정민, 배혜림
경영지원 홍성택, 이진영, 임지윤, 김현우, 강신우
펴낸곳 (주)쌤앤파커스 **출판신고** 2006년 9월 25일 제406-2006-000210호
주소 서울시 마포구 월드컵북로 396 누리꿈스퀘어 비즈니스타워 18층
전화 02-6712-9800 **팩스** 02-6712-9810 **이메일** info@smpk.kr

ⓒ 헤르만 지몬, 유필화 (저작권자와 맺은 특약에 따라 검인을 생략합니다)
ISBN 979-11-6534-477-1 (03320)

쌤앤파커스(Sam&Parkers)는 독자 여러분의 책에 관한 아이디어와 원고 투고를 설레는 마음으로 기다리고 있습니다. 책으로 엮기를 원하는 아이디어가 있으신 분은 이메일 book@smpk.kr로 간단한 개요와 취지, 연락처 등을 보내주세요. 머뭇거리지 말고 문을 두드리세요. 길이 열립니다.